智能化融媒体新形态教材

U0664986

财经应用文写作

主　编　张桂杰　吴腾飞　白尉华

副主编　范新景　陶　鸿　晏合明　郑书燕

　　　　王　梅　陈兰兰　贾　欣

参　编　钟　南　陈　述　赵立莎

中国出版集团

研究出版社

图书在版编目 (CIP) 数据

财经应用文写作 / 张桂杰, 吴腾飞, 白尉华主编
. —北京：研究出版社, 2022.9
ISBN 978-7-5199-1305-2

Ⅰ.①财… Ⅱ.①张… ②吴… ③白… Ⅲ.①经济 –
应用文 – 写作 Ⅳ.①F

中国版本图书馆CIP数据核字(2022)第161924号

出 品 人：赵卜慧
出版统筹：张高里　丁　波
责任编辑：朱唯唯

财经应用文写作

CAIJING YINGYONGWEN XIEZUO

张桂杰　吴腾飞　白尉华　主编

研究出版社 出版发行

（100006　北京市东城区灯市口大街100号华腾商务楼）

廊坊市广阳区九洲印刷厂　新华书店经销

2022年9月第1版　2022年9月第1次印刷

开本：787毫米×1092毫米　1/16　印张：13

字数：307千字

ISBN 978-7-5199-1305-2　定价：49.90元

电话（010）64217619　64217612（发行部）

前言 FOREWORD

"财经应用文写作"是财经院校开设的一门应用型必修课程。本书共十章，包括财经应用文写作概述，公文、事务文书的写作要点和例文展示，财经类文书的撰写等内容。本书辅以大量的例文分析，使专业与职业、课业与职业有机结合，在保证财经专业理论够用、实用、管用的基础上，把专业知识与写作技巧融合，使学生的专业学习与写作训练齐头并进，知识积累与能力培养相得益彰，从而体现出写作教学的真正价值。

本书主要有以下特点：

一、观点鲜明，思政突出。习近平总书记强调，思政课是落实立德树人根本任务的关键课程。本书把课程思政融入教材当中，帮助学生树立正确的世界观、人生观、价值观。用马克思主义思想作为课程指引，培养学生实事求是、遵纪守法、团结合作、乐于助人、勇往直前的精神，达到以课育人的目的。

二、理论简化，范文经典。本书不过度阐述各文种的写作理论知识，而是重点阐述关键概念及其相关知识，注重各文种的写作格式和写作要点。本书选例不拘泥于时间早晚，而以文章是否典型作为选取准则，因而例文中的年份往往以"××××年"代替。

三、应用主导，强调实训。本书以应用型人才培养目标为导向，重点在于通过课程的学习，提高学生财经应用文的阅读能力、分析能力和写作能力。通过写作实践，让学生写出格式规范、观点鲜明、层次清晰、表述得体、语言精练的财经应用文。

本书编写过程中，编者参考和借鉴了有关网站、专著、中国知网论文等相关资料，在此表示深深的谢意。若本书内容有不妥之处，恳请读者批评指正。

编　者

目 CONTENTS 录

第一章 财经应用文写作概述

知识目标

了解财经应用文的概念、特点、作用和种类。

技能目标

能够掌握财经应用文的四大写作要素：主题、材料、结构、语言与表达。

课程思政

习近平总书记指出，要把立德树人的成效作为检验学校一切工作的根本标准，真正做到以文化人、以德育人，不断提高学生思想水平、政治觉悟、道德品质、文化素养，做到明大德、守公德、严私德。做到以树人为核心，以立德为根本。

思想政治教育与财经应用文写作高度融合，才能做到主题正确、材料客观。若学生在进行公文或应用文写作时，是非不分，政治意识不强，甚至公文有严重的政治偏见或意识形态的错误，就会违背立德树人的根本任务。

案例导入

材料一：

……当上级红头文件最后一个字的音波敲击人们的耳鼓之后，那宽阔得显然有点令人感到空旷严肃的会场，顿时像开了锅似的。那些还在睁大眼睛，或是屏住气息听传达的人们，"轰"的一声沸腾了。宽阔的会场，似乎马上狭窄了许多，上级的决定，真像一阵和煦的东风，吹开了人们紧闭的心扉，宛如一轮春日的朝阳，驱散了人们心头笼罩的阴霾……

材料二：

××厂传达市委《关于加速企业改革的决定》的情况报告

本月20日下午，我们传达了市委19日下达的《关于加速企业改革的决定》，全厂车间主任、技术员以上同志到会。大家听完文件，一致表示：文件精神完全符合我厂实际，深受鼓舞，决定发扬改革精神，积极开拓我厂新局面。

××厂

××××年××月××日

（案例来源：张瑞年，张国俊：《应用文写作大全》，商务印书馆2018年版。）

案例思考题：

　　上述两篇材料，反映的内容都是某工厂传达市里《关于加速企业改革的决定》，主旨都是改革深入人心，工厂的广大干部群众热烈拥护市委的决定。阅读后比较两篇材料在表达方式和语言上的区别。

第一节　财经应用文概述

一、财经应用文的概念和特点

（一）财经应用文的概念

1. 应用文的历史沿革

　　财经应用文是应用文的一个分支。"应用文"的历史非常悠久，在历代有不同的名称。早在殷商时期，刻在甲骨文上用于占卜的文字叫作"卜辞"；在《尚书》收录的商周文书则称为"诰""誓""命"；春秋时期用于外交方面的文书称为"辞""辞命"。随着应用文不断发展，秦汉时代的诏制奏表，魏晋的令、书、颂、笺，被称为"文书""文案"等；"公文"一词，出现在东汉末年。唐宋以来的图籍表册、碑碣志铭、法律条例，都是应用文。元明清时期对应用文的研究值得一提的是刘熙载的《艺概·文概》。"文件"一词，大约在清末才出现，当时外交文书总提到"寻常往来文件""交涉文件"等。辛亥革命以后，应用文从古体到今体发生了巨大的变化。1921年，中国共产党成立后即有了自己的公文。1942年颁布《陕甘宁边区新公文程式》，1951年颁布《公文处理暂行办法》，后经多次完善，于2000年8月24日确定《国家行政机关公文处理办法》，其他文种随社会需要应运而生。普遍应用于现代社会生活各个领域的应用文（公务文书、事务文书、礼仪文书、经济文书、司法文书等），在不同历史时期管理社会事务及实现社会、政治、生活目标的活动中充当着必不可少的工具，发挥着极其重要的作用。

2. 应用文的概念

　　1999年版上海辞书出版社出版的《辞海》对"应用文"做了如下解释：应用文是指人们在日常生活、工作和学习中所应用的简易的通俗文字，一般有固定的款式。包括书信、公文、契约、单据等。这个定义虽然简明，但把应用文定义为"简易的通俗文字"似乎不尽完善，有些应用文如调查报告、经济活动分析等并非"简易通俗"。

　　为此，本书认为应用文概念应为：应用文是国家机关、企事业单位、社会团体、人民群众在行政管理、社会交往和活动中，处理公私事务时所使用的、形式较为固定的、具有直接应用价值的文书。

　　应用文的内容和形式随着时代的发展而发展，种类也越来越多。有些是各行各业通用文种，有些是特定部门使用的，这样就逐渐形成了专业应用文，如财经应用文、军事应用文等。

3．财经应用文的概念

财经应用文是指财政机关、企事业单位、团体以及个人在财经活动中形成发展起来的，用以反映财经信息、处理财经事务、研究财经问题的应用文体。财经应用文是各级财政部门传达、贯彻党和国家的财政方针政策、发布财政法规、交流经验、沟通信息、解决问题时不可或缺的重要工具。

（二）财经应用文的特点

财经应用文作为应用文的一个分支，具有应用文的共性：目的的实用性、写作的时效性、文本的程式性、语言的简明性。同时它又具有自身的特点：政策性、定向性、专业性、权威性。

1．政策性

从性质上说，财经应用文是传达、贯彻党和国家财经方针政策，处理财经公务的一种重要工具。这个性质决定了财经应用文具有鲜明的政策性。如果忽视了这一点，财经应用文就不能起到维护经济正常发展的作用。

2．定向性

财经应用文的写作是针对财经业务活动中的某一事件、某一情况、某一问题，是针对某些特定读者而进行的，这就决定了信息传播的定向性，如经济合同的规范对象是签订合同的双方或多方。

3．专业性

财经应用文的专业性是指内容表达上多用专业术语、指标数据来说明问题。用指标数据描述财经业务活动是财经专业的特征之一，为了使表达简洁准确，还经常使用图表来说明。

4．权威性

权威性是财经应用文的一个重要特征。各级财经机关在职权范围内发布的公务文书，具有法定权威，一经发布必须令行禁止，如财经制度、经济合同；有些财经文书对经济活动有一定的指导、制约作用，如经济活动分析报告、预测报告。

二、财经应用文的作用和种类

（一）财经应用文的作用

1．传达财经政策，具有领导指挥作用

财经应用文大多用于贯彻党和国家相关经济政策。财政机关通过拟制、下发与贯彻实施财经政策来发挥领导指挥作用。

2．反馈经济信息，具有联系协调作用

财经应用文是加强上下级之间联系的纽带，是各单位、各部门之间联系的有效工具。它可

以交流信息、传递业务、协调工作等，以此互相促进，共同提高。

3. 提高经济效益，具有促进管理的作用

撰写财经应用文，很大程度上是为了规范经济工作，如工作计划是为了推动领导意图的执行和顺利实施，工作总结是为促进今后财政工作做得更好。这些都是为了推进工作、提高工作效率。财经应用文对推动经济发展、促进管理具有很大的作用。

（二）财经应用文的种类

根据财经应用文的特点和适用范围，可以分为：公务文书（也称公文），指用于处理财经部门事务的行政公文；事务文书，指财经部门处理日常事务工作经常使用的文书，如工作计划、总结、规章制度等；专用文书，它是财经部门特有的，专业性很强，如经济合同、经济预测报告、审计报告等；经济学术论文，这是对经济科学领域中的问题进行专业探讨、表述科研成果的文书。

第二节　财经应用文的构思与写作规律

任何文章的写作都是人的思维与语言表达相统一的过程，其基础是思维活动，带有明确的目的。财经应用文是以经济活动事务为反映对象的一类文章。每起草一篇财经应用文，都应有明确的写作目的、限定的写作内容、特定的读者对象、严格的格式规范、明确的完成时间等要求。财经应用文以其特定的内容要求规定着撰写人文章写作的思维活动，由此形成了财经应用文写作必须遵循的基本规律。

一、领会具体的行文意图

王夫之说："意犹帅也。无帅之兵，谓之乌合。"文章写作，要先确立主题。应用文主题产生于人们处理某一事务必须实现的意图，因此，明确所处理事务的具体的意图成为应用文写作思维活动的第一任务。也就是说，每一篇文章写什么、怎么写，都是由具体的行文意图所规定的——写作主体对某一写作活动所要处理的事情，以及对这一事情的处理要解决什么问题、达到什么目的、实现什么样的效果的具体理解。

应用文写作就其使用性质看，可分为两大类：一类是处理一般事务（包括个人事务），另一类是为办理公务。两类应用文就其写作动机分析，有"自己需要写"和"需要自己写"之分。

一般说来，"自己需要写"的应用文，因为作者处于主动地位，其行文的意图是非常明确的。这类应用文不存在领会行文意图的问题，只要符合客观实际，符合应用文的特点、规律及要求即可。

"需要自己写"的应用文，其写作主体与写作活动作者是两个概念。财经应用文写作中的写作活动作者一般为某一单位（机关、企事业单位、社会团体、部门），写作主体是拟稿人，

写作主体"遵命写作"，不能代表写作活动作者，不能决定文章写作处理事务的意图宗旨。这就要求撰稿人既要"出乎其外"，淡化个人的主体角色；同时又要"入乎其内"，进入法定作者世界。他受命写作后要厘清文章写作思路，就必须明确该文章写作处理事务要达到什么目的、解决什么问题、实现什么效果，也就是说，他必须正确、深刻、具体领会行文意图。而领会行文意图，有两条途径：一是来自上级领导的意图，二是来自对材料的占有和分析。这里的领会行文意图，主要是领会领导的意图，既要领会领导本人的行文意图，更要领会领导意图的来源和要求。

1．领导意图的表达特点

（1）领导者的责任感，使他能自觉站在机关利益立场上思考问题，形成领导者特有的思想境界。

（2）领导者所处的位置，使他能有效地全面汇集各方面的信息，对问题的分析研判更全面、深刻、准确。

（3）领导者长期从事领导工作的经验、知识和综合素质，决定着他们的成熟程度，保证了处理问题方法的高正确率和高效率。

（4）领导意图有总体性意图和具体性意图之分，有明示性意图和暗示性意图之分，有确定性意图和非确定性意图之分。拟稿人对总体性意图要始终遵循，对具体性意图要灵活执行；对明示性意图要如实贯彻，对暗示性意图要心领神会；对确定性意图要坚决照办，对非确定性意图要完善补充。

2．领会领导意图的方法

（1）及时聆听领导想法，主动询问领导要求。一般而言，受命写作前，领导会讲清想法和要求。撰稿人要认真听取，做好记录，同时要及时询问，切忌不懂装懂，否则会无的放矢。

（2）从讲话材料、领导批示或平时谈话中领会领导意图。有时需要寻找或收集相关材料，从材料发掘、整理中去领会领导意图。

（3）动笔之前要虚心向领导求教，深刻和全面领会领导意图和听取布置拟稿任务的精神实质；起草过程中要及时向领导汇报出现的问题，争取得到领导的及时指导；修改阶段要认真听取领导意见，认真审核文稿。

二、遵循处理事务对象自身运行规律，广泛收集材料

应用文作为人们处理现实实际事务的工具，要求文章准确反映主体处理事务的目的性及处理事务的途径、方法，反映真实情况。这就需要调查研究，遵循处理事物对象自身的运行规律，广泛地收集材料。

1．以准确揭示事物规律为依据

财经应用文是以经济活动为对象的，在选择和运用材料时必须遵循经济活动的特有运行规律。

（1）市场活动规律，包括消费者的需求心理、动机及行为规律等。

（2）经济运行规律，包括国家经济运行规律、企业经营与管理运行规律。

（3）国家宏观调控及政府导向规律。

（4）其他事物本身的本质特征规律。

2．平时勤于积累和进行有目的的收集

资料不会自动上门，一定要注意有效地收集。

（1）在平时读书、看报、开会、听广播或交谈中，及时摘录、剪辑有直接或间接作用的资料，并适当分类整理，以备不时之需。

（2）受命写作时，要领会领导意图，明确具体的主题，围绕主题收集第一手资料，注意从现成的政策法规、领导讲话、文献资料中挖掘有关资料。

三、撰拟写作提纲，完成总体构思

兴建高楼大厦，需确定施工蓝图。撰写一篇文章，也必须明确怎样表达主题思想和怎样运用材料，确定文章表达次序、结构层次、衔接配合。因此，撰拟提纲，进行总体构思是对写作的直接准备。

1．明确应用文总体构思

首先，确定应用文内容的组成情况。明确文章要说明哪些情况，重点阐明什么问题。

其次，确定正文的表达顺序。既可以按照事物发展的自然顺序安排，也可以按照"提出问题、分析问题、解决问题"的思维过程安排，还可以按照工作的实际步骤、内容的重要程度安排，或是按照因果顺序、总分顺序安排。

最后，安排文章首尾和衔接过渡，解决开头、结尾以及各层次之间有序表达的问题。

2．灵活撰写写作提纲

首先，写作提纲观点要明确，依据要充分，层次要清楚，纲目要详细。

其次，撰拟提纲的组织和操作程序要规范。提纲由撰稿人亲自拟写，边研究边撰写。

最后，要养成拟写提纲的良好习惯。拟提纲可以提高写作效率，保证起草的文章层次清楚、结构严谨、逻辑性强。

第三节　财经应用文的写作要素构成

应用文书的撰写是以实用为目的的写作实践活动。研究应用文书，就是研究"写什么"和"怎么写"的问题，即要把握应用文写作的共同规则，所谓"没有规矩，不成方圆"。文章皆由主题、材料、结构、语言四个基本要素构成，应用文也不例外。如果将应用文比作人，那么主题是灵魂，材料是血肉，结构是骨骼，语言是细胞，只有具备这四个基本要素，应用文的整体质量才有保证。

一、应用文的灵魂——主题的选择

所谓主题是指作者通过文章的具体材料所表达的中心思想、基本观点或者要说明的主要问题。应用文的主题就是通过文章的内容所表达出的作者的写作意图、目的、思想、观点等。例如，计划的主题是"做什么，做到什么程度"，经济合同的主题是"标的"等。

主题犹如一条红线贯穿全篇，在构成要素中居于统帅地位，发挥决定性的作用。因此主题是应用文的灵魂所在，失去主题，如同人失去思想、三军缺少主帅，作者的取舍材料、结构、组织语言，甚至制定标题、运用表达方式，都会失去依据。

（一）主题确定的依据

应用文书的种类很多，对立意的依据要求各不相同。一般说来有以下两种情况。

1. 依据领导意图和工作需要确定主题

应用文书是领导与管理工作中不可或缺的重要工具，根据工作的实际需要制发，旨在"受领导之命，代单位立言"。因此，领导意图、工作需要就是写作目的，就是剪裁材料的依据，就是确立主题的主导根据。比如，某公司要调整第四季度销售计划，要求销售部门做计划，这时"如何调整销售计划"的命题规定，就成为撰稿人立意的依据。

2. 依据实际材料确定主题

应用文要求真实、实用，丰富多彩的社会实践是取之不尽、用之不竭的实际材料。深入分析这些材料，得出正确的判断，发现事物的本质，是形成主题的物质基础和必要条件。换言之，确立主题必须尊重事实，尊重事物本身的规律，不能凭空设想，生造主题。例如，市场调查与预测报告的主题必须在分析材料的基础上得出。

（二）主题拟写的要求

1. 正确

首先，主题内容必须符合国家法律、法规，党和国家的路线、方针、政策，符合领导批示意图，能指引正确的方向。其次，主题的正确还体现在须符合客观实际情况，能反映客观事物的本质规律以及具体的业务规范，帮助人们正确处理工作事务。

2. 鲜明

鲜明是指应用文观点意图要清晰确切，旗帜鲜明，不容置疑。主题必须能够抓住问题的实质，态度鲜明，肯定什么、否定什么、赞成什么、反对什么，要一目了然，不能似是而非、模棱两可，甚至前后矛盾、不知所云。

3. 集中

应用文要求内容单一，一文一事，不可多中心，"意多必乱文"。全篇内容由主题统帅，不蔓不枝，为表现主题服务。

要如何使主题集中呢？首先意在笔先，动笔之前要明确文章重点阐明什么思想、解决什么问题，与此不相干的问题统统剔除；其次主题必须单一；最后分清主次，不能面面俱到。

4. 深刻

撰写应用文要求揭示事物的本质及其内部规律，体现出原则性和指导性。例如：撰写行政公文要明确指出撰文的目的，体现出原则性和指导性；写总结等要提炼出规律性的认识和行之有效的措施。

（三）主题的表现方法

1. 标题点题

标题点题即在标题中点明主题。如《关于进一步做好医疗机构药品集中招标采购工作的通知》，标题直接点明写作目的。

2. 开宗托旨，开门见山

（1）使用主题句，开宗托旨：在公文和其他应用文书中，明白、准确地表达主题的句子，叫主题句，主题句以介词结构"为了……"为特征。

（2）不出现主题句，开宗托旨：有的应用文开宗托旨，首句并不出现主题句，而是直接阐述意义、主张或基本观点。

（3）小标题显旨：小标题显旨的形式，是将文章主题分解成几个部分，每个部分用一个小标题来显示，值得注意的是，各个小标题的排序，必须注意体现合理的逻辑关系。

（4）片言居要：在文章的内容转换之处揭示主题，同时起到承上启下的作用。

（5）呼应显旨：在正文的开头和结尾前后呼应，以突出主题，这种写法多是开头提出与主题相关的问题，篇末呼应之。

（6）篇末点旨：在应用文书正文的结尾点明写作主题。

二、应用文的血肉——材料的选择

材料是构成文章内容的要素，指作者为了某一写作目的而收集、选取并在文章中使用的一系列事实或依据。这些事实或依据包括事件、现象或数据、理论依据、公认的原则、公理等。我们所需要的材料是"写入文章"的，因此何时选择、怎样选择、选择什么材料，就需要动一番脑筋。

（一）材料的类别

文章的主题需要通过材料表现，主题要鲜明，材料要具体丰富。为此，收集的材料应类型丰富，数量充足。一般而言，材料类型有如下几种。

（1）有历史的材料，也有现实的材料。

（2）有本单位、本地区的材料，也有外单位、外地区的材料。

（3）有正面的材料，也有反面的材料。

（4）有直接的材料，也有间接的材料。

（5）有文字的材料，也有数字、图表的材料。

（6）有典型的材料，也有一般的材料。

（7）有来自领导层的材料，也有来自基层的材料。

（二）选材的方法

1．亲身经历

材料有第一手材料，也有第二手材料。为求得材料的准确、真实，常常需要我们深入现场、亲身实践、亲眼所见、亲自调查，观察事物现象，借用知情者的见闻，得到确切的数据。亲身经历是认识客观事物的基础，也是获取材料的重要方法。例如，我们写新闻，就应该在第一时间赶赴现场，掌握第一手材料。观察体验不仅要亲自作为，还要有科学的态度，其主要要求如下。

（1）要系统而周密。对事物的全貌、各个部分、发展过程等，要全面了解。

（2）要由此及彼、由表及里。不但要观察事物的表象，还要透过表象看到实质，通过比较对照，了解特征，发现问题。

（3）从实际出发，实事求是，尊重客观事实。

（4）广泛深入，细致全面。不能先入为主，主观片面。

2．检索阅读

检索阅读是获取材料的重要方法。包括读书看报、翻阅档案，从中查找同类问题或相关问题的现实资料及历史资料。具体的检索阅读方法有以下几种。

（1）熟悉和掌握图书分类，会查分类目录、书名目录、著作目录。

（2）学会利用书目、索引，可以快速有效地获取更多的资料。熟练使用一些工具书，如字典、辞典、百科全书、手册、文摘等。

（3）通过网络搜集资料。

（三）选材标准

1．突出主题

材料是服务于主题的，在选材时要根据表达主题的需要来决定对材料的取舍。会不会围绕主题选材，能不能根据主题适当加工、增删材料，是作者是否具备处理材料能力的表现。

写作时要根据主题的需要决定材料的主次详略，能直接而深刻表现主题的材料要详写；对表达主题起辅助、烘托、陪衬作用的材料要略写，这样才能突出重点，主题鲜明。

2．真实准确

所谓"真实"，是指确有其事，能反映事物的本质，而不是表象；所谓"准确"，就是可靠无误，写进应用文里的材料必须准确无误，从大的事件至具体细节，一句引语、一个数据，都是实事求是的反映。

3．典型生动

事物的本质往往通过个别的一定的现象表现出来，要使材料很好地表达文章的主旨，就需要有生动典型的材料。所谓典型的材料，是指能深刻揭示事物的本质特征，具有广泛代表性和说服力的材料。所谓生动的材料，是指那些具有感染力和鼓动性，能够构建和谐社会、凝聚人心的材料。

4．新颖

新颖，是指写进应用文里的材料，一定要有时代感，能够表现客观事物的发展变化趋势，反映客观事物的最新面貌，以及现实生活人们最关心的那些新人、新事、新思想、新成果和新问题。

（四）材料的使用

恰当安排材料的先后顺序。对材料分类排队，有序安排，常见的处理材料的方法有以下几种。

（1）筛选法。在众多的材料中选择典型的能表现主旨的材料。

（2）类化法。这是通过确立反映事物本质特征的、与分类目的相适应的标准，将纷繁复杂的材料进行梳理分类的方法。

（3）截取法。这是选用一个完整事件的片段或完整事物中的部分以表达观点的一种处理材料的方法。用这种方法，不求事件连贯、事物完整，只求能言简意赅地说明问题和阐明观点。叙事性较强的应用文，如简报、通报、调查报告以及应用文中叙事性较强的部分，常用此法。

（4）撮要概述法。这是对虽有价值但纷繁复杂的材料加以概括压缩，使精华部分更为突出的方法。

（五）确定材料的详细程度

每项材料有其前因后果、来龙去脉，要注意剪裁。其标准有两点。

1．根据主题的需要确定材料的详略

所有材料服从主题需要，表达主题的材料宜详，偏离主题的材料宜略；典型材料宜详，一般材料宜略。

2．根据文体的特点确定材料的详略

不同的文章体裁特点不同。公文的特点是直言说明，因此公文中说明部分详写，议论、叙述部分略写。

三、应用文的骨骼——结构的安排

应用文的结构是指对应用文的谋篇布局，也就是对主题和材料所做的合理有序的组织和安排，使文章成为一个紧密、有机、统一的整体。

（一）应用文结构安排的原则

1．服从主题的需要

主题是统帅，是贯穿全文的红线，支配材料、结构和语言。应用文的结构要有助于突出主旨，能突出表明主旨的结构才是好结构。这主要表现在应用文的写作规范上。它一般在标题或开头点明主旨，再围绕主旨安排段落，有的还在结尾加以总结，升华主旨，照应开头。

2．体现不同文种特点

应用文因其使用的范围、条件、对象的不同，结构形式也不相同，在写作时应该注意这些不同文种的结构特点，不同的文种必须有其相应的结构，不能随意混用。比如，公文、法律文书、经济合同等有固定的、法定的规范格式，不能随意变动。同是公文类文书，报告是反映已经完成的活动，结构安排应采取"原因→做法和体会→存在问题以及今后打算"的形式；而请示所写的内容是将要做的事，应采取"提出问题→分析问题→解决问题"的形式。

3．符合客观规律和人们的认识规律

客观事物自有其发展、变化的规律，人们对客观事物的认识也有一定的规律。因此，应用文的结构必须遵循这两条规律，反映客观事物的内在联系。

（二）应用文结构的基本要素

文学作品的布局要求丰富多变，应用文书的布局则因其实用性强，显得程式化，各具体文种大多具有特定的惯用格式，即标题、正文、结尾等。

1．标题

（1）公文式标题。公文式标题由固定的要素构成，简明直白。一种是由发文机关事由、文种组成，如《××公司关于做好第一季度销售工作的通知》；另一种是由事由、文种组成，如《关于本年度市场销售情况的调查》。

（2）文章式标题。文章式标题可以直接指明文章的内容、主题，多见于调查报告、新闻、讲话等，如《新时期大学生思想工作方法调查》。

2．正文

（1）开头。又叫"导语""前言""引言"等。常用的开头方式有如下几种。

① 目的式。以"为了，为"阐述发文的意义、行文依据、说明意图，如"依据……规定，根据……要求，制定如下……"

② 开门见山，直接切入。直接在开头揭示主题，目的是引起读者对文章的注意。

③ 概述式。概述基本情况或背景，如时间、地点、范围、规模等。

④ 提问式。将文章的主题以提问的方式提出，然后在后义中解答，如调查报告惯用这种写法。

⑤ 引述来文式。即在文章的开头用引文表明态度、说明情况，如转发性的通知、批复经常使用。

（2）主体的基本形式。正文的主体是应用文的核心部分，应用文的主题和材料都要体现，即文章层次的安排、思想内容表现的次序。

① 以简单的说明为序，简述"什么事""怎么做"。内容单一、格式固定、篇幅较小的应用文常用这种格式，如请示、公告、通告等。

② 以时间先后为序。以一定时间内，事物的发生、发展及变化过程为序，如工作总结、新闻、报告等。

③ 以逐层递进为序。按事理的逻辑性，即按提出问题、分析问题、解决问题的过程为序展开内容。

④ 以因果关系为序。按事物的因果关系来安排，或由因寻果，或由果溯因，体现逻辑性。

⑤ 以横向并列为序。按事物组成的各个部分，或按问题性质的不同方面，或按轻重主次将材料横向排列。

⑥ 以总分变换为序。围绕某一中心点，"总述—分述"，或"分述—总述"，或用"总—分—总"的形式。其中"分述"部分的内容呈并列状态。

3. 结尾

结尾应简洁明了，与开头呼应，完成写作目的。常用的结尾方式有以下几种。

（1）点题作结。结尾处点明主题，深化观点。

（2）号召作结。结尾处发出号召，寄托希望。

（3）强调作结。强调行文要求。

（4）专用词语结尾。如"批复"等。

四、应用文的细胞——语言与表达

（一）应用文的语言

应用文的语言，原则上与一般文章相同，但是由于其功能的特殊性，所以有特殊的规定与要求。

1. 准确规范

"准确"是指要恰当表达思想内容。首先，要辨析词义，正确选用最恰当的词语，恰如其分地表达内容，如"责令"和"责成"在程度上不同，"夭折"和"过世"适用对象不同，"散步"和"溜达"的语体色彩不同，"订金"与"定金"性质不同。其次，要注意符合语法，如"经过这次活动，对于同学们的觉悟有很大提高"中"觉悟"不能与"提高"搭配。再次，注意避免歧义。对概念的划分要正确，如"走访了许多机关单位、学校、工厂"中"机关单位"与"学校、工厂"有重叠；判断要恰当，推理要合乎逻辑，如"形式主义不应一概反对，应用文的形式不但不应反对，还要加以重视"中犯了偷换概念的错误。最后，注意不同文种的风格色彩，避免使用不确定的词，如"最近表现不好""这项工作已基本完成"这些句子信息量过大。

"规范"是指恰当使用规范性书面语和文言词语，忌使用口语、俚语、方言、简称，如"结婚"不能用"出嫁"或"娶亲"。

2．阐明精练

首先，语言要抓住关键，删繁就简。行文时去掉套话、空话，适当使用缩略语。注意反复锤炼，缩词成字，删去重复的词，如"我们感到这里反映的主要问题是个别领导不够重视的问题，缺乏得力措施问题"冗长烦琐，可将中间的"的问题"和最后一个"问题"删去。

其次，话语表达不宜太长，表述层次不宜太多，尽量用短句。如"实行分配方案改革的目的是，拉开收入差距，建立激励竞争机制，以便于最大限度调动教师积极性，从而提高我校的教学科研质量"，不如"实行分配方案改革的目的，就是要拉开收入差距，建立激励竞争机制，最大限度调动教师积极性，提高我校的教学科研质量"简明扼要。还可以恰当使用格式语、专业语和人工语言符号。

最后，语言要明确，即作者提倡什么、反对什么，态度要鲜明、是非要明确，不能模棱两可，含混不清。

3．平实得体

"平实"指语言平易、自然、朴素、实在，不言过其实、不哗众取宠，而是切实、平稳、客观地表述文意，易于让人相信、接受和实行。

"得体"指应用文在用词、语气、语体风格等方面要符合文体的要求，语言适度有分寸。例如，公文语言要严肃庄重，调查报告、总结的语言要朴素平实，经济契约类文书要用好专业术语。

（二）应用文的表达

1．表达方式

应用文的表达方式是指写作中采用的表述方法和形式。由于文体性质和写作目的不同，其表达方式也不尽相同。一般来说，应用文写作主要采用叙述、议论、说明三种表达方式。通常情况下，计划、总结、简报、通报等宜采用叙述的方式；科技论文、判决书等则侧重议论的方式；合同、规章、法规、通告则多侧重说明的方式，说明是应用文最基本的表达方式，以说明情况、事理和措施，达到写作的基本目的。

2．表达技巧

应用文的表达技巧是指写作中为了突出主旨，抓住受众而采用的艺术表现手段。总体来说，应用文由于文种限制，写作上要求严谨、庄重、准确、朴实。概括地说，应用文的表达技巧有以下四点。

一是善于揣摩受众心理。也就是要在了解、分析受众心理需求的基础上，选择必要的手段来打动他的心。像广告的策划就要重点分析顾客的消费心理，并用合适的手段激发消费者的购买兴趣。例如，五谷道场广告词"非油炸，更健康"，百雀羚广告词"国货经典，草木护肤"。

二是善于抓住诉求重心。一篇好的应用文，要么诉诸人们的理性，要么诉诸人们的情感，因此，在应用写作的构思中，应该先做策划，从整体上厘清文章思路，以便在写作时能胸有成竹。例如，一些法庭的辩护词、风景名胜的导游词，就既有理性思辨，又有情感的诉求。

　　三是善于综合有用信息，也就是要广泛收集、分析并采用各种材料、数据，使我们写出的文章更有说服力，如市场预测、营销策划文书、财经分析等都离不开对信息的综合利用。

　　四是善于借助表述形式。应用文的结构、语言一般都有相应的要求，我们必须遵循。但也有许多应用文种在形式上是可以借鉴文学模式的表现形式的。特别是一些商业策划活动、法律文书，以及个人事务性应用文体，是可以适当借鉴的。

⬛ 本章实训

实训一：

　　请仔细阅读下面这份通知，试分析该文所具有的财经应用文的特点。

关于统一增值税小规模纳税人标准的通知

××税〔××××〕××号

　　各省、自治区、直辖市、计划单列市财政厅（局）、国家税务总局、地方税务局，新疆生产建设兵团财政局：

　　为完善增值税制度，进一步支持中小微企业发展，现将统一增值税小规模纳税人标准有关事项通知如下：

　　一、增值税小规模纳税人标准为年应征增值税销售额500万元及以下。

　　二、按照《中华人民共和国增值税暂行条例实施细则》第二十八条规定，已登记为增值税一般纳税人的单位和个人，在××××年××月××日前，可转登记为小规模纳税人，其未抵扣的进项税额作转出处理。

　　三、本通知自××××年××月××日起执行。

××税务总局
××××年××月××日

实训二：

　　财经应用文对主旨的要求是：正确专一、鲜明突出、周密严谨。请根据这些要求，指出下面这篇文章的主旨存在的问题，并说明理由。

关于追加××××年预算的请示

××区财政局：

　　为了更好地开展社区工作，我街道请示对××××年预算资金进行追加。专户支出资金追加××××年项目439.30万元（具体项目资金分配见附件）。

　　妥否，请批示。

××路街道办事处
××××年××月××日

复习思考题

1. 什么是财经应用文?

2. 财经应用文的特点有哪些?

3. 财经应用文的材料有哪些? 根据以往写作经验,能否列举具体实例加以说明?

4. 财经应用文的开头和结尾程式性都较强,请列举几种常见的开头和结尾方式,并列举其适用文种。

5. 财经应用文主要使用何种表达方式? 使用时有哪些注意事项?

第二章 常用公文

🎯 知识目标

1. 准确把握通知、通报、报告、请示等常用公文的含义、特点、种类。
2. 掌握通知、通报、报告、请示的结构与写法。
3. 理解请示与报告的异同。

🔗 技能目标

1. 具备设计、处理、分析各类公文的综合能力。
2. 能够撰写较为规范的通知、通报、报告与请示。

📋 课程思政

我们应该在学习百年党史中重温中国共产党在伟大实践中形成的实事求是、艰苦奋斗、不怕牺牲、纪律严明等光荣传统，传承中国共产党在追求真理和践行使命中形成的理论联系实际、密切联系群众、批评和自我批评等优良作风，从精神上涵养理想信念，在学习中感悟理想信念，在实践中升华理想信念，以党的光荣传统和优良作风坚定理想信念，不断焕发锐意进取、开拓前进的精气神，凝聚起全面建设社会主义现代化国家的强大精神力量。

⚙️ 案例导入

远达公司总务部门要求改建职工食堂并新购置一辆三轮机动货车，由此撰写了一份报告，分别送交公司总经理办公室和党委办公室各一份，却被退了回来。虽然总经理同意办理，但需总务部门重新行文。这是为什么呢？

（案例来源：张瑞年，张国俊：《应用文写作大全》，商务印书馆2018年版。）

案例思考题：

（1）总务部门的报告为什么会被退回来？

（2）总务部门应如何行文？

（3）谈谈这个案例对你的启示。

第一节 公文概述

一、公文的含义及种类

公文是党政机关、人民团体、企事业单位在管理过程中形成的具有法定效力和规范体式的特定文书，是传达贯彻党和国家的方针政策，发布行政法规和规章，施行行政措施，请示和答复问题，指导、布置和商洽工作，报告情况，交流经验的重要工具。根据 2012 年 7 月 1 日国务院发布的《党政机关公文处理工作条例》规定，我国现行公文种类主要有 15 种。

党政机关公文
处理工作条例

（1）决议。适用于会议讨论通过的重大决策事项。

（2）决定。适用于对重要事项作出决策和部署、奖惩有关单位和人员、变更或者撤销下级机关不适当的决定事项。

（3）命令（令）。适用于公布行政法规和规章、宣布施行重大强制性措施、批准授予和晋升衔级、嘉奖有关单位和人员。

（4）公报。适用于公布重要决定或者重大事项。

（5）公告。适用于向国内外宣布重要事项或者法定事项。

（6）通告。适用于在一定范围内公布应当遵守或者周知的事项。

（7）意见。适用于对重要问题提出见解和处理办法。

（8）通知。适用于发布、传达要求下级机关执行和有关单位周知或者执行的事项，批转、转发公文。

（9）通报。适用于表彰先进、批评错误、传达重要精神和告知重要情况。

（10）报告。适用于向上级机关汇报工作、反映情况，回复上级机关的询问。

（11）请示。适用于向上级机关请求指示、批准。

（12）批复。适用于答复下级机关请示事项。

（13）议案。适用于各级人民政府按照法律程序向同级人民代表大会或者人民代表大会常务委员会提请审议事项。

（14）函。适用于不相隶属机关之间商洽工作、询问和答复问题、请求批准和答复审批事项。

（15）纪要。适用于记载会议主要情况和议定事项。

二、公文的一般格式

《党政机关公文处理工作条例》规定：公文一般由份号、密级和保密期限、紧急程度、发文机关标志、发文字号、签发人、标题、主送机关、正文、附件说明、发文机关署名、成文日期、印章、附注、附件、抄送机关、印发机关和印发日期、页码等组成。

（1）份号。公文印制份数的顺序号。涉密公文应当标注份号。

（2）密级和保密期限。公文的秘密等级和保密的期限。涉密公文应当根据涉密程度分别标注"绝密""机密""秘密"和保密期限。

（3）紧急程度。公文送达和办理的时限要求。根据紧急程度，紧急公文应当分别标注"特急""加急"，电报应当分别标注"特提""特急""加急""平急"。

（4）发文机关标志。由发文机关全称或者规范化简称加"文件"二字组成，也可以使用发文机关全称或者规范化简称。联合行文时，发文机关标志可以并用联合发文机关名称，也可以单独用主办机关名称。

（5）发文字号。由发文机关代字、年份、发文顺序号组成。联合行文时，使用主办机关的发文字号。

（6）签发人。上行文应当标注签发人姓名。

（7）标题。由发文机关名称、事由和文种组成。

（8）主送机关。公文的主要受理机关，应当使用机关全称、规范化简称或者同类型机关统称。

（9）正文。公文的主体，用来表述公文的内容。

（10）附件说明。公文附件的顺序号和名称。

（11）发文机关署名。署发文机关全称或者规范化简称。

（12）成文日期。署会议通过或者发文机关负责人签发的日期。联合行文时，署最后签发机关负责人签发的日期。

（13）印章。公文中有发文机关署名的，应当加盖发文机关印章，并与署名机关相符。有特定发文机关标志的普发性公文和电报可以不加盖印章。

（14）附注。公文印发传达范围等需要说明的事项。

（15）附件。公文正文的说明、补充或者参考资料。

（16）抄送机关。除主送机关外需要执行或者知晓公文内容的其他机关，应当使用机关全称、规范化简称或者同类型机关统称。

（17）印发机关和印发日期。公文的送印机关和送印日期。

（18）页码。公文页数顺序号。

第二节　通　知

在国家行政机关、人民团体、企事业单位的公务活动中，通知起着承上启下、联系内外的"传达"和"领导"作用。它的适用范围十分广泛，不受机关或组织性质、级别的限制，与其他指令性公文相比较，显得灵活简便。掌握其写作方法，具有一定的实用价值。

一、通知的含义

通知是适用于批转下级机关的公文，转发上级机关和不相隶属机关的公文，传达要求下级机关办理和需要有关单位周知或者执行的事项，任免人员的公文。

通知一般为下行文，有时也可以为平行文，主要用于向同级或不相隶属机关传达周知事项。通知不能上行，如果需要上级机关或不相隶属机关知道的，可用抄送形式。它的篇幅可长可短，表达方式与格式较为灵活，因而，使用频率极高、范围最广，被誉为公文中的"老黄牛"。

💬 例文 2-1

×××关于举办××××年全国职业院校技能大赛改革试点赛的通知

××成函〔××××〕×号

各省、自治区、直辖市教育厅（教委），各计划单列市教育局，新疆生产建设兵团教育局，有关单位：

为贯彻党中央、国务院对职业教育工作的决策部署，推动落实《国家职业教育改革实施方案》，加快职业教育制度创新，促进职业教育高质量发展，经全国职业院校技能大赛组委会研究同意，现决定对全国职业院校技能大赛（以下简称"大赛"）进行改革试点。改革试点赛依托教育部和山东省共建的国家职业教育创新发展高地，在山东举办。改革试点赛实施方案详见附件，请结合实际做好相关准备工作。

改革试点赛创新运行机制，建立以地方政府背书、职业院校为主体的申办机制，赛项涵盖中职赛项和高职赛项。改革试点赛将检验教学成果，体现世赛理念，力求赛出新机制、高水平，为促进职业教育高质量发展，加快建设技能强国作出更大贡献。

全国职业院校技能大赛执委会、赛区执委会及各赛项执委会要严格按照工作要求，加强疫情防控，精心组织，确保大赛安全、质量、公平、廉洁。

×××

××××年××月××日

二、通知的特点

（1）使用范围的广泛性。通知不受发文单位级别、性质的限制。无论是国家大事还是单位内部的具体事务，都可以以通知的形式发布；无论是国家最高领导机关还是基层行政单位，都可使用通知。

（2）行文方向与功用的双重性。通知既可作下行文，也可作平行文，作下行文时，对受文对象一般会提出需要知晓、执行或办理的事项，具有指挥、指导作用。通知作平行文时，由于受文单位不是下级单位，而是平级单位或不相隶属单位，通知内容不带有指挥性、指导性，只能表述告知性或周知性的内容。

（3）明显的时效性。通知事项一般要求立即办理、执行或知晓，不容拖延。有的通知如会议通知等，只在特定的一段时间内有效。

三、通知的种类

根据通知的适用范围和作用，一般可将其划分为以下几种。

（1）处理文件的通知：批示性通知。这类通知通常含批转、转发有关文件和发布行政规章、管理规章的通知。其中，上级机关转发下级的文件，用批转性通知；下级机关转发上级文件、同级或不相隶属的机关之间的文件，用转发性通知。

💬 例文 2-2

××市人民政府
批转市科委《关于加快我市软件产业发展的实施意见》的通知

各区、县人民政府，各委、局，各直属单位：

市人民政府同意市科委《关于加快我市软件产业发展的实施意见》，现转发给你们，望遵照执行。

××市人民政府（公章）

××××年××月××日

【评析】

这是一份批转下级机关文件的通知，仅一句话，由批转文件和批示语组成，批转的文件即需执行的内容，批示语简洁明确，但却具有行政约束力。

（2）布置性通知：指标性通知。这类通知是上级机关用于就某些事项、某项工作，布置下级机关，指示工作的具体原则、方法、步骤、要求和安排，以让受文单位贯彻执行的通知。它具有较强的指令性。

💬 例文 2-3

×××关于地方税务机构管理体制问题的通知

××发〔××××〕×号

各省、自治区、直辖市人民政府，国务院各部委、各直属机构：

1994年实行税务机构分设以来，工商税收一直保持了较高的增长幅度，新的财税体制得到了巩固和完善。地方税收工作也取得了全面发展，在保证地方财政收入，促进地方经济发展等方面发挥了重要作用。但最近一个时期，一些地方冲击国家统一税法、干扰税收执法的问题比较突出；地方税务机构人员急剧膨胀，管理体制也不够规范。这种情况发展下去，将对进一步深化财税体制改革、推动税收征管改革以及地方税务机构的建设带来不利影响。

为加强地方税务机构的领导，规范和完善地方税务机构管理体制，现就有关问题通知如下：

一、……

二、……

三、……

……

本通知下发后，凡过去有关规定与本通知精神不符的，一律以本通知为准。

$$×××$$

$$××××年××月××日$$

【评析】

这是一篇工作通知，第一自然段指出行文的缘由、问题的严重性和解决问题的紧迫性；目的句之后，文种承启语引出采用分条列项式写的通知事项，末段是对开展工作的补充要求。全文条理清楚，规定具体，用语果断坚决，是一篇规范的公文。

（3）知照性通知：告知有关单位或个人某些事项，传达有关信息的通知。如设立、调整或撤销某个机构，迁移办公地点，启用或更换印章，催报材料、报表，调整办公时间等事项通知。

💬 例文2-4

××移动通信有限公司关于成立客户服务中心的通知

公司各科室：

为增进与客户的联络，进一步做好客户服务工作，适应公司日益发展的新形势，经公司研究决定，在原客户联络室的基础上成立客户服务中心，主任由×××同志兼任。

$$××××年××月××日$$

【评析】

这是一篇知照性通知。通知正文依次写明目的、依据和事项，文字简练，明白晓畅。

（4）会议通知：告知有关单位或人员参加会议的通知。

（5）任免通知：告知有关单位或个人人事任免的通知，用于任免和聘用干部。

💬 例文 2-5

关于纪××等同志职务任免的通知

××建筑分公司：

你公司上报的选举过程和结果已收悉。经董事会会议研究决定：

任纪××为经理，主持全面工作；

任吴××为副经理，主持施工工作；

免去蒋××的经理职务和刘××的副经理职务，由公司安排其他工作。

特此通知。

××集团公司董事会

××××年××月××日

【评析】

任免通知的正文，第一部分一般说明任免的依据，多用"经××研究决定""根据××""经××研究决定"一类用语领起第二部分，即任免事项，每个事项单独为一个段落，以达到醒目的效果。本文简明扼要，直陈其事，符合一般任免通知的写法。

四、通知的结构与写法

1. 标题

（1）完全式。完全式标题指大多由发文机关、事由、文种组成的完全式标题，如《国务院关于进一步加快旅游业发展的通知》。

（2）省略发文机关式。省略发文机关式标题指用事由和文种组成的标题，如《关于印发〈××××××〉的通知》《关于举办象棋邀请赛的通知》。

（3）省略发文机关和事由，只写文种"通知"。这种写法只有在通知范围比较小，内容比较简单时才运用。另外，根据需要，在文种"通知"前，可加程度词如"紧急通知""重要通知""补充通知"等。发布、批转、转发性通知，应在标题中表明其性质，如《关于立即停止一次性发泡塑料餐具的紧急通知》。

2. 主送机关

主送机关即受文对象，被通知的单位或个人，根据实际情况，可以是一个或几个甚至所有的有关单位。在正文前顶格书写，后跟冒号，以示引领下文。无固定通知对象者或知照范围广泛的普发性通知则可省去主送单位。

3. 正文

正文一般写在通知对象的名称下面，另起一行空两格开始写，如前面无通知对象的名称，就在标题下面另起一行空两格写通知内容。内容较多的可分条写。正文一般由三部分组成。

（1）事由。这是通知的开头，应写明制发通知的缘由、目的、依据或情况。内容单纯的通知，可省去发文缘由，直接写目的。

（2）事项。写出通知的内容，即要求受文机关承办、执行和应予以知晓的事项。这些内容如较复杂，可分条列项写出。

（3）结尾。这部分常用"特此通知""专此通知"之类的习惯用语作结语。

4.落款：发文机关和日期

发出单位和时间分两行写在正文末尾的右下方，单位名称在上行，日期在下行，有的还要加盖公章。

5.附件：告知性通知及批示性通知常带有附件

五、通知写作的注意事项

（1）事项具体：通知中无论是对有关情况的介绍和评价，还是对有关单位和人员的要求，都要明确清楚，以便办理执行。

（2）行文实际：不能说空话、套话，否则会给人光打雷不下雨的感觉。这与通知要求和行政事务的实用性特点不相符合。应该做到有话则长、无话则短，使内容精悍实用。

（3）措辞严密：应该注意表述的准确性，以体现上级机关所发布的通知的完整、严密、无懈可击，避免通知中的漏洞使下级出现误解。否则，就会使文件的效用减弱甚至失去，给工作带来种种不利。

（4）用语得体：通知的语气必须庄重、恳切，既要体现出发文机关的权威性和严肃性，又要突出协调性与尊重性。如果乱打官腔，就会造成政令不当，有妨工作大局。

第三节　通　报

一、通报的含义

通报是适用于表彰先进、批评错误、传达重要精神或情况时使用的公文。它是宣传教育、通报信息的文种，属于下行文。表扬一般性质的好人好事，批评一般性质的错误，发内部简报即可。假如先进事迹比较典型，错误性质比较严重，就需要以通报行文，进行嘉奖或告诫。告知下级机关某信息或执行某事项，一般用通知，如果是要较大范围地"传达重要精神或者情况"则应发通报。

二、通报的特点

通报具有以下几个主要特点。

（1）内容的真实性。先进典型、错误典型、重要精神或情况，都必须是真实的。真实是通报的生命，是制发通报的重要前提。

（2）作用的双重性。通报不直接要求受文对象要做什么和怎样做，不具指导性。但通报具有两个作用：一是教育作用。通报对先进的表彰和对错误的批评，目的在于树立学习榜样或者提供反面典型以资借鉴，使人们能够总结经验，汲取教训，思想上得到教益。二是交流作用。凡传达重要精神和知照重要情况的通报，其目的在于上情下达，加强上下级之间、部门之间的相互交流，信息共享，促进工作。

（3）行文的时效性。通报所涉及的事实比较具体，有特定的发生时间、地点等，而且，这些典型事件与当时的情况或普遍存在的问题和现象必然有着密切的联系。先进事迹、典型经验、重要情况，只有及时通报才能更好地推广，更好地发挥其作用；坏人坏事，反面典型，只有及时通报，才能更好地起到警示作用，以杜绝类似事件的发生。因此，通报必须及时制发，注重时效性，才能达到行文目的。

三、通报的种类

1.表彰性通报

表彰性通报即表彰具有典型意义的先进事迹和好人好事的通报。

💬 例文2-6

××省化工总公司党委关于

授予张××"优秀共产党员"荣誉称号的通报

各分公司党委、总公司党委各部门、各直属机构：

张××同志是××分公司所属天宏化工厂管道维修工人，共产党员。今年××月××日上午××时××分，该厂成品车间后处理工段油气管道突然爆炸起火。正在利用公休日清理夜间施工现场的张××被爆炸气浪猛烈推倒，头部、右臂和大腿等多处受伤，鲜血直流，鞋子也被甩出很远。在这危急关头，张××强忍剧痛，迅速爬起来，顾不上穿鞋和查看伤势，踩着玻璃碎片，冲入烈火之中，迅速关闭了喷胶阀门、油气分层罐手阀、蒸汽总阀。接着先后用了10余个干粉灭火器扑灭颗粒泵、混胶罐等处的大火，在随后赶来的保安人员的援助下，共同英勇奋战10余分钟，最终将大火全部扑灭，避免了火势的蔓延。

张××同志在身体多处受伤、火势凶猛并随时可能发生更大爆炸的万分危急关头，将个人生死置之度外，果断处理突发事件，为遏制火势蔓延，防止事故扩大，减少国家财产损失，作出了突出的贡献。他的行为体现了为保护国家财产和人民利益而置个人生命安危于度外的崇高精神品质，谱写了一曲保持共产党人先进性的正气之歌。

为了表彰张××的英雄行为和崇高的革命精神，总公司党委研究决定：授予张××"优秀共产党员"荣誉称号，将张××奋力灭火的英勇事迹通报全公司，晋升二级工资，并颁发灭火奖励10 000元，以示鼓励。

希望各分公司党委、各直属机构组织广大共产党员和干部职工以张××为榜样，落实安全生产责任，努力做好本职工作，为化工行业的改革与发展作出更大的贡献。

××省化工总公司党委（印）

20××年××月××日

【评析】

这是一份表彰性通报。正文叙述张××的先进事迹，对该同志的行为做了有境界而又恰当的分析、评议，目的句之后写决定事项，最后提出发文单位的希望和号召。全文结构合理，格式规范，注重将英勇行为上升到恰当的境界并予以分析、评议，语言通俗流畅。美中不足的是对事件过程的叙述还可以概括一些。

2.批评性通报

批评性通报即批评能普遍产生鉴戒作用的单位或个人的通报。

3.情况性通报

情况性通报即传达重要精神或重要情况，起到交流情况、沟通信息、促进工作作用的通报。

💬 例文2-7

关于××××年1—9月全国水环境情况通报的函

各省、自治区、直辖市人民政府办公厅，新疆生产建设兵团办公厅：

今年以来，全国各地认真贯彻落实党中央、国务院决策部署，不断加大水生态环境保护工作力度，全国水环境质量总体改善，但水生态环境保护不平衡不协调的问题突出，部分地区水质达标滞后，亟须加大工作力度。为确保完成××××年水环境目标任务，现将1—9月全国有关情况通报如下。

3641个国家地表水评价考核断面中，Ⅰ—Ⅲ类水体比例为81.8%，同比增加1.2个百分点；劣Ⅴ类水体比例为1.2%，同比减少0.9个百分点。16个省份Ⅰ—Ⅲ类水体比例同比增加，其中，北京、上海、山东、辽宁、吉林、江苏6个省份的水环境明显改善，均增加5个百分点以上。北京、上海、江苏、浙江、安徽、福建、江西、山东、湖北、湖南、广西、重庆、四川、青海14个省份率先消除劣Ⅴ类水体（见附件1）。

16个省份Ⅰ—Ⅲ类水体比例与年度目标存在一定差距，其中，山西、天津等省份的差距超过5个百分点。各地劣Ⅴ类水体比例明显减少，仅贵州劣Ⅴ类水体比例与年度目标相差0.8个百分点。

40个劣Ⅴ类断面水质（不含自然因素影响断面水质），分布在18个省份，其中，云南最多，为6个。新凯河公主岭市断面（吉林长春）水质连续9个月为劣Ⅴ类。

21个断面水质明显恶化（不含自然因素影响断面水质），分布在11个省份。其中，山西4个，内蒙古3个，陕西3个，3个省份合计占全国总数的47.6%（见附件2）。

一些地方环境基础设施欠账较多，城乡面源污染严重，旱季"藏污纳垢"、汛期"零存整取"问题突出，按汛期污染强度（指某断面汛期首要污染物浓度与该断面该项指标考核目标对应浓度限值的比值）排序，由大至小前50名断面水质，分布在21个省份，数量较多的省份为云南（8个）、山西（5个）、江西（5个）。其中，湖北省恩施州江口村断面首要污染物为总磷，其考核目标限值为0.10mg/L，汛期最大浓度为3.30mg/L，汛期污染强度达到33，为全国最大（见附件3）。

请相关地方高度重视上述问题，及时查找分析原因，精准、科学、依法推进整治，持续改善水生态环境质量，实现"十四五"良好开局。

附件：1.××××年1—9月全国各省份水质情况
　　　2.××××年1—9月水质明显恶化断面清单
　　　3.××××年1—9月汛期污染强度前50名断面清单

×××××××

××××年××月××日

【评析】

这是一份情况性通报，通报全国水环境情况。正文分七段。第一段说明通知的总体内容。第二段对国家地表水进行总体分析。第三段指出实际与目标有差距的省份。第四段指出劣Ⅴ类断面水质的主要分布区域。第五段通报21个明显恶化的断面水质区域。第六段对汛期污染强度进行部分排名。

情况通报分微观（具体事实）情况通报和宏观情况通报两种。这份总体情况通报属微观情况通报。正文对情况的分析主要通过数字的比较而进行。这是一份写作规范的情况通报。

四、通报的结构与写法

1. 标题

通报标题大多采用公文的常规写法，即三要素齐全的完整标题（由发文机关、事由和文种三个要素构成）或省略发文机关的标题，如果是张贴通报可只写文种。

2. 主送机关

通报有的写主送机关，有的不写。普发性通报可不写抬头，非普发性通报需写抬头，如果不写，要在正文后的左下角写明"此件发至某某（县团）级"。

3. 正文

（1）主要事实：简述通报对象的基本情况和事实经过。表彰性通报要突出主要先进事迹，包括时间、地点、人物，发生了什么事，怎么做，有何结果；批评性通报要抓住主要错误事实，即将事故或错误事实的经过情况、时间、地点、后果等交代清楚；情况性通报叙述基本事实，阐明发布通报的根据、目的、原因等。

（2）简要评析事件。表彰性通报，指出其典型意义，或概括其主要经验；批评性通报要分析错误的性质、原因，指出危害及应吸取的主要教训等；情况性通报是叙述有关情况，并对情况做必要的阐述、评价，有时还可针对具体问题提出一些指导性的看法。

（3）希望与要求。表彰性和批评性的通报，一般写明组织给予表彰或处理的决定（有的把这一内容写在评析事件部分），同时提出对表彰或批评对象与读者的希望、要求；情况性通报，在明确情况的基础上，对受文机关提出一些希望和要求。可用"特此通报"来结束全文。

4.落款：发文机关和日期

落款要写明发文机关的名称和发文的年、月、日。如果标题中已有发文机关，且时间已标注在发文机关下面，则不再落款。反之，发文机关和时间则在落款处写。

五、通报写作的注意事项

（1）选材要典型，要具有普遍意义。

（2）内容要真实、准确。

（3）语言要平实、严谨。

（4）注意通报与通知的区别。

✐ 知识链接

> 通报与通知尽管都有告知的用途，但也有明显的区别：①行文的作用不同；②行文的时间不同；③表达方式不同。

第四节　报　　告

一、报告的含义

报告是一种适用于向上级机关汇报工作，反映情况，提出意见或者建议，答复上级机关询问的公文。

报告是机关、单位经常使用的重要的上行文。用好报告，能帮助上级及时了解情况，掌握下情，为领导决策提供依据，同时，有利于下级机关、单位接受上级的监督和指导。

二、报告的特点

1.反映实践性

报告汇报的工作，是对本单位工作的回顾或总结。所反映的情况，只能是本单位在工作实践中所碰到的情况或问题。答复上级机关的询问，也只能依据本单位的实际情况。报告的内容必须真实，不能弄虚作假。

2．概括陈述性

报告的表达方式是陈述性的，即以叙述和说明为主。同时，它的叙述和说明必须是概括性的，不能详述事件或工作的过程，更不要求铺排大量的细节。

三、报告的种类

1．按性质与范围可分为综合调查报告和专题调查报告

（1）综合调查报告是围绕一个主题，从较大的范围、较广的背景中进行多方面的普遍调查，将调查所得的材料进行综合、分析、研究后所写成的报告，如《城市社会保障体系的调查报告》。撰写综合调查报告需要较多的知识准备，在对调查材料的分析研究方面要花较多的精力，难点在于怎样深层次地综合反映事物的本质和规律。

（2）专题调查报告是对某一特定的问题、工作、事件或对象进行深入调查，将调查所得的材料进行综合、分析、研究后所写成的报告，如《某地区股份合作问题的调查报告》《某市乡镇企业扩大出口创汇的调查报告》。

2．按内容可分为工作报告、情况报告、答复报告

（1）工作报告，即向上级机关汇报工作的报告。

💬 例文 2-8

关于淮河流域水污染防治工作情况的报告

（×××局　××××年××月××日）

按照环保总局、国家计委、水利部联合制定的《淮河流域水污染防治××××年规划目标完成情况核查办法》（环发〔××××〕××号），环保总局会同国家计委、财政部、水利部、国家监察委员会、建设部、农业农村部、法制办等8个部委组成核查组，于××××年××月××日至××月××日对淮河流域水污染防治工作进行了全面核查。现将有关工作报告如下：

一、淮河流域水污染防治工作的完成情况（略）

二、存在的主要问题

（一）工业企业按达标排放尚不稳定。（略）

（二）城市生活污水处理工程建设慢，处理率低。（略）

（三）面源污染防治工作尚未全面开展。（略）

（四）淮河流域自净能力差。（略）

三、下一步的工作安排

（一）尽快制订《淮河流域水污染防治"十五"计划》。结合"九五"计划各项工作的实际完成情况和南水北调东线工程需要，明确淮河"十五"治理目标和治理措施。

（二）进一步落实沿淮四省各级政府环境保护目标责任制。（略）

（三）继续加大产业结构调整力度，巩固和提高工业企业污染防治水平。（略）

（四）抓紧污水处理工程的建设。（略）

（五）把农业面源污染防治摆上日程。（略）

（六）加强水资源的合理开发利用和节约。（略）

【评析】

这是一份对淮河流域水污染防治工作进行全面核查后所做的工作报告。正文由缘由和事项两大部分组成。缘由部分简要地交代工作依据、时间、内容，以文种承启语引出下文。事项部分分工作的完成情况、存在的问题和下一步的工作安排三项内容。文章层次分明，结构严谨，反映工作具体而全面，在调查的基础上有理有据地剖析了问题，同时，有针对性地提出了下一步工作的措施，是一份值得学习的工作报告。

（2）情况报告，即向上级机关汇报出现的新情况、新问题，特别是突发事件、特殊情况、意外事故及处理情况的报告。

（3）答复报告，即对上级机关所询问的问题作出答复的报告。

💬 例文 2-9

关于张××同志职称评定问题的答复报告

××市人民政府办公室：

接市办 5 月 20 日查询我单位张××同志有关职称评定情况的通知后，我们立即进行了调查。现将有关情况报告如下：

张××同志是我集团公司二分厂工程师。该同志××××年起曾在××工学院受过四年函授教育，学习了有关课程。由于"文化大革命"而未能取得学历证明。因缺乏学历证明，在今年上半年职称评定时，根据上级有关文件精神，我单位职称评委会决定暂缓向上一级职称评委会推荐评定他的高级工程师职称，待取得学历证明后补办。该同志认为这是刁难，因而向市政府提出了申诉。

接到市政府办公厅查询通知后，我们专程派人去××工程学院查核有关材料，得到××工学院的支持，正式出具了该同志的学历证明。现在，我集团公司职称评委会已为张××同志专门补办了有关评定高级工程师的推荐手续，并向该同志说明了情况。对此，他本人也表示满意。

专此报告。

××集团公司

××××年××月××日

【评析】

这是一篇写得较好的答复报告。正文开门见山写接到市办查询通知及已进行了调查，这是行文的背景。接着以文种承启语导出主体。主体写张××一事的缘由、调查和处理的情况，有理有据。报告处理结果，尤其是张××本人对处理结果的态度，是上级最关心也是本文的关键一笔，简洁明白，可令上级满意。

四、报告的结构与写法

1. 标题

报告的标题有两种形式：一种是由发文机关、事由和文种组成的完全式标题，如《××学院关于招生情况的报告》；另一种是只写明事由和文种的标题，即省略了发文机关，则落款时必须写发文机关名称，如《关于粮食政策性财务挂账停息的报告》。

2. 主送机关

报告的主送机关一般是发文机关的直属上级机关。如有必要报送其他上级机关，可采用抄报形式。

3. 正文

正文由开头、主体、结束语组成。

开头先写报告的起因、目的或内容提要，然后用"现将有关情况汇报如下"等惯用语过渡到报告事项。

主体即报告事项，应写明主要情况、存在问题、经验教训、措施打算等。

报告的结束语应另起一行，空两格来写。根据报告种类的不同一般有不同的程式化用语，工作报告和情况报告的结束语常用"特此报告""请审阅""以上报告，请审查"；答复报告多用"专此报告"。因报告是单向性公文，所以类似"以上报告当否，请批示"的结束语是不妥当的。

4. 落款：发文机关和日期

此部分写明发文机关名称和发文时间。

五、报告写作的注意事项

（1）实事求是，事实准确。向上级机关汇报工作应该本着实事求是的态度，如实汇报，不能夸大和虚构成绩或情况，欺骗上级。所以，起草报告的人员，应该在调查研究、全面掌握本单位情况的基础上撰写。

（2）语言简洁，重点突出。报告的内容要根据主题的要求来安排，分清主次轻重。要注意处理好点和面的关系，既要有典型的事例，又要有面上的综合性的情况，条理清楚，逻辑严密。

（3）在报告中不能夹带请示事项。对于报告，受文机关不用答复，因此，报告与请示不能混用。报告事项不得夹带请示事项，否则会因报告不需批复而影响请示事项的处理和解决。

第五节 请 示

一、请示的含义

请示是一种适用于向上级机关请求的公文，属于祈请性的上行公文，请求性是其最基本的特点。具体而言，请示的适用范围主要有如下几个方面。

（1）属超出本机关的工作职权范围须经请示批准才能办理的。

（2）对国家的有关方针政策或上级机关的有关规定、决定等不甚了解或有不同理解，需请上级机关解释或重新审定的。

（3）工作中出现了新情况、新问题，必须处理却又无章可循、无法可依，有待上级机关批示的。

（4）遇到本机关职权范围内很难克服或无力克服的困难，需请上级机关支持、帮助的。

（5）属涉及全局性或普遍性的而本机关无法独立解决的工作困难和问题，必须请示上级机关以求得到上级机关的协调和帮助的。

二、请示的特点

（1）事前行文性。请示一定要在工作开始前行文，得到上级机关批准后才能付诸实施，不可"先斩后奏"或"边斩边奏"。

（2）请求批复性。请示行文的目的非常明确，即要求上级机关对请示的事项作出明确的批复。

（3）一文一事性。一份请示只能请求指示、批准一件事或解决一个问题。

三、请示的种类

1. 请求指示的请示

请求指示的请示所涉及的是下级机关对政策、方针，在认识上不明确、不理解，或对新问题、新情况不知如何处理的问题。

💬 例文 2-10

关于交通肇事是否给予被害者家属抚恤问题的请示

最高人民法院：

据我省××县人民法院报告，他们对交通肇事致被害人死亡，是否给予被害者家属抚恤的问题，有不同意见。一种意见认为，被害者若是有劳动能力的人，并遗有家属要抚养的，应给予抚恤。另一种意见认为，只要不是由被害者自己的过失所引起的死亡事故，不管被害者有无劳动能力，都应酌情给予抚恤，我们同意后一种意见。几年来的实践经验证明，这样做有利于安抚死者家属。

　　是否妥当，请批复。

××省高级人民法院

××××年××月××日

【评析】

　　这是一篇请求指示的请示。正文内容简洁明了，请示事项单一明确。以"据……报告"作为行文依据、背景，然后对交通肇事致被害人死亡是否给予其家属抚恤的问题提出两种不同意见，同时表明行文单位的倾向意见，最后，请求上级单位给予指示。

2. 请求批准的请示

　　请求批准的请示所涉及的是下级机关限于自己的职权，无权自己办理或决定的事项。

💬 例文 2-11

关于申请对外承包劳务经营权资格的请示

××建工集团：

　　我公司是经国家建设部核定的工业与民用建筑工程施工一级资质企业，成立于××××年××月。公司注册资本××万元，现有职工××人，其中高级职称××人，中级职称××人，机械设备 1 000 多台，总功率 2.2 万 kW。公司在区内外设有土建、设计、装饰、机械施工、设备水电安装、房地产、建筑工程监理、电脑软件开发等 10 多个分公司。在几内亚、冈比亚等国家设有经理部和全合资企业。20 世纪 90 年代以来，公司生产经营实现跨越式发展，主要经济技术指标位居××省内同行业前列，被评为我省最大经营规模建筑企业十强第一名、中国 500 家最大规模和最佳经济效益施工企业，连续 9 年被评为"省重合同守信用企业"，荣获"全国先进建筑施工企业""全国施工技术进步先进企业""全国工程质量管理先进单位""全国建设系统精神文明建设先进单位"等称号，两次荣获中国建筑工程质量最高奖"鲁班奖"。公司现年施工能力可完成工作量××亿元，竣工面积超过××万平方米。

　　前年，我公司通过了 ISO 9002 国际质量体系认证，在工作质量方面，取得了走向国内外市场的通行证，企业管理已与国际接轨。为拓展经营渠道，搞活国有企业，提高国有资产增值率，我公司现申请对外承包劳务经营权资格，申请对外经营范围为：

　　1. 承包境外工业与民用建筑工程及境内国际招标工程。

　　2. 建筑材料（产品）、设备出口。

　　3. 对外派遣实施境外工程需要的劳务人员。

　　特此请示，请批复。

××建工集团第×建筑工程有限责任公司

××××年××月××日

【评析】

这是一份请求批准的请示。正文第一段和第二段第一句通过陈述公司的历史、设施设备以及获得的各种荣誉，以表明实力，作为申请事项的依据、缘由。目的句之后提出申请的事项，即对外承包劳务经营权资格及对外经营范围。结语以请示习惯用语提出请求。本文主旨鲜明，将公司的实力作为行文重点，思路清晰，结构合理，语言明晰、简洁。

3. 请求支持、帮助的请示

请求支持、帮助的请示所涉及的，是下级机关遇到仅依靠自己的力量，已很难克服或无法克服的困难。

四、请示的结构与写法

（一）标题

请示标题大多采用公文的常规写法，既可以由发文机关 + 主要内容 + 文种构成的完整标题，如《××学院关于建立计算机中心给予拨款的请示》；也可以由主要内容 + 文种构成，如《关于调整函授学员培训费标准的请示》。标题中的事由要明确，语言要简明。由于"请示"本身就含有请求、申请的意思，所以标题中尽量不再出现"申请""请求"一类词语。

（二）主送机关

请示的主送机关只能是一个，即收文和办文的上级主管机关，不能多头主送。

（三）正文

请示的正文由请示缘由、请示事项和请示要求（惯用结束语）三部分组成。

1. 请示缘由

请示缘由即请示的原因、背景、理由或根据。这部分内容既要实事求是，有理有据，说明充分，又要条理清楚，开门见山。缘由是写作请示的关键，直接关系到请示事项能否成立，关系到上级机关的审批态度。只有把缘由讲清楚，再写请示的事项，才能有说服力。

2. 请示事项

请示事项是请示的核心，即请求上级机关给予或指示或批准或支持和帮助的具体内容。提出请示事项要详细，阐述说明道理要充分。如需要上级机关审核、批准的事项，要进行具体细致的分析，还可提出处理意见和倾向性意见，供领导参考。所提的要求要有可行性和可操作性。如果内容比较复杂，则分条列项写。用语要明确，不能含糊其词。语气要得体。

3. 请示要求（惯用结束语）

请示用结语表达要求，多用祈请式语句，语气要谦恭，一般是另起一行空两字书写。通常使用"是否妥当，请批示""妥否，请批复""特此请示，请予批准""请批准""请审批""请指示"等惯用语。这是请示结尾必不可少的惯用语。

（四）落款：发文机关和日期

此部分写明发文机关名称和发文时间。

五、请示写作的注意事项

（1）请示必须事前行文。

（2）坚持一事一文。写请示必须一事一文，以便上级及时答复。不能一文数事，以免上级机关不好批文而贻误工作。

（3）避免多头请示。请示应只有一个主送机关，切忌多头主送，以免出现单位之间互相推诿的情况，延误工作。 如果是受双重领导的机关，则应根据请示内容，主送一处上级机关，对另一上级机关采取抄送形式。

（4）不可越级请示。在一般情况下不得越级请示，应根据隶属关系和职权范围逐级进行请示，即送给直接的上级机关。如果因情况特殊或事项紧急必须越级请示时，要同时抄送越过的上级机关。

（5）请示不得抄送下级机关。请示是上行文，不能同时抄送下级机关，更不能要求下级机关执行上级机关未批准的事项。

（6）语言要谦恭、得体。语气必须谦恭，要尊重上级，不要有要挟、命令、催促的口吻，不能使用指示性语言。在写请示事项时，只能写"拟"怎么办，不能写"决定"怎么办。

（7）不滥用请示。凡在自己职权范围内经过努力能够处理和解决的问题和困难，都应尽力自行解决，不能动辄请示，矛盾上交。

（8）请示和报告不可混用，注意报告与请示的区别。把"……的请示"写成"……请示报告"或"……报告"都是错误的。

📝 知识链接

请示和报告的区别主要表现在 6 个方面。

① 行文时间不同。请示须在事前行文，不能"先斩后奏"；报告的行文时间较为灵活，在事前、事中及事后皆可行文。

② 行文的目的、作用（性质）不同。请示是祈请性公文，旨在请求上级批准、指示、支持和帮助，需要上级批复。它的结尾带有明显的批复色彩，重在呈请。报告是陈述性公文，旨在向上级汇报工作、反映情况、提出建议、答复上级询问，不需要上级答复，重在呈报。

③ 主送机关数量可以不同。请示只写一个主送机关。在遇到灾情、疫情等紧急情况需要多级领导机关尽快知道时，报告可写多个主送机关。

④ 写法（内容含量）不同。报告的内容较杂，容量可大可小，既可以一文一事，也可以一文数事，侧重于概括陈述情况，总结经验教训，形式多样，表述灵活，体现报告性。请示则内容单一，只能"一文一事""一事一请"，侧重讲明原因，陈述理由，体现请求性，篇幅较小。

⑤ 结尾用语不同。报告的结束语一般写"特此报告""以上报告，请审阅"，或者省略结束惯用语。请示不能省略结束惯用语，一定要写"以上请示，请批复"一类惯用语。

⑥ 受文机关处理方式不同。请示属办件，收文机关必须及时批复。报告多数是阅件，除须批转建议报告外，上级机关对其余各类报告不必行文。

报告和请示最大的相同之处是均属报请性的上行文。

📊 本章实训

实训一：

指出下面公文标题的错误，并予改正。

1. ××公司关于招收退休退职职工子女就业，进行合理安排，确保社会稳定的通知
2. ××市人民政府关于转发《××省人民政府关于加快畜牧养殖业发展的通知》的通知
3. ××县政府写给××市政府的《关于企业改制问题的请示》
4. ×××关于申请解决更换一台锅炉并大修一台锅炉的报告
5. 关于对张××进行欺骗伪造病假条错误的通报
6. ××县政府办公室关于批转××市长在××会议上讲话的通知
7. 全国人民代表大会常务委员会关于教师节的决定
8. ××市公安局关于表扬×××的通知
9. ××县民政局关于追加自然灾害救济的请示报告
10. ××省教育厅关于制止高校乱收学杂费的函

实训二：

某部门需要购置复印机，必须向上级写一份公文。请问应选用什么文种？并请拟写这份公文。

实训三：

立业造纸厂由国外引进了先进的生产技术和设备。但该厂无法解决本厂技术人员进修外语问题，得知某大学有出国人员英语强化班，于是该厂向某大学发函请求协助解决本厂技术人员外语培训问题。该大学收到函后即给立业造纸厂回了函。请按上述材料替立业造纸厂和某大学各写一份询问函和复函。

实训四：

吉林省人民政府收到黑龙江省人民政府《关于商洽经贸协作关系事宜的函》（黑政发〔××××〕×号），经研究，同意合作并给予函复。请代拟这篇复函的标题和正文开头的文字。

实训五：

试指出下面两篇公文的问题，并写出修改稿。

关于石化总公司召开

开展增产节约、劳动竞赛会议的通知

各分公司、分厂、各车间党支部、总公司各直属部门：

为贯彻上级精神，提高总公司的工作效率和经济效益，培养广大职工的主人翁精神，经总公司董事会研究决定，在全公司范围内广泛开展增产节约、劳动竞赛活动。现将会议有关问题通知如下：

一、会议时间：10月4日至8日。

二、会议地点：总公司招待所。

三、与会人员：各分公司、分厂、总公司各直属部门主管生产的负责同志、工会主席等。

四、请各单位准备好本单位开展劳动竞赛活动的经验材料，限5 000字，报到时交给会务组。并请与会人员于10月4日前来报到。

××石化总公司

××××年6月8日

××公司关于××制衣厂翻建房屋的请示报告

总公司：

我公司下属××制衣厂于××××年10月开始翻建汽车库，且已经拆除了司机及装卸工宿舍、武装部办公室、基建科办公室等共计510平方米。因为以上办公用房的拆除，以致汽车无处停放，有关职工无处办公，严重影响正常工作。为缓和厂区占地紧张状况及结合全厂长远规划，故决定一层为汽车库，二层为办公用房。

为解决当前办公用房之急需，决定把已拆除的510平方米面积加在汽车库顶层，资金由本公司自行解决。

妥否，请批示。

××公司（公章）

××××年10月30日

实训六：

请合理扩充下面提供的材料，以××分公司的名义向总公司起草一份不超过500字的情况报告。

（1）××××年6月4日凌晨2点40分，××分公司江南百货大楼发生火灾事故。

（2）事故后果：未造成人员伤亡，但该大楼二楼商品被全部烧毁，直接经济损失达350万元。

（3）事故原因：二楼某个体裁缝经二楼经理同意从电源总闸自接线路，因夜间没断电导致电线起火。

（4）施救情况：事故发生后，分公司领导马上拨打火警，市消防队出动了8辆消防车，至清晨6点，大火才被扑灭。

（5）善后工作：分公司经理、副经理多次到现场调查，并对事故进行了认真处理。

复习思考题

1. 通知的结构与写法包括哪些内容？

2. 通报的结构包括哪些？

3. 报告的结构与写法有哪些内容？

4. 报告写作的注意事项有哪些？

5. 请示的特点是什么？

6. 请示的结构与写法有哪些？

7. 请示写作的注意事项有哪些？

第三章 事务文书

知识目标

1. 了解工作计划、工作总结、述职报告、工作简报的含义及特点。
2. 掌握工作计划、工作总结、述职报告、工作简报的结构与写法。

技能目标

1. 具备设计处理、分析各类事务文书的综合能力。
2. 能够撰写较为规范的工作计划、工作总结、述职报告、工作简报等事务文书。

课程思政

中国共产党百年述职报告

尊敬的全国各族人民你们好!

我的名字叫作中国共产党,以下是我的百年述职报告。

我诞生在1921年,那是一个内忧外患、苦难深重的中国,目睹山河破碎、百姓流离,我痛苦不已,怀揣一腔热血,渴望寻求到救国救民的出路。在无数种信仰的交锋中,我选择了马克思主义。

……

赶考路上我一刻都不敢懈怠,我们完成了土地改革与社会主义革命,制订了一个个"五年计划"的小目标,夯实着共和国的经济基础,国际地位也在不断提高。

……

新征程开启,我定会不忘初心、继续前进,努力向历史、向人民交出新的更加优异的答卷。

(资料来源:《中国共产党百年述职报告》,《人民日报》,2021-03-30。)

案例导入

假设你是某公司办公室主任,为满足办公室业务发展需要,需招聘一位办公室主任助理,主要帮助主任处理日益繁杂的办公室日常事务。

案例思考题:

(1)请问需选用什么文种行文?

(2)请你试着写一写事务文书。

第一节 事务文书概述

一、事务文书的含义、特点和作用

（一）事务文书的含义

事务文书是机关、团体、企事业单位为反映事实情况、解决问题、处理日常事务而普遍使用的文书。它具有很强的实用性、事务性和某种惯用格式。从广义上说，事务文书也是一种公务文书，目的是处理公务和传递信息，使用"事务文书"这一名称，是相对于正式公文而言的。

（二）事务文书的特点

1. 对象的明确性

事务文书的写作有明确的对象，特定的读者，对于对象有明显的约束力，一般来说对象必须要看此文书。例如，给所属上级单位的计划、总结、简报、调查报告等，所属上级单位或领导必须看此文书。又如，条例、办法、规定、章程等，凡涉及的人都必须看此文书。

2. 内容的实效性

事务文书是直接用来处理事务工作的，要注意实用，讲求效率。为此，事务文书从主旨的确立到材料的使用都必须切合实际，讲求效率；写作形式的运用也要讲求实际和效率，便于文书内容的落实和处理。

3. 一定的程式性

事务文书一般都有一定的程式性，有约定俗成的惯用格式。虽然它不像法定公文那样有着非常严格的格式要求，但在长期的应用中，事务文书的实用性和真实性决定了它逐渐形成较为稳定的结构层次、习惯用语、处理程序等组成要素。虽然格式上有一定的灵活性，但总体上是相对稳定的。

4. 较强的时限性

事务文书是针对工作、生活中的具体事务而撰写的。而一项工作任务的完成，一个问题的解决，大多有一定的时间要求，虽然它没有法定公文那样紧迫，但同样也要在限定的时间内及时完成，否则很难发挥事务文书的作用。

（三）事务文书的作用

事务文书是适应管理的需要而产生和兴盛起来的，在行政事务管理过程中日益发挥着巨大的作用。它是各级机关用于安排布置工作、交流和总结经验、沟通情况信息、规范和约束行为的重要工具和手段。具体而言，主要体现在以下几个方面。

1．对领导决策具有参谋作用

事务文书具有的咨议性特征，决定了这类文书对领导决策具有参谋作用。

2．对具体工作具有规定约束作用

事务文书是因事而制的。它的制发者可以是个人作者，也可以是法定作者。凡以法定作者名义制发的事务文书，在行政管理中具有规定约束作用。

3．对读者具有认识作用

在行政管理中，需要借助像事务文书这样的文字材料来交流情况，而这些记录着经验、情况的文字材料，能跨越时空进行交流。

4．留存备考，依据凭证

党政机关的一些常用事务文书，如会议记录、大事记等，是机关公务活动的原始记录，具有很高的保存价值。同时，它们又可作为落实、检查工作的依据和凭证。

二、事务文书的种类

1．计划类文书

计划类文书是单位或个人对一定时限内的工作进行筹划和部署的文书，包括规划、设想、计划、方案、安排、预案等。

2．报告类文书

报告类文书是反映工作状况和经验，对工作中存在的问题或具有普遍意义的重要情况进行分析研究的文书。这类文书包括总结、述职报告、调查报告、工作研究等。

3．简报类文书

简报类文书是记录性文书。这类文书包括简报、典型材料等。

4．会议类文书

会议类文书为专门会议所形成，主要体现会议的基本精神，包括开幕词、闭幕词、工作报告、讲话稿等。

三、事务文书写作的注意事项

（1）写作目的要明确。要根据不同的具体事项选择不同的文种来写作，使事务文书具有很强的针对性。这种针对性往往体现在发文单位对开展某项工作的指导性需求上，如计划要对今后的工作提出明确的设想；总结则是对前一阶段工作的经验教训作出结论，以便今后更好地开展工作；调研报告是对某些具体问题进行研究，其目的是弄清事实、解决问题，从而促进工作；简报则是要及时反映工作进展、出现的情况、存在的问题等，其目的在于了解和掌握工作的全局。

（2）运用材料要真实。由于事务文书运用于具体的工作实践中，对工作具有很强的指导性和规约性。首先，如果对基层工作缺少深入的研究，对某些问题缺乏真实的了解，那么所写的事务文书只能停留在工作的浅层，不可避免地会给工作带来某些缺失。写作中运用材料首先要力求占有的材料具体、翔实和充分，这样才可能有选择的机会。其次，所选择的材料必须是真切的，是符合生活实际的，没有虚假或作秀的成分。最后，也是要求最高的，就是所选材料应尽可能具有代表性和典型的价值，这样才能使材料所提示的主旨是揭示本质的。

（3）写作态度要实事求是。实事求是的态度是写好事务文书的重要条件，对事务文书写作态度的要求，往往就是对工作态度的要求。事务文书所涉及的内容多是预见未来、发现问题、解决问题、总结经验教训或作出工作评价等诸方面。这些内容的写作往往需建立在作者对工作的一种正确认识之上，而对某些问题（情况、工作）的认识在很大程度上又取决于态度，所以无论是做好工作，还是写好事务文书，都需要有实事求是的精神。

第二节　工 作 计 划

一、工作计划的含义、特点和种类

（一）工作计划的含义

工作计划是对即将开展的工作的设想和安排，如提出任务、指标、完成时间和步骤方法等。

（二）工作计划的特点

1. 科学的前瞻性

由于计划都是在事前制订的，所以必须具有科学的前瞻性，对未来一段时间内各种因素的变化和可能发生的问题，要有周密的考虑和足够的估计，对可能达到的目标做实事求是的预测。

2. 独特的创新性

计划的内容一定要有自己的特点和新意，要有新目标、新措施、新思路。如果每年的计划都是老套的，那么这个计划就没有制订的必要了。现代社会发展的进程越来越快，竞争日益激烈，不创新就要落伍，就可能被淘汰。计划只有与时俱进，不断创新，才能永远前进。

3. 行动的指导性

计划一经制订，就成为有关单位或个人一段时期内行动的方向和开展工作的依据。计划所制订的目标，鞭策人们为此奋斗；计划所列出的方法和措施，指导人们如何奋斗，可避免工作的盲目性。

4. 操作的可行性

计划虽然是人们对未来工作的预测和设想，但绝不是不切实际的幻想或胡思乱想，而是从实际出发，符合客观事物发展规律的预想。计划提出的目标，通过努力是能够实现的，其措施和方法也是切实可行的；否则，这个计划就是一纸空文。

（三）工作计划的种类

工作计划是个统称，按照其内容特点还可细分为规划、设想、要点、打算、安排、方案等。规划是带有全局性、长远性和方向性的计划；设想是初步的、粗线条的、不太成熟的计划；要点是对工作的主要方面作出简明扼要的计划；打算是对近期要做的事情作出初步的、内容不够全面具体的计划；安排是对近期要做的事情比较具体的计划；方案是对某项工作作出全面、具体、部署周密的计划。工作计划在书写时，可根据不同的内容要求选择恰当的种类。如果内容特点不突出，则一般统称"计划"。

二、工作计划的结构与写法

工作计划一般由标题、正文、落款和日期这几个部分组成。

（一）标题

工作计划一般用单行标题，常见的有两种形式：一种是完全式标题。这种标题由制订计划的单位名称、时间、内容和文种四个部分组成，如《××市××局××××年工作计划》《××大学××××年重点学科建设方案》。另一种是省略式标题。这种标题或省略制订计划单位的名称，或省略计划的时间，或同时省略上述两项，如《××××年生产计划》《××市公安局扫黄打黑工作方案》《体育锻炼达标计划》。采用省略式标题的计划，必须在正文或落款里清楚明晰地写明被省略内容。如果是非正式计划，要在标题后面或下方用括号注明"初稿""草案""讨论稿""征求意见稿"等字样。

（二）正文

计划的正文一般包括以下四项内容。

1．导言（前言）

导言（前言）简要地说明制订计划的背景、依据、目的和意义。

2．目标和任务

目标和任务是计划的核心，它包括两个方面：一是总的目标和任务，这部分写得比较概括。二是各部门、各时段的任务，这部分要分条列项写具体。对于一些短期的或简单的计划来说，这两个方面可合在一起写。

3．因素分析

因素分析是对完成任务的各种有利因素和不利因素的分析，也是对实现计划的可行性的说明和评估。它为提出实施计划的措施和步骤奠定了基础。

4．措施和步骤

措施和步骤是计划的重点，它以因素分析为依据，是目标和任务落实的保障。这部分要说明完成任务的具体措施、行动步骤和完成的时间。为使眉目清楚，一般采用以序数词列项或用小标题的形式书写。

计划正文的这四项内容是具有内在联系的，不管计划的外在结构形式如何变化，如写三个小标题，或写五个小标题，但这四项内容一般都会分布其中，只不过有详有略。当然，对于一些非常简单的计划而言，也可以略去导言（前言）和因素分析，但目标、任务和措施、步骤是任何一份计划都必不可少的。有的计划在正文的最后还提出执行计划时应注意的事项，或提出希望与号召以收束全文。

（三）落款

在正文的右下方注明制订计划的单位名称或个人姓名，并在署名的下方写明制订计划的年、月、日。如果在计划标题中已标明单位名称，可省略署名。

三、工作计划写作的注意事项

（1）调查研究，实事求是。制订计划前，必须深入实际、认真调查研究，既要"吃透"上级的精神，又要虚心听取群众的意见，"摸清"本单位的实际情况，分析主客观条件，尽可能预测到计划执行过程中的困难和问题，以便在计划中写明预防和解决问题的方法。制订计划时还要从本单位、本部门的实际出发，任务和指标应是经过各方面的努力可以达到的理想指标，既不要过高，也不能过低。计划切忌说假话、大话、空话，导致计划写得不实用。

（2）内容具体明确，语言简明扼要。计划是将所要进行的工作作出的安排和打算，为收到良好的效果，计划的整体设想要明晰，并将实现目标的途径和办法一条一条地列出来。计划切忌语言含糊、职责不清，使之无法落实和检查。计划的内容，一般要分条列项来写，叙述要平直、说明要简洁，如内容复杂，每个问题可设小标题，以示醒目。

（3）针对性和灵活性。计划的内容既要全面，又要有针对性，重点要突出。一个单位、一个部门，在一定的时期内，有许多工作需要做，如果全部并列起来，平均使用力量，就会影响重要工作的完成。因此，我们在制订计划时，要针对本单位、本部门的工作重点，保证计划中能够反映出当前要解决的主要问题。计划是根据客观情况制订的，客观情况在不断地变化，所以计划还要有灵活性，应留有一定的余地，当某种未预见的因素发生时，计划要能及时调整、完善和补充。

💬 例文 3-1

××学院××××年语言文字工作计划

××××年是全面实施我省语言文字工作"十五"规划、确保如期实现21世纪初语言文字工作目标的关键一年，根据《××语委办××××年工作要点》和《××省普通高等学校语言文字评估指标体系》，结合我校实际情况，特制订《××学院××××年语言文字工作计划》（以下简称《计划》）。

一、工作目标

1. 全校上下积极准备迎接省语委的语言文字工作评估，力争达到《××省普通高等学校语言文字评估标准》。

2. 继续积极推广普通话。师生在教学中使用普通话率达到100%。师生员工在教学、工作、会议、宣传和其他集体活动中使用普通话率达到100%。

3. 继续搞好汉字规范化。校内标牌、指示牌、标语（牌）、印章，各级橱窗宣传栏、张贴物、布告、课堂板书，以及各种活动的会标等用字规范率达到100%。校内公文，学校出版的书、报、刊，音像、电子出版物，学校自制的奖状、证书、招生广告（简章）、处级以上干部名片，以及各种宣传资料等用字规范率达到100%。

4. 争取申请建立××学院普通话测试站，面向学生进行测试。

二、具体措施

1. 深入开展"第二十三届全国推广普通话宣传周"工作，会同有关单位多形式、多渠道地开展《国家通用语言文字法》的宣传教育，进一步拓宽宣传领域，加大宣传力度，创设良好的文字规范化舆论氛围和社会环境。

2. 开展普通话水平培训、测试与辅导工作。今年继续选派3～4名青年教师参加××省普通话测试员的学习，选派1～2名青年教师参加国家级普通话测试员的学习，争取年内建立××学院普通话测试站，面向学生进行测试。

3. 狠抓制度建设，健全校语言文字工作网络。党办校办、教务处、团委分设语委会兼职秘书，负责协调、监督学校行文、科研、管理、教学、广播、出版、海报、网站、校内重大活动和学生社团活动等规范用语用字情况。各院、系、部、处要有专人负责语言文字规范化工作（一般由办公室主任或工会小组长兼任）；各教学班应设立语言文字规范化监督员（班级学习委员或团组织宣传委员），在校语委的统一部署下，开展部门（班级）语言文字规范化宣传、整治与监督工作。

4. 在校园网主页上设置语言文字专栏，积极宣传《国家通用语言文字法》和省语委、省教委其他有关文件，及时报道学校有关工作动态、先进事例。校园内设置语言文字固定宣传栏、标志牌，定期做好布置、维护工作。在校报上不定期设立"语言文字专栏"。

5. 继续贯彻"凡1954年1月1日以后出生的教师在教学活动中必须讲普通话"的规定。将普通话作为教学用语、"板书"必须规范用字的要求纳入学生评教、教学考核重要内容。各部门语言文字整治工作应与部门年度考核挂钩。

6. 依托社科学院中文教研室，继续在《应用写作》等课程教学中，开展大学生语言文字规范化教育。组织汉语专业教师逐步开展学生普通话测试，测试成绩与学生平时考核挂钩（少数民族学生除外）。年内完成校播音员的省级普通话测试，做到持证上岗。

7. 鼓励教师、学生和广大干部，尤其是汉语专业教师和文学类学生社团开展语言文字科学研究。

8. 配合"第二十三届全国语言文字宣传周",语委办与校党委宣传部、团委等联合起来开展形式多样的推广普通话活动,加大语言文字规范化工作的宣传力度。年内举办若干语言文字规范化师生知识竞赛、专题讲座、师生普通话演讲比赛等,增强广大师生员工的语言文字规范化意识,充分展现与弘扬中华语言美、文字美。

为保证做好本《计划》的落实,校内各部门应采取有效措施,创造性地开展工作。近期应结合学习、分解《评估指标》,找出自身不足,制订部门语言文字规范化工作计划,落实部门整改措施,并上报校语委。学校将于年内组织专家组检查本《计划》及各部门整改措施的具体落实情况,并开展"××学院语言文字工作先进单位、个人"评比表彰活动。对开展该项工作明显不力的单位(分管领导)将要求限期整改。

附:××学院××××年语言文字工作主要活动安排

××学院

××××年××月××日

【评析】

这是一篇专题性计划,采用了条文式写法,结构完整,语言平实、简洁、准确。标题采用了"单位名称、适用期限、计划内容和计划种类"的完整写法;正文的前言对制订计划的依据、出发点和计划事项做了总的概括;主体部分目标明确,采用措施得当。措施及所有主要活动安排规范了各部门应该完成的工作,为各部门制订详细实施计划明确了方向,操作性强。计划的结尾进一步强调了实施计划的要求。

上海市电子信息产业
发展"十四五"规划

第三节 工 作 总 结

一、工作总结的含义、特点和种类

(一)工作总结的含义

工作总结,就是把一个时间段的工作进行一次全面系统的总检查、总评价、总分析、总研究,分析成绩、不足、经验等。总结是应用写作的一种,是对已经做过的工作进行理性思考。总结与计划是相辅相成的,要以工作计划为依据,制订计划总是在总结经验的基础上进行的。其间有一条规律:计划—实践—总结—再计划—再实践—再总结。

(二)工作总结的特点

1. 自我性

总结是对自身社会实践进行回顾的产物。它以自身工作实践为材料,采用的是第一人称写法，其中的成绩、做法、经验、教训等，都有自我性的特征。

2．回顾性

这一点总结与计划正好相反。计划是预想未来，对将要开展的工作进行安排。总结是回顾过去，是对前一段的工作进行检验，但目的还是做好下一段的工作。所以总结和计划这两种文体的关系是十分密切的，一方面，计划是总结的标准和依据；另一方面，总结是制订下一步工作计划的重要参考。

3．客观性

总结是对前段社会实践活动进行全面回顾、检查的文种，这决定了总结有很强的客观性特征。它是以自身的实践活动为依据的，所列举的事例和数据都必须完全可靠，确凿无误，任何夸大、缩小、随意杜撰、歪曲事实的做法都会使总结失去应有的价值。

4．经验性

总结还必须从理论的高度概括经验教训。凡是正确的实践活动，总会产生物质和精神两个方面的成果。作为精神成果的经验教训，从某种意义上说，比物质成果更宝贵，因为它对今后的社会实践有着重要的指导作用。这一特性要求总结必须按照实践是检验真理的唯一标准的原则，去正确地反映客观事物的本来面目，找出正、反两方面的经验，得出规律性认识，这样才能达到总结的目的。

（三）工作总结的种类

总结的种类繁多，按照不同的标准划分，有不同的种类。

（1）按照性质划分，有工作总结、生产总结、会议总结等。

（2）按照范围划分，有地区总结、部门总结、单位总结、个人总结等。

（3）按照时间划分，有年度总结、半年总结、季度总结、月份总结、阶段总结等。

不管哪一类总结都可以按其内容所涉及的范围，分为全面总结、专题总结、个人总结。

二、工作总结的结构与写法

工作总结一般由标题、正文、落款三部分组成。

（一）标题

总结的标题主要有以下几种形式。

1．直陈式标题

直陈式标题一般由单位名称、时限、事由和文种四个要素组成。标题各项内容，也可根据具体情况有所省略，如标题中可省略单位名称，有的综合总结，标题中也可省去总结内容这一项。

2．正副标题

一般说来，正标题概括总结的是主要内容或基本观点，副标题说明单位名称、时限、文种等，如《适应新的形势，努力做好财会工作——××厂财务处××××年工作总结》。

3．不标文种式标题

不标文种式标题即写成一般文章的题目形式，虽未注明"总结"字样，但标题本身体现出总结的性质或内容。

（二）正文

正文是总结的重心所在。由于具体情况不同，总结的内容也不一样，但各种总结都有共同点，其内容一般包括以下几个方面。

1．基本情况

基本情况是总结的前言。一般用简洁的语言，概述完成工作的基本情况，交代清楚工作的时间、地点、背景，进行某项工作或认识某个问题的依据，工作的简单过程、基本做法，对工作完成情况的基本看法和总体评价等。有的总结，还在这部分运用数据，说明工作的成绩或不足。概述的内容，根据总结的不同要求有所侧重，不是千篇一律。基本情况这一部分内容要写得提纲挈领、简明扼要，以便读者对总结先有一个大概的了解，为下文具体介绍经验教训打好基础。

2．成绩和经验

成绩和经验是总结的精华和重点部分。成绩是指实践活动中所取得的物质成果或精神成果。经验是取得优良成绩的原因和条件，如正确的指导思想、积极的工作态度、科学的工作方法、坚强的意志等。这部分的结构方式，要依据总结的目的、作用来决定。旨在向上级汇报工作或向本系统、本单位职工总结工作的，多采用先谈取得的主要成绩，然后概括出几条经验体会的方法；旨在总结取得重大成绩的某项工作，并要向外介绍经验的，常采取先提问题，叙述取得的巨大成绩，然后着重谈经验体会的方法。写好这部分内容，必须力戒就事论事，要在对过去工作情况的分析研究中，提炼出带有理论色彩的观点，以指导今后的工作。要求做到材料翔实、言之有据、条理清晰、脉络分明，能给读者留下深刻的印象，使读者受到启迪。

3．问题和教训

总结的写作，要用一分为二的观点，既要总结成绩、经验，也要找出存在的问题和教训。存在的问题和教训，这二者是有区别的：存在的问题，是指在工作实践中切实感到应该解决而暂没有解决或没有条件解决、没有办法解决的问题。教训，是由于指导思想不明、方法不当，或其他原因犯了错误造成损失而得出的反面经验。总结存在的问题和教训是为了进一步做好工作。因此，我们要着重分析问题和教训存在及产生的主观原因。当然，这部分内容也可视总结的重点来取舍，如果是着重反映问题的，则应把这一部分当作重点来写；如果是专门总结成功经验的，则可以不涉及存在的问题和教训。这部分要根据实践活动的具体情况和总结的目的要求而灵活掌握。

4．努力方向

努力方向是在总结经验教训的基础上，针对工作中存在的问题，提出切实有效的改进措施、今后打算、努力方向，或者提出新的奋斗目标，表明决心、展望前景、鼓舞斗志。这部分在写法上要有新意，防止落入俗套。

总结的正文是重点，内容较复杂的总结一定要安排好结构层次，就一般情况而言，总结的正文部分常用的结构方式有时序式、并列式、总分式等，这些结构方式第一章已经介绍了，这里就不再赘述。

（三）落款

总结的落款包括署名和日期。标题中已标明，或标题下已署名，结尾则可不写。个人总结署名，一般写在正文的右下方。

三、工作总结写作的注意事项

（1）表达要叙述、议论相结合。叙述、议论是总结最常用的表达方法。叙述是总结行文的基础。它通过对过去工作情况的交代，使读者明白某单位、某个人的工作状况。议论则是指通过分析、综合、论证，把分散的、感性的材料转化为具有指导意义的理论。总结写作时应注意：在说明工作的过程和列举典型事例时，应以叙述为主；分析经验教训，阐明努力方向时，应以议论为主。叙述是议论的依据，议论又是叙述的分析综合和提高。

（2）总结要有特点。单位的总结，一定要抓住本单位最突出的、最能反映客观事物本质的特点，最具鲜明个性和特色的内容，如新的情况、新的问题和新的经验教训等，切忌人云亦云。当然，也不能无中生有的标新立异，要注意新的情况、新的问题及经验教训的代表性和普遍意义。

（3）保持一分为二的观点。总结不论是写成绩还是缺点，都必须准确把握分寸，实事求是地叙述事物发展的全过程，用"一分为二"的观点，研究事物的内部联系，寻找其中的规律性。成绩不夸大，缺点不掩盖，这样的总结才能指导今后的工作。

💬 例文 3-2

××市"双创"工作总结

一、××××年主要工作

（一）坚持服务发展，夯实人才强市战略基础……

（二）坚持服务人才，不断提高服务质量和水平……

（三）坚持服务群众，着力打造和谐阳光人事……

（四）坚持服务基层，促进社会稳定和谐……

（五）坚持服务企业，拓展人事服务领域……

（六）深入贯彻落实科学发展观，加强人事部门自身建设……

二、存在的问题和原因

今年以来，我局紧紧围绕全市经济社会发展大局来谋划和推进人事人才工作，取得了一定成效。但在工作中还存在一些问题和不足，与上级的要求和其他地区相比还有一定差距，主要表现在以下三个方面：

（一）人事部门参政水平有待提高……

（二）事业单位改革进程有待加快……

（三）人事服务与企业需求缺乏有效对接……

形成以上问题的原因，一是人事人才工作政策性强，涉及面广，事关经济社会发展稳定大局，需要各有关职能部门共同参与，稳慎推进。二是我市经济社会发展水平不高，人事人才工作在载体建设、经费投入上严重滞后，制约了人事人才工作的开展。三是随着经济社会的不断发展，人事部门职能增加、任务更重与编制过紧、人手缺乏的矛盾日益突出，而人事部门干部疲于应付的现状，在一定程度上制约了工作的开展。

三、明年及后年的工作思路

围绕建设世界旅游精品这个总体目标，认真贯彻实施公务员法，深化人事制度改革，加快构建人事公共服务体系，完善人才工作机制，努力维护社会和谐稳定，切实加强人事干部队伍建设，在服务大局中实现人事人才工作科学发展，为推动世界旅游精品建设继续做贡献。

（一）不断加强人才队伍建设……

（二）继续深化人事制度改革……

（三）统筹推进各项综合性基础工作……

（四）切实加强人事系统自身建设……

【评析】

这是一篇年度工作总结，标题为直接式，简洁明了，一目了然。总结的正文包括三部分，按主次顺序，首先交代了××××年工作完成情况，其次指出工作中存在的问题，对产生问题的原因进行客观的分析，最后围绕工作目标指出"明年及后年的工作思路"，层次分明，每部分使用小标题点明该部分中心，边叙述，边分析，使用材料点面结合，语言朴实简明。

第四节　述职报告

一、述职报告的含义、特点及种类

（一）述职报告的含义

述职报告是各级机关、社会团体和企事业单位的领导及工作人员，向所在单位的组织人事部门、主管领导机关和本单位职工群众，陈述自己在一定时期内履行岗位职责情况而写成的书面报告。

述职报告是干部人事制度改革，引进竞争机制后兴起的一种新的应用文体。写好述职报告对于各级各类领导干部总结工作、纠正错误、改进工作，自觉接受上级机关审议、群众监督，都具有重要意义。

（二）述职报告的特点

1．自述性

自述性，就是要求报告人自己述说自己在一定时期内履行职责的情况。因此，必须使用第一人称，采用自述的方式，向有关方报告自己的工作实绩。这里所谓的实绩，是指报告人在一定时期内，按照岗位规范的要求，为单位做了些什么事情，完成了什么指标，取得了什么效益，有何成就和贡献，工作责任心如何，工作效率怎样，在述职报告中都可以实实在在地反映出来。但是，要特别强调：所写的内容必须真实，是已经进行了的工作和活动，事实确凿无误，切忌弄虚作假。

2．自评性

自评性，就是要求报告人依据岗位规范和职责目标，对自己任期内的德、能、勤、绩等方面的情况，做自我评估、自我鉴定、自我定性。述职人必须持严肃、认真、慎重的态度，既要对自己负责，也要对组织负责，对群众负责。对工作的走向，前因后果，要叙述清楚，评得恰当；所叙述的事情，要概述，让人一目了然，并从中引出自评。但要强调：切忌空谈定性分析必须在定量证明的基础上进行。

3．报告性

报告性，就是要求报告人明白自己的"身份"，是要接受被评议、监督的人民公仆的身份，履行职责做报告。要认识到，自己是在向上级汇报工作，是严肃的、庄重的、正式的汇报，是让组织了解自己，评审自己工作的过程，因此，语言必须得体，应有礼貌、谦逊、诚恳、朴实，掌握分寸，切不可傲慢、盛气凌人，不可夸夸其谈。报告内容必须实在、准确，而且要用叙述的方式，将来龙去脉交代清楚。

（三）述职报告的种类

述职报告的分类，可以从几个不同的角度进行划分，因而存在着交叉现象。

1．从内容上划分

（1）综合性述职报告：报告内容是一个时期所做工作的全面、综合的反映。

（2）专题性述职报告：报告内容是对某一方面的工作的专题反映。

（3）单项工作述职报告：报告内容是对某项具体工作的汇报。这往往既是临时性的工作，又是专项性的工作。

2．从时间上划分

（1）任期述职报告：对从任现职以来的总体工作进行的报告。一般来说，时间较长，涉及面较广，要写出在一届任期的情况。

（2）年度述职报告：属于一年一度的述职报告，汇报本年度的履职情况。

（3）临时性述职报告：担任某一项临时性的职务后对其任职情况所作的报告。例如，负责某期的招生工作，或主持某项科学实验，或组织某项体育竞赛，这项工作结束后写出其履职情况。

3．从表达形式上划分

（1）口头述职报告：例如，需要向选区选民述职，或向本单位职工群众述职的，用口语化语言写成的述职报告。

（2）书面述职报告：向上级领导机关或人事部门报告的书面述职报告。

要注意将"工作总结"同述职报告区别开来。工作总结，可以是单位的、集体的，也可以是个人的，其写作角度是全方位的，即凡属重大的工作业绩、出现的问题、经验教训、今后工作设想等都可作为书写角度，而述职报告却不同，它要求侧重写个人执行职守方面的有关情况，往往不与本部门、本单位的总体业绩、问题相掺杂。

二、述职报告的结构与写法

述职报告没有固定的写作模式，根据不同类型和主旨，可灵活安排结构。一般由标题、抬头、正文、落款四部分组成。

（一）标题

述职报告的标题，常见的写法有三种。

（1）文种式标题，只写《述职报告》。

（2）公文式标题，其形式为姓名＋时限＋事由＋文种名称，如《王××20××年至20××年试聘期述职报告》《张××20××年至20××年任商业局长职务的述职报告》。

（3）文章式标题，用正题或正副题配合，如《20××年述职报告》《思想政治工作要结合经济工作一起抓——××造纸厂厂长王××的述职报告》。

（二）抬头

（1）书面报告的抬头，写主送单位名称，如"××党委""××组织部""××人事处"等。

（2）口述报告的抬头，写对听者的称谓，如"各位代表""各位委员""各位同志""各位领导，同志们"。

（三）正文

述职报告的正文由开头、主体、结尾三部分组成。

1．开头

开头又叫引语，一般交代任职的自然情况，包括何时任何职，变动情况及背景；岗位职责和考核期内的目标任务情况及个人认识；对自己工作尽职的整体评价，确定述职范围和基调。这部分要写得简明扼要，给予听者一个大致印象。

2．主体

主体是述职报告的中心内容，主要写实绩、做法、经验、体会或教训、问题，要强调写好以下几个方面：对党和国家的路线方针政策、法纪和指示的贯彻执行情况；对上级交办事项的完成情况；对分管工作任务完成的情况；在工作中出了哪些主意，采取了哪些措施，作出哪些决策，解决了哪些实际问题，纠正了哪些偏差，做了哪些实际工作，取得了哪些业绩；个人的思想作风，职业道德，廉洁从政和关心群众等情况；写出存在的主要问题，并分析问题产生的原因，提出今后改进的意见和措施。

这部分要写得具体充实、有理有据、条理清楚。由于这部分内容涉及面广、量多，所以宜分条列项写出。"条""项"要注意安排好内在逻辑关系。

3．结尾

结尾一般写结束语，用"以上报告，请审阅""以上报告，请审查""特此报告，请审查""以上报告，请领导、同志们批评指正"等作为结尾。

（四）落款

述职报告的落款，写上述职人姓名和述职日期或成文日期。署名可放在标题之下，也可以放在文尾。

三、述职报告写作的注意事项

（1）要充分反映出自己在任期内的工作实绩和问题。述职是民主考评干部的重要一环，也是干部自觉接受组织和群众监督的一种有效形式。干部作述职报告，是为了让组织和群众了解和掌握干部德才状况和履行职责的情况。因此，述职报告应该充分反映出自己任期内的工作实绩和问题，即写出自身在岗位上为国家和人民办了什么实事，结果怎么样，有哪些贡献，还有哪些不足，包括工作效率、完成任务的指标、取得的效益等。工作实绩如何，是检验干部称职与否的主要标志，述职人要充分认识这一点，实事求是地把自己的工作实绩和问题反映出来。

（2）要实事求是地评价自己。对自己的评价要实事求是，要准确恰当，有分寸，不说过头话、大话、假话、套话、空话。因此，应注意处理以下几个关系。

①处理好成绩和问题的关系。就是实事求是讲成绩，诚恳大胆讲失误。

②处理好集体与个人的关系。既不能把集体之功归于个人，也不能抹杀了个人的作用，必须分清个人实绩和集体实绩。

③在表述上要处理好叙和议的关系。就是以叙述为主，把自己做过的工作实绩写出来，不要大发议论，旁征博引；议论也只是对照岗位规范，根据叙述的事实，引出评价，不能拔高。

④要抓住重点，突出个性。述职报告，如果用口头报告表述，一般宜控制在30分钟之内，如果用书面报告表述，一般在3 000字以内为宜。因此，表述的内容应抓住重点、抓住最能显示工作实绩的大事件或关键事件。凡重点工作、经验、体会或问题等，一定要有理有据，充实

具体，而对一般性、事务性工作，宜概括说明，不必面面俱到。在抓住重点、突出中心的同时，还应突出自己的特色，让人能分辨出自己在具体工作中所起的作用。

● 例文 3-3

市政府秘书长办公室主任年度述职报告

各位主任、委员：

　　××××年8月，市人大常委会任命我为市政府办公室主任，至今已有十个年头；××××年5月，又任命我为市政府秘书长。自任职以来，我在市委、市政府的正确领导下，在市人大常委会各位主任、委员的督促、关心和支持下，团结带领市政府办公室全体干部、职工，以服务为宗旨，以协调督查为手段，开拓进取，扎实工作，较好地履行了岗位工作职责，为全市经济社会的全面、协调、可持续发展，发挥了应有的作用。现就任职以来，特别是本届任期三年来的工作情况向市人大常委会述职，请予评议。

　　一、主要工作情况

　　市政府办公室是市政府的综合协调部门，岗位特殊，责任重大，唯有尽心、尽力、尽职，才能不辜负领导的期望和人民的重托。

　　1.强化服务意识，积极主动做好协调服务工作……

　　2.加强调研、信息和督查工作，当好市政府领导的参谋和助手……

　　3.严格行文规范，切实提高办文工作效率和质量……

　　4.认真做好建议提案、信访办理和值班工作，积极发挥桥梁纽带作用……

　　5.加强队伍建设，不断提高办公室人员的综合素质……

　　二、存在的问题和今后的努力方向

　　（一）存在的问题

　　回顾以往工作，虽然取得了一些成绩，但由于自己能力和水平有限，离市委、市政府的要求，与人大常委会对我的期望还有较大差距，自己还有很多不足：……

　　（二）今后的努力方向

　　1.加强学习，不断提高自身素质……

　　2.开拓进取，不断提升工作成效……

　　3.加强队伍建设，树立良好形象……

　　各位主任、委员，这次市人大常委会安排我述职并对我进行评议，给我提供了一次难得的学习与提高的机会，对此我将十分珍惜。我决不辜负市人大常委会的期望，虚心听取评议意见，及时落实整改。我将与时俱进，开拓进取，为全市加快实现"两个率先"，为构建和谐社会作出自己应有的贡献。

　　以上报告，请审阅。

李××

××××年××月××日

【评析】

这是一篇××市政府秘书长办公室主任年度述职报告，略去了文中详细陈述部分。

这份述职报告全面地反映了述职履行岗位职责情况。述职报告的标题使用了单行式，正文由称谓、前言、主体、结尾四部分组成。作者在前言部分向各位领导、代表致意，之后说明自己的任职时间、担任职务等情况，并极其简明扼要地对自己任职三年来的成绩进行总结评价。主体部分以"主要工作情况""存在的问题和今后的努力方向"为序，分条列项，一一陈述、分析，其中工作情况部分作为主体的核心，事例典型，内容翔实，数据详细具体，分析切中问题实质、要害，尊重事实，评价客观，给人印象深刻。

第五节　工 作 简 报

一、工作简报的含义、特点及种类

（一）工作简报的含义

工作简报是国家机关、社会团体及企事业单位内部用来通报情况、交流信息的一种简短的文字材料。常见的有"工作动态""情况反映""简讯""内部参考""快报"等，都属简报。

（二）工作简报的特点

1. 简

简就是内容集中，篇幅短小，文字简要。内容集中，是指每份简报的内容要做到单一、集中，一事一报，不要在一份简报中写多项内容。如果为了集中反映某种情况、某个问题，也可以把几个内容相关或有共同性的短文编在一期内。篇幅短小，一份简报最好不超过 1 000 字。有些综合性的简报，内容较多，但字数也应控制在 2 000 字之内为宜。文字简要，是指写作简报时，文字要精练、利索，无假话、大话、空话。

2. 真

简报的内容必须绝对真实。简报一个重要的目的是向领导机关反映情况，而领导机关有时会根据简报所反映的情况作出决策。正是基于这个特点，决定了简报所写的事例，包括时间、地点、人物（或单位）、事情的前因后果，引用的数据、人物语言等，都必须准确无误。对上级既报喜也报忧，不以偏概全，力求准确、全面、真实地反映实际情况。

3. 快

快是对简报时间上的要求。简报的时限性很强。它必须及时地把工作中出现的新情况、新问题、新典型、新动向报告给有关上级机关和业务部门。如果简报编写不迅速及时，作用就会大大缩小，有时甚至失去其意义。

4．准

准就是针对性强。简报应根据国家的法律、法令及各级政府的指示或上级机关的有关规定，围绕本单位工作的重点，抓住工作中的关键问题，准确地加以反映，为领导运筹决策提供依据。

（三）工作简报的种类

从内容和作用上划分，工作简报大体上分为三类。

1．会议简报

会议简报主要用于报道会议情况和主要精神，反映与会人员的意见、建议。会议简报一般用于较大型会议。内容简单的会议就不需要简报。

2．专题性简报

专题性简报是就人们关心的、重要的某一议题专门出一期简报。专题性简报的内容集中、单一，一般是写一个问题或一件事，语言简洁，篇幅短小，时效性很强。

3．综合性简报

综合性简报是指在内容方面对某些情况或问题作全面的、综合性的反映。这种简报的主要特点是涉及面广，情况复杂，材料丰富，带有综合性，能给人以全面的、概括性的认识。

二、工作简报的结构

简报的结构是固定的，由报头、正文、报尾三部分构成。

1．报头

用 16 开白纸印，报头部分占三分之一篇幅。报头一般包括如下内容。

（1）简报名称。常见的名称有"简报""工作简报""工作动态""内部参考"等。名称确定后，一般不要经常更换。为了醒目，简报名称字体应大些。字可用印刷体，也可用书写体。名称一般套红，也可不套红。名称的位置应固定在第一页上方居中。

（2）期数简报。期数一般放在简报名称下方，横隔线之上。

（3）编发单位。一般在名称下方的左侧。

（4）印发日期。标在名称下方的右侧。

（5）密级。密级程度一般标在报头的左上角。根据简报内容所涉及机密的程度，可注明"绝密""机密""秘密""内部参考"等字样。如果有传阅范围限制，可以在密级程度下方注明"供××级以上领导参阅"等字样。

（6）编号。根据印发份数依次编号，每份一号，以便登记、保存和核查利用。编号一般放在报头的右上角，与密级形成对称。

（7）横隔线。在报头的下方，也就是在第一页上方三分之一处用一条醒目横线将报头与报文隔开。

2. 正文

正文是简报的核心部分，一般由标题、正文、供稿单位和按语等部分组成（后面将专门论述）。

3. 报尾

报尾位于简报最后一页下方。一般在最后一页的下端用两条间距适度的平行横线画出，在两条平行横线之内写清简报的发送单位，包括报（指上级单位）、送（指平行或不相隶属的单位）、发（指下级单位），并在平行横线内的右端注明共印份数。

三、工作简报的写法

工作简报的正文部分主要包括标题、正文、供稿单位三个部分，如有按语，先写按语，然后再写标题。

1. 标题

工作简报的标题和新闻的标题相似，有单行标题、双行标题、多行标题。简报无论采用哪种标题形式，都应该尽可能地概括出正文的主旨，让人见题知意。

（1）单行标题。用一句话概括正文的主要内容。

（2）双行标题。正标题揭示正文的内容或意义，副标题起补充说明作用，强化正标题的含义。

（3）多行标题。引题交代背景或揭示意义，正题概括正文的内容，副题补充或说明正题。

2. 正文

工作简报正文的内容最关键的是要抓准主要问题，一份简报效果如何，起的作用大小，主要在于反映的问题抓得准不准。写简报，要认真地研究本单位、本系统在贯彻执行国家的有关法令、方针、政策及上级的指示，开展各项工作中出现的新情况、新经验、新问题。抓住这些重要的、关键性的问题并及时反映出来，有利于我们做好工作。

简报的正文一般分为三个部分。

（1）前言部分。前言部分一般用简洁、明确的一段话（有的仅一句话），总括全文的主要事实，先给人一个总的印象，接着交代时间、地点、事件、原因、经过、结果。简报的开头类似新闻开头中导语的写法。

（2）主体部分。主体部分是简报的主要部分，是对开头部分概括内容的进一步具体化。这部分要选择富有说服力的典型材料，加以合理地安排，中心内容要突出、具体，条理要清楚，语言要简洁。一个自然段最好写一层意思，不要把各个方面的内容都汇集在一个自然段里。段与段之间应按照事物的内在逻辑联系层层深入，环环紧扣，使之无懈可击。

（3）结尾部分。结尾部分用一句话或一段话概括正文的主要内容，或指明事件发展的趋势，或发出号召，或提出今后的打算。事情单一、篇幅短小的，可不写结尾部分。

3. 供稿单位

简报一般不具名，必要时在正文的右下方注明"×××供稿"。

4. 按语

对于内容重要的简报，有时要在正文之前加写一段文字，以表示发文单位的意见，这段文字就是简报的按语。

按语常常是根据领导的意见起草，对简报的内容加以提示、说明和评注，用于表明简报编者的意向，转达有关领导的看法和意图，以引起读者注意。

四、工作简报写作的注意事项

（1）材料真实、有新意。材料的真实是简报写作的"生命"。工作简报是向领导和有关部门传递信息、报告情况的，上级部门将依据这些信息、情况作出相应的决策。因此，应该特别注意材料的真实可靠。简报不但要注意材料的真实，还要注意所用的材料一定要有新意。那些缺乏新意、人尽皆知的事情或过时的信息，只会使读者失望。简报所反映的问题、经验、观点、信息，都必须具有新意。只有具有新意的东西，才能给人以启发、借鉴。

（2）以叙述为主，议论为辅。工作简报写作的特点在于让事实说话。工作简报可以表达观点、倾向，但不像总结和调查报告那样由作者直接说明，而是通过对事实的叙述显示出来。因此，简报在表达方法上应以叙述为主，为读者提供反映客观情况的真实材料，把事情的来龙去脉交代清楚，不过多议论。读者自会对事实、情况加以理解分析，作出判断。

💬 例文 3-4

××市旅游局旅游简报

（第十一期）

××市旅游局　　　　　　　　　　　　　××××年××月××日

××市缤纷迎国庆

今年的国庆假期恰逢传统节日中秋节，必然对假日消费产生更大的推动作用。针对这次的旅游黄金周，我市的各旅游企业早就摩拳擦掌，做足了准备。面对市场激烈的竞争，选择自己的目标市场，八仙过海，各显神通，祈求分得一块假日消费的"大蛋糕"。

各旅行社早在一个月前就打起了价格战、线路战、品牌战，这从每周的旅游专版、广告中就可知晓。近一个月来，旅游广告的版面明显增大，各社都加大了广告的篇幅，打造自己的品牌，显示实力。在线路的安排上，无论是价格还是活动内容都更有弹性、更灵活，既有传统的常规线路、价格较低的包机线路，也有不少精心设计的独家线路，别具新意，如有旅行社推出"自驾飞机，体验飞行"的特色线路，游客反应热烈。另外，各社也为不出远门的市民做了充分考虑，推出价格低廉，安排紧凑的广州、深圳、番禺、海岛等地的一日游、两日游等。在价格上，海南、桂林、北京、华东、云南等热门线路增幅较大，达三成至六成，出境游增幅不大，短线游只有轻微的增幅。

全市各旅游景点和市政公园在国庆假期也是各有其宝、各出新招，以全新的姿态，丰富多彩的项目吸引更多的游客，让游客玩得开心、玩得尽兴。如圆明新园将推出清宫庙会、烟花会演、大清王朝等大型活动，让你体验老北京庙会的氛围，品尝富有民族特色的风味小吃；御温泉度假村推出独一无二的"冷雾中泡温泉"的特色项目，令你在烟雾缭绕的清凉中体验泡温泉的乐趣；农科奇观经过几个月的精心准备，国庆期间举办西瓜甜瓜节和盆景园艺展；令游客在大饱口福之余也大饱眼福；我市的各个海岛也为迎接大量的游客做了充分的准备；另外，值得一提的是，国庆期间我市又有新的景点——横琴蚝自然生态园正式对外营业，为大家提供一个观蚝、品蚝，假日休闲的好去处。

市旅游局也专门针对国庆旅游黄金周加大了宣传力度，联合有关媒体对我市国庆期间的活动及假期出游的有关事项做全方位的报道，除了常规的××市传媒、旅游专栏以外，还邀请了中央电视台四频道专门报道我市旅游的有关情况，并于9月17日和9月24日分别在影响力较大的《××都市报》和《××晚报》做了整个彩版的形象广告，吸引更多的游客来我市旅游。

我市旅游界将以满腔的热情、优质的服务、精彩纷呈的旅游活动，迎接来自国内外的游客，相信我市的美景、美食一定会给游客留下美好的回忆。

发送单位：××

共印：××份

【评析】

这是一份工作动态简报，该简报格式规范。简报文章也很有特色：标题明确，一语中的；开头只用一句话便概括、总领了下文；主体部分选材讲究，为迎接国庆，旅游局做足了充分准备，内容有新意。

本章实训

实训一：

下面这篇计划请试着指出其存在的问题。

××县经委今后八个月工作计划是完成县委、县政府下达3.1亿工业总产值（力争3.5亿）的任务以及各项经济指标，我们计划在今后八个月主要抓好以下几方面工作。

（一）进一步深化企业改革。我们在全面推行厂长（经理）任期目标责任制的基础上，从实际出发，有针对性地分别实行租赁、承包、百元工资税利制和工资总额与企业经济效益包干等经营方式，把权、责、利全面落实到企业及其经营者身上，使企业真正成为相对独立的经济实体，成为自主经营、自负盈亏的社会主义商品生产者和经营者，较好地调动企业厂长、职工的积极性，增强企业活力，促进生产发展，并使这一改革能够健康发展，深入持久地坚持下去，同时采取有效措施加以保证。

（二）加快新项目和技术改造项目的建设速度，确保这些项目预期投产，发挥效益。主要抓好苎麻纺织、印染工程等项目，并实行目标责任制管理，使这些项目预期投产，早日发挥效益。

（三）进一步加强企业管理，提高企业经济效益。我们坚持以改革为动力，促进企业的发展，加强管理，提高企业经济效益，把增产节约、增收节支的工作作为提高企业经济效益的重要工作来抓，要求企业产品总成本、企管费及车间经费都要下降。具体措施：①调整企业产品结构，大力增产适销对路产品，实现多产快销；②加强企业管理，挖掘企业潜力，调整定额，向管理要效益。

（四）加强企业职工思想教育、技术培训，努力提高企业职工队伍思想、技术素质。为企业上等级和企业现代化管理打基础。具体措施：①全面进行思想、纪律、法律教育和坚持四项基本原则，反对资产阶级自由化的教育，全面提高工人思想觉悟；②搞好技术培训和职工文化、技术学习，努力提高职工队伍技术素质。

实训二：

下面这篇总结请试着指出其存在的问题。

××公司上半年工作总结

半年来本公司在提升精神文明和物质文明方面做了许多工作，取得了很大成绩。半年来，主要做了以下工作：动员组织公司干部和广大群众学习中央文件；安排、落实全年生产计划；推行、落实工作责任制；修建子弟小学校舍；建方便面生产车间厂房；推销果脯、食品、编织产品；解决原材料不足问题；美化环境，栽花种草；开办了一期计算机技术培训班；调整了工作人员聘用形式，开始试行干部招聘制。

半年来，在工作繁杂，头绪多而干部少的情况下，能做这么多工作，主要有三点原因：一是上下团结。公司领导和一般干部都能同甘共苦，劲往一处使。工作中有不同看法，当面讲、共同协商。互相间有意见能开展批评与自我批评，不犯自由主义的错误。例如，有干部就未经商议，擅自更改果脯销售奖励办法，影响产量一事有意见，经当面提出，经理做了自我批评，并共同研究了新的奖励办法，使产品销量又出现了增产势头。二是不怕困难。本企业刚刚起步，困难很多，如技术力量薄弱、原材料不足、产品销路没有打开等。为此，领导干部共同想办法，他们不怕跑路，放弃自己的休息时间，忍饥挨饿受冻，四处联系，终于解决了今年生产所需要的原料，推销了一些产品。三是领导带头。公司的几位主要领导带头苦干、实干。他们白天到下边去调查了解情况、解决问题，晚上才开会研究问题，寻找解决的办法。领导干部夜以继日地工作，使公司工作上了台阶。

××公司

××××年××月××日

复习思考题

1. 计划的写作特点有哪些?

2. 计划的结构包括哪几部分? 正文包括哪些内容?

3. 计划的写作注意事项有哪些?

4. 总结的写作特点有哪些?

5. 总结的结构包括哪些? 正文包括哪些内容?

6. 简报的写作特点有哪些?

7. 简报写作的基本格式与内容包括哪些?

第四章　财经合同类文书

案例导入

××原名为××（北京）贸易有限责任公司，后于2014年12月5日变更为××（中国）贸易有限责任公司。2014年7月2日，×××以××（北京）贸易有限责任公司的名义与大坤公司分别签订了2份豆粕销售合同（合同编号分别为×××140519、×××140520）。合同约定，大坤公司向××购买豆粕，两份合同的货物重量分别为5 000吨，价格均为3 350元/吨，分别于2015年4月1日至4月30日和2015年5月1日至5月31日提货完毕，重量以交货时卖方计量为准。买方应于本合同签订后的一个工作日内但不超过三个自然日向卖方支付10%货款作为履约保证金，保证金在最后一笔合同货款中冲抵。若买方未能履行合同，包括但不仅限于支付全部履约保证金、货款、延期提货的费用等，卖方可选择随时终止本合同或推迟交货，已付及应付的全部履约保证金将作为违约金不予退回，并且卖方保留追索权，可就豆粕价格变化及因终止合同而遭受的任何市价损失向买方索赔。如任何一方违约，违约方所应承担的责任不包括另一方所遭受的收入或利润损失、商业损失或其他任何间接损失。合同签订后，大坤公司委托A向××代付货款，自2014年7月17日至11月28日，A分六次共计向××付款130万元。2014年12月2日，大坤公司向××出具履约保证函，请求延期支付剩余的合同定金。后大坤公司没有按照合同约定的期限付款、提货。2015年10月24日，××向大坤公司发出解除合同通知书。

（案例来源：孔令秋：《经济法基础》，东北财经大学出版社2018年版。）

案例思考题：

该合同可以解除吗？

第一节　财经合同类文书概述

一、财经合同类文书的含义、特点

（一）财经合同类文书的含义

财经合同类文书是指人们在管理经济类运行状况、规范和约定相关经济事务时所写的应用文。财经合同类文书是协作关系的具体反映，是管理经济的有效手段。实践证明，这是解决经济问题的一种比较有效的措施。它有助于保障企业的经济利益，维护企业的合法权益，树立良好的企业形象。

财经合同类文书包括招标书、投标书、意向书、协议书、经济合同等。

（二）财经合同类文书的特点

1. 鲜明的政策性

作为反映和规约经济活动的应用文书，一定要以"科学理论为指导"，遵循相关法律法规，体现国家的方针政策，符合客观经济发展规律。

2. 情况的真实性和准确性

运用的材料要求绝对真实，不允许有丝毫的虚构和夸张，涉及的情况必须绝对准确。尤其是数字，一定要准确、可靠。

3. 行文的明确性和时效性

财经合同类文书规约协作双方的权利与义务，要厘清双方的关系和保障各方的利益，在写作时必须有着鲜明而具体的写作目的，表述内容要明确而有针对性。同时，该类文书是针对一定的经济活动而写，有很强的时效性。

4．体式的法定性和约定性

财经合同类文书起着管理经济活动的作用，其格式是人们长期以来约定俗成的惯用格式或国家、部门制定的法律法规性文件规定的格式，具有程式性。写作时应共同遵守有关格式规定。

5．语言的严密性和简明性

财经合同类文书规定经济活动的行为，要求严密和简明。即语言要贴切、如实反映事物的特征和本质，内涵准确，判断恰当，推理符合逻辑，能简洁明了地表达作者的意图。

二、财经合同类文书写作的注意事项

（1）内容要准确简明。写作内容要准确，所作出的结论要准确，所说明的事理要准确。同时，为使文书更清楚、明白、晓畅，所选用的材料要准确简洁，所运用的语言要简明。

（2）用语要平易规范。语言要严谨、准确、庄重、风格朴实。所用格式要标准、规范、统一，应依法行文或依俗行文，不能自行其是。

第二节　招标书与投标书

一、招标与投标概述

1．招标与投标的含义

投标是一个关于投标招标的专业术语，是指投标人（卖方）应招标人的邀请，根据招标通告或招标单所规定的条件，在规定的期限内，向招标人递盘的行为。

目前，大多数国家政府机构和公用事业单位通过招标购买设备、材料和日用品等。

2．招标与投标的程序

（1）发布招标通告、启事或邀请书。

（2）欲投标者出示有关证件或材料，填写报名登记表，递交投标申请书。

（3）招标方对投标者进行资格审查。

（4）招标方宣布或通知资格审查合格者，送发招标书。

（5）招标方介绍招标企业情况或商品要求，组织现场踏勘、答疑。

（6）投标方撰写投标书，把投标书密封送至招标方。

（7）组织投标方公开演讲、答辩。

（8）招标方组织开标、审标、议标、评标、定标。

（9）招标方向中标方发中标通知书。

（10）招标方向未中标者退投标书。

3. 招标与投标应遵循的原则

《中华人民共和国招标投标法》第五条规定："招标投标活动应当遵循公开、公平、公正和诚实信用的原则。"

（1）公开原则。要求招标的整个过程是公开的，发布招标公告，招标人的名称、地址，招标项目的性质、数量、实施地点和时间，以及获取招标文件的办法等事项都公开披露，公开开标，公开中标结果，保证使每一个投标人获得同等的信息，知晓招标的一切条件和要求。

（2）公平原则。要求给予所有投标人平等的机会，保证投标人享有同等的权利并履行相应的义务。招标人不得以不合理的条件限制或排斥任何投标人，不得对投标人实施歧视行为，保证竞争是公平的。

（3）公正原则。要求严格按照公开的招标条件和标准来对待每一个投标人。特别是评标委员会，必须遵循招标文件规定的方法和标准进行评标，应当客观、公正地履行职务，遵守职业道德，对所有提出的评审意见承担个人责任。

（4）诚实信用原则。要求招标人和投标人都应以诚实善意的态度来行使权利和履行义务，维持双方的利益平衡，尊重他人的利益，保证彼此双方都能获得利益。诚实信用的原则还要求当事人不得通过自身的活动而损害第三人和社会的利益。为此《招标投标法》规定了不得串通投标、泄露标底、骗取中标、转包合同等诸多条款，要求招标人和投标人遵守，否则要予以惩罚。

二、招标书

（一）招标书的含义

招标书在招标人利用投标者之间的竞争达到优选买主或承包项目的目的，从而利用和吸收各地甚至各国的优势于一家的商品交易行为所形成的书面文件。这是订立合同的一种法律形式。一般正式招标书都采用广告、通知、公告等形式发布。

（二）招标书的特点

1. 规范性

规范性即招标书的制作过程和基本内容要符合《中华人民共和国招标投标法》的基本规定和要求。

2. 公开性

公开性即招标须本着公开、公平、公正的原则进行，招标文件要公开发表或向所有投标者提供，中标结果也要发表或向所有投标者通报，整个过程具有透明性和公开性。

3. 竞争性

招标书的发放就是吸引竞争者的加入，而从投标者中优选合作者的做法也决定了招标书具有竞争性。

（三）招标书的种类

（1）按内容及性质分，可分为企业承包招标书、企业租赁招标书、工程建设招标书、大宗商品交易招标书、科研课题招标书、技术引进或转让招标书等。

（2）按范围分，可分为国际招标书和国内招标书。

（3）按时间分，可分为长期招标书和短期招标书。

（四）招标书的结构与写法

招标书文件一般分为招标公告、招标邀请书、招标书三部分。

1. 招标公告

招标公告是公开招标时发布的一种周知性文书，要公布招标单位、招标项目、招标时间、招标步骤及联系方法等内容，以吸引投资者参加投标。通常由标题、招标号、正文和落款四部分组成。

（1）标题。招标公告的标题是其中心内容的概括和提炼，形式上可分为单标题和双标题。单标题有三种写法。一是完整式标题，由招标单位名称、招标项目和文种组成，如《××金融职业学院新校区工程招标公告》。二是省略式标题，可省略招标单位名称或招标项目或者二者均略去，只留下文种名称，如《××大桥工程施工招标公告》《××公司招标公告》《招标公告》等。三是广告性标题，以生动吸引人的语言激发人们投标的欲望，如《给您一个大展身手的机会，请君租赁××营业厅》。

（2）招标号。凡是由招标公司制作的招标公告，都须在标题下一行的右侧标明公告文书的编号，以便归档备查。编号一般由招标单位名称的英文缩写、年度和招标公告的顺序号组成。

（3）正文。招标公告的正文应当写明招标单位名称、地址、招标项目的性质、数量，实施地点和时间，以及获取招标文件的办法等各项内容，其写作结构一般由开头和主体两部分组成。开头部分，也叫前言或引言，简要写明招标的缘由、目的或依据，招标项目或商品。主体，这是招标公告的核心，要详细写明招标内容、要求及有关事项。有的招标公告还带有附件，将一些繁杂的内容，如项目数量、工期、设计勘查资料等作为附件列于文后或作为另发的招标文件。

（4）落款。落款主要包括单位名称、地址、联系电话、传真、邮编、邮箱、网址等。

2. 招标邀请书

招标单位若采取邀请招标的方式，邀请有关对象参加投标，则需写招标邀请书。招标邀请书是书信体文书，由标题、称谓、正文、署名四部分构成。

（1）标题：只需写明文种名称，如《招标邀请书》《招标邀请函》。

（2）称谓：抬头顶格写邀请单位的名称。

（3）正文：写明招标的目的、依据及招标的事项。如另有招标公告，则不需就招标事项进行详细说明，只需说明随函邮寄即可。

（4）署名：写明招标单位全称、地址、联系人、电话。

3．招标书

招标书即招标说明书，是对招标公告或招标邀请书内容的扩展，用来对有关招标事项作出具体的说明。一般由标题、正文和文尾三部分组成。

（1）标题：由招标单位名称、招标事由、文种构成，如《××钢铁公司外购大型设备招标说明书》。有时也会省略招标单位名称。

（2）正文：包括开头和主体两部分。开头，简要写明招标的目的依据（一般写招标单位主管部门的审批文号）、项目名称及招标单位的基本情况等。主体，详细说明招标的有关内容和要求事项。一般应写明以下事项：招标项目的性质、数量、技术规格或技术要求，投标价格的要求及其计算方式，评标的标准和方法，交货、竣工或提供服务的时间，投标人应当提供的有关资格和资信证明文件，投标保证金的金额或其他形式的担保，投标文件的编制要求，提供投标文件的方式、地点和截止日期，开标、评标、定标的日程安排，合同格式及主要合同条款。

（3）文尾：包括落款、日期和印章。落款应写明招标单位的名称、地址、电话、传真、邮编及联系人。落款后另起一行写明招标书制发的年、月、日，最后加盖公章。

（五）招标书写作的注意事项

（1）做好调查研究，制定预算、评估款项要科学合理。

（2）遵循招标公告的写作要求，语言简洁、用词准确，文字、数据、图表精确无误，没有歧义。

（3）合法合理，切实可行。招标文书和应知事项，要符合法律法规等；所提各项要求要从实际出发，互惠互利。

（4）标准明确，内容完整。招标文件规定的技术规格应当采用国际或国内公认、法定标准，各种要求应完整明确。

💬 例文 4-1

建筑安装工程招标书

为了提高建筑安装工程的建设速度，提高经济效益，经 ＿＿＿＿＿（建设主管部门）批准，＿＿＿＿＿（建设单位）对 ＿＿＿＿＿建筑安装工程的全部工程（或单位工程、专业工程）进行招标（公开招标由建设单位在地区或全国性报纸上刊登招标广告，邀请招标由建设单位向有能力承担该项工程的若干施工单位发出招标书，指定招标由建设项目主管部门或提请基本建设主管部门向本地区所属的几个施工企业发出指令性招标书）。

一、招标工程的准备条件，本工程的以下招标条件已经具备

1.本工程已列入国家（或部、委，或省、自治区、直辖市）年度计划；

2.已有经国家批准的设计单位出具的施工图和概算；

3.建设用地已经征用，障碍物全部拆迁；现场施工的水、电、道路和通信条件已经落实；

4.资金、材料、设备分配计划和协作配套条件均已分别落实，能够保证供应，使拟建工程能在预定的建设工期内，连续施工；

5.已有当地建设主管部门颁发的建筑许可证；

6.本工程的标底已报建设主管部门和建设银行复核。

二、工程内容、范围、工程量、工期、地质勘查单位

_____

三、工程可供使用的场地、水、电、道路等情况

_____

四、工程质量等级、技术要求、对工程材料和投标单位的特殊要求、工程验收标准

_____

五、工程供料方式和主要材料价格、工程价款结算办法

_____

六、组织投标单位进行工程现场勘察、说明和招标文件交底的时间、地点

_____

七、报名、投标日期，招标文件发送方式

报名日期：_____年_____月_____日；

投标期限：_____年_____月_____日起至_____年_____月_____日止。

招标文件发送方式：

_____

八、开标、评标时间及方式，中标依据和通知

开标时间：_____年_____月_____日（发出招标文件至开标日期，一般不得超过两个月）。

评标结束时间：_____年_____月_____日（从开标之日起至评标结束，一般不得超过一个月）。

开标、评标方式：建设单位邀请建设主管部门、建设银行和公证处（或工商行政管理部门）参加公开开标，审查证书，采取集体评议方式进行评标、定标工作。中标依据及通知：本工程评定中标单位的依据是工程质量优良，工期适当，标价合理，社会信誉好，最低标价的投报单位不一定中标。所有投标企业的标价都高于标底时，如属标底计算错误，应按实予以调整；如标底无误，通过评标剔除不合理的部分，确定合理标价和中标企业。评定结束后五日内，招标单位通过邮寄（或专人送达）方式将中标通知书送发给中标单位，并与中标单位在一个月（最多不超过两个月）内与中标单位签订_____建筑安装工程承包合同。

九、其他

_____。

本招标方承诺，本招标书一经发出，不得改变原定招标文件内容，否则，将赔偿由此给投标单位造成的损失。投标单位按照招标文件的要求，自费参加投标准备工作和投标，投标

书（标函）应按规定的格式填写，字迹必须清楚，必须加盖单位和代表人的印鉴。投标书必须密封，不得逾期寄达。投标书一经寄出，不得以任何理由要求收回或更改。在招标过程中发生争议，如双方自行协商不成，由负责招标管理工作的部门调解仲裁，对仲裁不服，可诉诸法院。

建设单位（招标单位）：

地址：

联系人：

电话：

_____年_____月_____日

附件：施工图纸，勘查、设计资料和设计说明书（略）

【评析】

这是一篇建筑工程招标书。它由标题、前言、正文、落款、附件五部分组成。

标题《建筑安装工程招标书》由招标的项目"建筑安装"和文种"招标书"两部分组成，直观、醒目。前言部分介绍了工程招标的原因、项目、具体要求等内容；正文部分是招标书的核心部分，分条介绍了招标工程的准备条件，工程内容，报名、投标日期，招标文件发送方式等，内容具体，翔实明确。最后，另附施工图纸、设计资料、设计说明书作补充说明。本文总的特点是格式正确，要求合法，标准科学，内容清晰周密，语言简洁端庄。

三、投标书

（一）投标书的含义

投标书又称"标函"，是投标者为了中标而按照招标书提出的项目、条件和要求，以求实现与招标者订立合同，而提供给招标者的承诺文书。

（二）投标书的特点

1. 针对性

投标书的内容皆是按照招标书提出的项目、条件和要求而写，针对性强。

2. 求实性

投标书对投标项目的分析、对己方的介绍、拟采取的措施和承诺等都具有求实、求真、忌虚假的特性。

3. 合约性

投标书以追求合作，签署合同为目的。

（三）投标书的种类

投标书有各种不同的分类。按投标方人员组成情况，可分为个人投标书、合伙投标书、集体投标书、全员投标书和企业（或企业联合体）投标书等；按性质和内容，可分为工程建设项目投标书、大宗商品交易投标书、选聘企业经营者投标书、企业租赁投标书、劳务投标书等。

（四）投标书的结构与写法

投标书有表格式、说明式和综合式等写法，一般由以下几个部分组成。

1．标题

标题一般由投标方的名称、投标项目和文种组成，如《××公司承包××学院新校区工程投标书》；也可由投标方的名称与文种两部分组成，如《××建筑工程公司投标书》；更多的是用文种直接做标题，如《投标书》。

2．招标单位名称

招标单位名称，即投标书的主送机关。要顶格书写招标单位的全称，与书信的称谓和写法相同。

3．正文

投标书的正文有的只需用简洁的文字直接表明态度，写明保证事项即可；有的也可根据需要介绍一下本单位的情况，或者写明其他应标条件及要求招标单位提供的配合条件等，必要时也可附上标价明细表。正文可分为前言、主体和结尾三部分。

（1）前言。前言又称引言，简明扼要地说明投标方的名称，投标的方针、目标以及中标后的承诺等内容，开宗明义，提纲挈领。

（2）主体。主体是投标书的核心部分，要依照招标书的要求，认真细致地写好以下内容。第一，投标的具体指标。不同类型标的的投标项目，需要写明的指标是不同的，若为大宗货物贸易投标，要写明投标方对应履行的责任义务所作出的承诺；若为建筑工程项目投标，要写明工程的总报价及对价格组成的分析、计划开工和竣工日期，主要材料指标，施工组织和进度安排，保证达到的工程质量标准，以及拟派出的项目负责人与主要技术人员的简历、业绩和拟用于完成招标项目的机械设备，等等；若为承包企业投标，要写明生产指标、税金指标、费用率、利润率、周转资金等项经济指标。第二，完成指标的措施。要写明实现指标、完成任务的技术组织措施，这是具体指标和任务完成的保障。第三，投标书的有效期限。投标方将按招标文件的要求交纳银行担保书和履约保证金。

（3）结尾。通常以提出建议结束，即对招标单位提出予以支持和配合的要求等，也可说明对招标单位不一定接受最低价和可能接受任何投标书表示理解。

4．附件

投标书一般都有附件。以建筑工程投标书为例，附件包括工程量清单或单位工程主要部分的标价明细表，单位工程的主要材料、设备标价明细表，重要的大型工程还要附上保证书。

5．落款

投标书要写明投标单位的名称、地址、电话、电报挂号、传真、邮编等，以便招标单位进行联系，表格式投标书一般是由招标单位编制的，投标方只需按要求填写即可。

许多投标书都有封面，在封面上要填写招标单位名称、招标项目名称、投标单位名称和负责人姓名或法人代表姓名，在封面的右下角写明标书的投送日期。

（五）投标书写作的注意事项

（1）情况要了解清楚。起草投标书前一定要了解清楚各方面的情况：一是全面了解招标公告的内容，特别是其所提供的招标项目的有关情况，如招标范围、规定、招标方式等；二是全面了解招标项目的市场情况，要对招标项目进行周密的调查研究和准确分析，掌握市场信息，做到知己知彼。成本核算要合理，报价要适当，这样既能展示自身的竞争能力，又能在中标后获得一定的经济效益。

（2）自我介绍要实在。投标者对自身条件和能力的介绍要实事求是，不虚夸、不溢美。投标书中提出的措施、办法要切实可行。

（3）内容表述要规范。投标书的内容关系到中标机会，要注意与招标书相对应，对招标条件和要求作出明确的回答和说明，数字要精确，单价、合计、总报价均应仔细核对，投标书的体式也要完整无缺。

（4）要堵塞漏洞。要防止投标书中出现漏洞，如未密封或未加盖公章，或负责人未盖印章，或保证完成时间与招标的规定不符等问题，看似细枝末节，但若不注意，就可能成为无效投标书。

（5）要遵守法律法规。投标者不得相互串通投标报价，不得与招标者串通投标，也不得以低于成本的报价竞标。

📃 例文 4-2

培训楼工程施工投标书

××铜矿发展有限公司：

根据贵公司兴建培训楼工程施工招标书和设计图的要求，作为建筑行业的×级企业，我公司完全具备承包施工的能力与条件，决定对此项工程投标。具体说明如下。

一、综合说明

工程简况（工程名称、面积、结构类型、跨度、高度、层数、设备）：培训楼一栋，建筑面积 $10\,700\,m^2$，主体 6 层，局部 2 层。框架结构：楼全长 80 m，宽 40 m，主楼高 28 m，二层部分高 9 m。基础系打桩水泥浇注，现浇梁柱板。外粉全部，玻璃马赛克贴面，内粉混合砂浆、涂料，个别房间贴壁纸。全部水磨石地面，教室呈阶梯形，个别房间设空调。

二、标价（略）

三、主要材料耗用指标（略）

四、总标价

总标价 3 408 395.20 元，每平方米造价 370.23 元。

五、工期

开工日期：××××年2月5日；

竣工日期：××××年8月20日；

施工日历天数：547天。

六、工程计划进度（略）

七、质量保证

全面加强质量管理，严格操作规程；加强各分项工程的检查验收，上道工序不验收，下道工序绝不上马；加强现场领导，认真保管各种设计、施工、试验资料，确保工程质量达到全优。

八、主要施工方法和安全措施

安装塔吊一台、机吊一台，解决垂直和水平运输；采取平面流水和立体交叉施工；关键工序采取连班作业，坚持文明施工，保障施工安全。

九、对招标单位的要求

招标单位提供的临时设施占地及临时设施房间，我们将合理使用。

十、坚持勤俭节约原则，尽可能杜绝浪费现象

投标单位：××建筑工程总公司（公章）

负责人：李××（盖章）

电话：×××××××

传真：×××××××

邮箱：×××××××

附件：本公司基本情况介绍

【评析】

这是一篇工程建设项目投标书。正文先介绍了工程简况，然后说明了标价、耗材指标、工期、计划进度等，对招标书作出了明确的回答。这可以说是投标单位的正式报价单，是评标、决标的依据。本投标书还包括了保证工程质量的措施和达到的等级、主要施工方法、安全措施和对招标单位的要求等。文末附上公司基本情况，让对方对己方建立信心。这是一份写得较完整、较规范的投标书。

第三节　意向书与协议书

一、意向书的含义、特点和作用

（一）意向书的含义

意向书是国家、单位、企业以及经济实体与个人之间，对某项事务在正式签订条约、达成协议之前，由一方向另一方表明基本态度或提出初步设想的一种具有协商性的应用文书。

（二）意向书的特点

1．协商性

写意向书多用商量的语气，不带任何强制性，有时还用假设、询问的语气。

2．灵活性

意向书的灵活性主要表现在两个方面。

一是可以随时改变自己的主张。意向书发出后，对方如有更好的意见，可以直接采纳，部分改变或全盘改变都是可能的。

二是在同一份意向书里可以提出多种方案供对方选择。或者对其中的某项某款同时提出几种意见或调查，让对方比较和选择。

3．临时性

意向书是协商过程中对各方基本观点的记录，一旦达成正式协议，便完成了意向性的使命。意向书不像协议、合同那样具有法律效力。

4．一致性

只有具备一致性，意向书才能成为双方认可的今后谈判的基础。

（三）意向书的作用

意向书的主要作用是传达"意向"，提请对方注意或为对方提供参考，可以约束双方的行动，保证双方的利益；意向书能反映业务工作上的关系，能保证业务朝着健康有利的方向发展；意向书可为正式签订协议或合同打下基础。

（四）意向书的结构与写法

意向书一般由标题、正文和尾部三部分组成。

1．标题

意向书的标题主要有四种形式，分别为：①双方单位名称＋事由＋文种；②事由＋文种；③双方单位名称＋文种；④直接用意向书作为标题。

2．正文

正文的结构一般是导语、主体和结尾。

（1）导语。导语部分应写明合作各方当事人单位的全称，双方接触的简要情况，磋商后达成的意向性意见。然后用"本着××原则，兴建××项目"作为导语的结束。

（2）主体。主体部分应分条款写明达成的意向性意见，可参照合同或协议的条款排列。

（3）结尾。结尾部分有时会写明"未尽事宜，在签订正式合同或协议书时再予以补充"一语，以便留有余地。

3．尾部

尾部应写明意向书签订各方单位的名称、法定代表人或委托代表人姓名及日期，并加盖公章、私章。

（五）意向书写作的注意事项

（1）注意慎重行事。不要表现出己方对关键问题的要求，避免作出实质性承诺。己方对项目的关键问题的要求不宜写入，以便在下一步洽谈时，能进退自如，取得主动。

（2）注意原则性。不要写入超越己方工作范围的意向条款，也不要写入与我国现行政策和法律法规相抵触的内容。凡己方要通过上级或其他部门才能解决的问题，也不能写入意向书。

（3）思考要周密，用词要准确，特别是不要随便使用肯定性的词句，尤其是关系到双方权益的问题，务必慎用肯定性词句，以便留有余地。

（4）注意态度要端正，不要以为意向书没有约束力就可随意签订，以损害自己的形象。

💬 **例文 4-3**

开展技术经济合作意向书

××对外经济办公室（甲方）与深圳××有限公司工贸发展部（乙方），经双方协商同意，确定如下技术经济合作关系。

一、双方合作范围

1. 高科技产品开发；

2. 农副产品深加工与综合利用；

3. 外贸出口；

4. 合办第三产业；

5. 技术咨询；

6. 高新技术以及资金等方面的引进合作。

二、双方义务

1. 甲方负责提供其资源、项目及资料和项目的落实。

2. 乙方负责提供合作开发项目的技术资料，组织有关技术力量，以及协调开发项目的有关关系。协助或代理甲方的产品出口、合作项目产品的出口，甲方所需或双方合作项目所需的设备、技术的引进。

3. 双方确定具体的联络人员，进行经常的联络工作。

三、双方合作程序

由双方商定在适当时间相互考察，根据考察结果，共同商拟双方合作项目、方式、内容和步骤。

四、双方合作方式

双方本着互惠互利、利益共享、风险共担的原则，根据不同的项目采用相应的合作方式。具体合作项目由双方另行签订合同。

五、本意向书一式四份，各执两份

甲方：××对外经济办公室	代表：×××
联系地址：×××××××××××	电话：×××××××
乙方：深圳××有限公司工贸发展	代表：李××
联系地址：深圳市××路××大厦206室	电话：×××××××
时间：××××年××月××日	

【评析】

这份意向书的标题由项目和文种构成。导言写明了签订意向书的单位，承上启下惯用语导出本文的主体。主体部分内容包括合作的范围、双方义务、合作程序、合作方式等方面的意向性意见。文尾写意向书份数、双方代表的签字及通联信息。

全文目标具有导向性、各条款内容注重只确定原则意向，而不涉及具体的数字等细则，可为日后签订实质性、具体性的项目合同奠定基础。这是一则写得较好的意向书，可资借鉴。

二、协议书

（一）协议书的含义

协议书是指双方（或双方以上）当事人为了共同实现一定的目的，明确相互之间的权利、义务关系，就某一事情、问题，经过协商后订立的一种具有经济关系或其他关系的书面契约。协议书的订立是经过双方共同努力达成的。

（二）协议书的特点

1．灵活性

协议书一般没有固定统一的写作格式，其内容安排、条款形式等都由当事人协商决定，没有法律规定的文本格式。

2．广泛性

协议书的写作范围和涉及的领域相当广泛，凡不宜签订合同的合作形式，以及社会政治、文化生活中不宜使用合同来明确当事者权利义务关系的事宜，可用协议书形式完成。

（三）协议书的结构与写法

协议书的结构一般包括标题、约首、正文、落款四部分。

1．标题

标题写在协议书的上方，它是表明协议双方单位名称、协议的内容和双方之间的关系以及文书的类型的部分，如《赔偿协议书》。也可以直接写"协议书"三个字。

2．约首

约首即立约单位名称。在标题下，正文之前，写明签订协议的单位名称，并在双方单位名称之后注明一方是甲方，一方是乙方，便于在正文中称呼。

3．正文

正文由缘由和主体组成。缘由写明签订协议书的目的、依据等内容，紧接着可用程式化的语言转入主体，如"现对有关事项达成如下协议"。

主体要分条列项写出协议的事项，具体有协议要实现的共同的任务和标的、当事人应尽的义务和享有的权利、违约责任、有效期限、协议份数和保存、仲裁办法。

4．落款

落款应写明签订协议双方单位全称和法定代表人签名，加盖公章。必要时还须写上鉴证单位和公证单位的名称，并加盖公章。最后写上签订协议的日期。

（四）协议书写作的注意事项

（1）由于协议是一种契约活动，一旦签订，就具有法律效力，因此内容必须遵守国家法律、法规、符合国家政策要求，任何单位和个人都不能以协议为名进行违法活动。

（2）遵循平等互利、协商一致、等价有偿的原则。协议必须是出于当事人的真正自愿，在双方自由表达意志的基础上，经过充分协商而达成协议。同时要体现协作的精神，遵循等价有偿的原则，符合价值规律的要求。

● 例文 4-4

合作协议书

甲方：

法定代表人：

地址：　　　　　　　　　　（邮编：）

电话：　　　　　　　　　　传真：

乙方：

法定代表人：

地址：　　　　　　　　　　（邮编：）

电话：　　　　　　　　　　传真：

双方本着友好协商，互利互惠的原则，就甲方于××××年9月18日至19日在北京举办的"××××风险投资扶持中国企业新加坡上市双赢模式推介会"达成如下协议。

第一条　双方合作内容

甲方发起并主办"××××风险投资扶持中国企业新加坡上市双赢模式推介会"，乙方作为本次推介会的代理合作单位与甲方合作，推介会举办地点为北京，举办时间为××××年9月18日至19日。

第二条　双方合作权利与义务

1．甲方负责本次推介会的招商文案策划、演讲嘉宾的联系和确认、场地的落实与布置、对会场进行总体控制与协调，并负责保障本次推介会圆满顺利完成。

2. 甲方为乙方提供招商的宣传材料。

3. 甲方负责合作项目的媒体支持。

4. 甲方对本次推介会的招商文案、演讲嘉宾及用于招商的宣传材料，享有独立的知识产权。

5. 乙方利用本身掌握的客户资源为本次推介会做招商工作，以付费客户为准。

6. 乙方招商收入，由乙方或参会人员直接以电汇形式在开会前一周内将会费汇入甲方指定账户。

7. 乙方招收参会人员的会费，甲方按标准以招商价格 7 折与乙方进行结算。（注：甲方标准的对外招商价格为人民币 3 000 元/人）。甲方扣除乙方收入的应缴税金。

8. 乙方对外招商应保持和甲方一致或高于甲方价格，未经甲方同意乙方不得擅自降价，如甲方发现乙方有降价行为，甲方有权取消乙方合作代理资格。

第三条　法律责任

1. 推介会期间如果出现质量问题受到参会代表起诉，中国××杂志社负责解决有关纠纷并承担责任。

2. 推介会期间如因法定的不可抗力事由而非协议约定的事由导致本次推介会无法举办或无法如期举行，则协议双方互不追究对方的违约责任，但代理方有义务协助主办方处理事宜，包括退票和协调。

第四条　保密条款

双方在合作或合作之外从对方获得任何有价值的商业信息或技术信息应予以严格保密，未经对方书面同意不得向第三方披露或泄露，也不得擅自许可别人使用，违反本条将视为严重违约，应承担相应的违约责任并赔偿一切由此导致的经济损失。

第五条　协议的不可转让性

本协议约定的权利义务具有不可转让性，任何一方在取得对方明确的书面同意之前，不得就本协议书部分或全部内容进行转让，否则实施转让方将视为严重违约，转让行为无效。

第六条　争议解决

双方协议书发生争议或纠纷，应首先协商解决，协商不成，任何一方有权向被告方所在地有管辖权法院提起诉讼。

第七条　其他

1. 本协议书一式两份，双方各执一份，效力等同。

2. 协议书未尽事宜由双方另行协商并签订补充协议予以确定。

双方签署如下：

甲方：（盖章）　　　　　　　　　　　乙方：（盖章）

法定代表人：（签字）　　　　　　　　法定代表人：（签字）

签署时间：　　　　　　　　　　　　签署时间：

【评析】

这是一份合作协议书，是一篇协议书规范之作。它的格式由标题、立约当事人、正文和落款四部分组成，结构完整。标题由文书的内容"投资合作"和文种"协议书"组成，醒目、规范；立约单位明确，合作事项表述清晰；双方责任与义务清楚；落款部分，简单直观。

第四节　经 济 合 同

一、经济合同的含义、特点与种类

（一）经济合同的含义

根据《中华人民共和国民法典》（合同编）规定：合同是民事主体之间设立、变更、终止民事法律关系的协议。

合同是商品经济的产物，是伴随着商品交换而发生和发展的。当社会发展到商品交换阶段，人们在交换过程中，常常履行一定的手续，举行一定的仪式，这种手续和仪式逐渐成为一种习惯和规则，而这种习惯和规则有利于稳定社会经济秩序，有利于发展生产，因此得到统治者认可，并赋予法律的强制力，由此产生了经济合同。

（二）经济合同的特点

1. 合法性

合同的合法性表现在两个方面：一是合同内容必须合法，二是当事人必须具有法人资格。

2. 约束性

合同是依法成立的，一经成立，便具有了法律约束力。主要表现在两个方面：一是对当事人的约束。当事人必须全面履行合同规定的义务，任何一方不得擅自变更或者解除合同。发生合同纠纷应及时协商解决，违反合同规定要承担法律责任。二是对其他人的约束。当事人之外的任何单位或个人，都不得对合同关系进行干预和侵害。

3. 有偿性

合同的有偿性也表现在两个方面：一是合同当事人双方相互享有权利和承担义务，二是如果一方违反合同，就要以违约金或赔偿金的形式，补偿违约行为给对方造成的损失。

4. 协议性

协议性体现了合同签订中的"平等自愿"原则，即合同当事人的法律地位平等，依法享有自愿订立合同的权利。

5. 时效性

合同的时效性非常强，这表现在合同有明确的有效期，如建设工程合同，其中开工和竣工时间、技术资料交付时间、材料设备供给时间、交工验收时间、拨款结算时间等，都要有明确的规定，并清楚地写进合同。

6．规范性

一份有效的合同必须包括哪些基本条款，应如何表述，表述到何种程度，这些条款应以怎样的形式表现等，都有严格的规定。

（三）经济合同的种类

经济合同的分类有多种方法，根据不同的标准有不同的分类。

1．按时间划分

经济合同按时间划分有长期合同、中期合同和短期合同。

2．按结构方式划分

经济合同按结构方式划分有条款式合同、表格式合同和条文表格组合的复合式合同。

3．按内容划分

《中华人民共和国民法典》（合同编）中列举了 19 类典型合同的类型：①买卖合同；②供用电、水、气、热力合同；③赠与合同；④借款合同；⑤保证合同；⑥租赁合同；⑦融资租赁合同；⑧保理合同；⑨承揽合同；⑩建设工程合同；⑪运输合同；⑫技术合同；⑬保管合同；⑭仓储合同；⑮委托合同；⑯物业服务合同；⑰行纪合同；⑱中介合同；⑲合伙合同。

这 19 类合同在具体使用时，还可进行更具体的划分，如运输合同还可细分为客运合同、货运合同、多式联运合同等；技术合同还可具体分为技术开发合同、技术转让合同、技术咨询合同和技术服务合同等。

二、经济合同的结构与写法

合同是法律性和实用性极强的文书，往往具有程式化的固定样式。合同示范文本实际上是表格式与条款式相结合的合同，有些条款是拟定好的，有些则须当事人协商议定后填入。

合同示范文本只是对当事人订立合同起参考作用，合同的成立与生效和当事人是否采用合同示范文本并无直接关系。但是，无论什么类别的合同（特别是条款式合同），其基本结构大多是由标题、首部、主体、尾部四部分组成。

（一）标题

"合同"是一种统称，在具体的合同写作中，其标题一般由合同性质加"合同"两字组成，如《买卖合同》《租赁合同》等。有的也可提到城市名称、单位名称、时间或标的物等，如《上海市机电设备租赁合同》《20××年下半年买卖合同》等。

（二）首部

合同的首部主要标明签订合同的单位名称或个人名称。该部分紧位于标题之下，一般而言应分行上下并列写出，也可左右并列连写。

单位之间签订的合同，除要注明单位名称外，还要同时注明签约代表的姓名。为了下文行文方便，立合同人一般可设定简称。如可分别在行首或行末适当注明"简称甲方"（以下简称为"甲方"），"简称乙方"（以下简称为"乙方"），或依照合同内容简称为"买方""卖方"等。为使行文清楚起见，不可简称为"我方""你方"。

个人之间签订的合同，应注明当事人姓名和住所。

（三）主体

主体包括开头和合同内容两部分。

1．开头

开头简要交代签订合同的目的、原则或合同形成的过程。这项内容属于交代情况的文字，行文应力求简洁，表格式合同可省略这一项内容。例如，"根据《××××》和有关规定，为明确甲乙双方的权利和义务，按照平等自愿的原则，经双方协商一致，特签订本合同，以资共同遵守"。又如，"为了促进生产，满足人民需要，协调工商之间的产销关系，经双方协商同意，签订本合同，以资共同遵守"，"根据《中华人民共和国民法典》（合同编）、《建筑安装工程承包合同条例》和《某市建筑安装工程经济合同实施细则》的有关规定，经双方协商一致，签订本合同"。

2．合同内容

这是合同的核心，其内容由当事人约定，一般应包括以下条款。

（1）标的。标的是合同当事人双方权利和义务所共同指向的对象。合同种类不同，标的也不尽相同，标的可以是物，如买卖合同中买卖的产品、租赁合同中的租赁物、贷款合同里的货币等；也可以是行为，如运输合同、仓储保管合同中所提供的劳务等；还可以是智力成果，如技术转让合同的标的是技术成果。

（2）数量。数量是指合同标的的数值指标，它是衡量签约双方权利和义务大小的尺度。

（3）质量。质量是检验标的的客观标准，是指标的的内在素质与外在形态的综合性指标。合同标的的质量标准是日后履行合同的依据，因此标的的质量标准及验收，检疫标准、方法等，都必须明确规定，具体写出。

（4）价款或者报酬。价款是商品等价交换价值的货币表现形式，是得到属于对方的标的所付出的代价；报酬是获得属于对方的标的的使用权或将标的物委托给对方处置所付出的代价。价款和报酬体现了合同所遵循的等价有偿原则。因此，在合同中，无论是价款还是报酬，均应明确规定其数额。

（5）履行期限、地点和方式。履行期限是双方议定提供标的和交付价款报酬的期限，它与合同的"有效期限"密切相关。"有限期限"是指合同具有法律效力的时间，过了这个时间期限，合同就失效了。因此，合同必须在有效期限内履行。履行地点是指合同规定的履行合同义务和接受对方履行合同义务的地方。履行地点直接关系到履行合同的费用和时间，当事人如不能按期到履行地点履约，就要承担责任。因此，对地点的交代必须具体详细，不仅要注明省市及地区，还要注明更加详细的地址。履行方式主要指当事人议定的交付方式和结算方式。

（6）违约责任。违约责任是指合同当事人由于自己的过错造成合同不能履行或不能完全履行，依法必须承担的法律责任。违约责任一般由违约情况和违约处理构成，即先写违反合同达到的程度，再写相应的处置办法。违约责任主要表现为违约金和赔偿金两种形式。

（7）解决争议的方法。合同在执行中若有争议，双方应本着实事求是、平等协商的原则解决，在协商的基础上征得对方同意，可以把解决的方法写进合同。协商不成时，可将争议提交主管部门调解、仲裁，如当事人对仲裁不服，可在规定的期限内向人民法院起诉。

（8）合同的有效期限、保管情况。合同根据需要可注明有效期限、保管情况。合同保管情况包括两个方面，即合同份数和保存单位。合同有正本、副本之分，合同的正本一般为一式两份，签约双方各存一份，有时一式三份，除合同当事人双方外，鉴证机关也要持一份。合同的副本，按签约双方的需要而定，份数可多可少。正副本的情况也可在合同标题的左侧注明。

（9）附件。有的合同要有必要的附件，附件一般包括表格、实样和图纸等，必须将其作为一个单独条款列于合同正文中。这一部分内容必须全面周密，明确具体，各条款之间切忌重复和相互矛盾。

（四）尾部

尾部包括署名和印章、签约日期两方面的内容。

1．署名和印章

在主体正文之后，分别写上当事人双方单位的全称、代表人姓名及签字，并加盖法人单位印章或合同专用章。单位名称必须与其公章的全称相符，严禁使用简称或俗称。如果有主管部门鉴证或司法机关公证的，则还要写出鉴证、公证的部门、机关及代表，并签字盖章。签字盖章是合同订立完成和生效的标志，是当事人对合同负责的法律依据，必须认真对待。

2．签约日期

签约日期关系到合同的有效期和日后的履约，所以在合同署名的正下方，应注明签订合同的具体年、月、日，也可将日期写在标题的下方。日期注意应该用汉字大小写注明，不宜用阿拉伯数字。

有的合同在尾部还注明当事人单位的地址、电话、邮政编码、开户银行及账号等，如果在合同首部立约人名称处已交代的，此处可省略。

三、经济合同写作的注意事项

（1）撰写合同人必须熟悉与合同有关的专业和法律知识。合同写作大多是为了实现一定的经济目的，作者必须精通业务，全面了解掌握市场动态，对标的未来市场趋势和发展变化的估计才会有预见性。另外，合同作用的发挥要以内容的合法为前提，只有熟悉相关法律知识，才能保证合同符合国家政策和计划的要求，使合同受到法律保护。例如，要拟写一份涉外进口合同，不仅要对进口货物的品名、数量、品质、包装等作出明确规定，还要规定装运、保险、支付、检验等涉外合同所特有的条款，并考虑到执行合同中可能遇到的各种问题，如不可抗力、仲裁、索赔等。因此，作者必须熟悉进出口贸易的各种专业知识和有关法律知识，只有这样，才能保证合同内容明确，条款齐全。

（2）格式要规范，项目条款要完备。为了强化合同的管理，实现合同规范化，我国对各类合同都推行了示范文本制度，对合同的主要条款、式样等作出了具体规定，我们必须严格按照合同规范格式进行合同写作。

规范的格式，可以保证合同主要条款在合同中显得清晰明确，一目了然，便于执行。齐备的条款保证了合同制定的科学性、合理性和严密性。这就要求合同制定者从合同洽谈开始，到议论条款，书写条款，直到形成合同文本的每个环节都要严肃、认真、细致，不得有丝毫的马虎和敷衍。

本章实训

实训一：

下面句子措辞含混不清，容易引起争议，造成损失，请修改。

（1）货到全付款。

（2）你方可根据以前所定过的和所需数量告知我们。

（3）乙方须在苹果七成熟时采摘，包装运到大湾镇，运费由甲方支付。

实训二：

指出下列合同存在的问题。

订货合同

本合同订立于××××年××月××日，以××进出口公司为甲方，以××贸易有限公司为乙方。

本合同规定：

甲方为考虑乙方对其所作承诺，特与乙方达成协议，由甲方负责于今年××月至××月，在××市交付国产钢材4 000吨，保证质量并可在工业市场行销，并按下列特定期限，分批交货：××月××日以前，交2 000吨；××月××日以前，再交1 000吨；至××月××日前，全数4 000吨全部交清。

乙方为考虑甲方迅速履行本合同，与甲方达成协议，对上述钢材支付人民币××元/吨，货到立付。

如订立合同的任何一方未履行协议，根据本合同规定并经双方同意：违约一方应向对方赔款人民币××元，作为议定的损失补偿。

以昭信守起见，订约双方签名于下：

订约人：××进出口总公司（经理）×××　　　　××贸易公司（经理）×××

公证人：×××　　　　　　　　　　　　　　　×××

实训三：

根据提供的材料撰写一份合同。

宏利贸易有限公司从新盛农场订购了50吨红富士苹果，等级一级（依农业农村部当前标准），个体重量在250克以上。双方经协商单价为2.5元/千克，总价款为125 000元。双方协定，新盛农场在××××年8月28日前对货物做好包装，宏利公司在××××年9月1日前验收并提货。宏利公司交纳定金10 000元，在提货当天以现金方式支付价款50 000元，并在××××年9月10日前付清其余货款。对于双方的违约责任，双方做了进一步的协商。

请拟写此合同，双方单位地址、法定代表人姓名、联系方式、开户银行、账号等自拟。

实训四：

××学院为了创造良好的教学环境，决定利用暑假一个月的时间，对10 000平方米的教学楼进行整修，包工包料（涂料、油漆、水泥、木头、玻璃等由投标者自备），向社会各建筑工程公司公开招标（时间为7月10日至8月10日，质量好、技术高、速度快、价格低者优先）。

如果你是这所学院基建处的负责人，应当怎样写出一份合格的招标书？

如果你是××建筑公司负责人，应当怎样写出一份具有竞争力的投标书？

实训五：

根据下文提供的材料，拟写公文。

××师范学院是一所具有百年历史的师范学院，由于深化教学改革，自2015年以来连续4年扩招，生源火爆，致使学生学习、生活的基础设施条件逐渐不能满足学生需求。2016年秋季新生入学前，学院决定着手进行综合楼建设。综合楼由省建筑设计院负责设计，建筑面积为8 568平方米，主体10层，局部8层，1～4层为综合图书楼，6～8层为实验楼，9～10层为计算机室和多媒体教室（具体详见图纸）。综合楼为框架结构，楼全长80米，宽45米，主楼高38米。基础系打桩水泥浇注，现浇梁柱板。地面全部铺设防滑地砖。工程范围包括土建、水暖、电、电梯、上下水等（详见工程一览表）。为了保证建筑质量，学院要求基建处采用公开招标的方式，择优选择施工承包商。该工程全部实行五包：包工程质量、工程造价、工程数量、工程工期、工程材料。该工程计划于2016年10月底开工，2017年11月底竣工。要求施工者按施工图设计文件和有关部门的施工技术规范、规程施工，工程竣工后按省里颁发的建筑工程验收办法达到全优工程验收。凡具有建筑工程施工总承包一级以上资质并成功完成过10层以上建筑建设的建筑单位均可参加投标资格预审报名。基建处写出招标公告，从8月15日起，开始在省内外主要报纸上刊登，凡符合以上条件并有意向者，可在2016年8月16日至20日凭单位介绍信到我院基建处找李先生、张女士办理申请投标资格预审手续。学院要求凡申请者必须同时递交营业执照、资质证书和2016年经审计的财务报告（以上材料均需提供原件和复印件，原件核对后归还，复印件装订成册）、单位简介、以往工程业绩及证明材料，拟投入项目成员的资历、现有施工机械设备逾期不予受理。资格预审申请文件一式两份。报名地址：××省××市××师范学院6号楼211室（基建处）。经过审查，有8家单位报送投标书。通过公开招标，最后省第五建筑公司中标。双方先后签订了合同书，工程按时开工。

（1）根据案例内容，为××师范学院写一份综合楼工程招标书。

（2）根据案例内容，为省第五建筑公司写一份综合楼工程投标书。

复习思考题

1. 招标书与投标书的区别有哪些？

2. 经济合同的主要条款有哪些？

3. 招标投标的流程是怎样的？

4. 招标书、投标书写作的注意事项有哪些？

5. 经济合同的订立原则有哪些？

第五章　财经信息类文书

知识目标

1. 了解财经消息、产品说明书、财经评论、财经广告文的含义、特点。
2. 掌握财经消息、产品说明书、财经评论、财经广告文的结构与写法。

技能目标

会运用正确的格式拟写财经消息、产品说明书、财经评论、财经广告文等文体。

课程思政

　　财经消息应遵守新闻传播的有关法规，为推动社会经济持续健康发展，营造良好的舆论环境。如何做党和人民信赖的新闻工作者呢？

　　习近平总书记强调，一是要坚持正确政治方向，同党中央保持高度一致，坚持马克思主义新闻观，坚守党和人民立场，坚持中国特色社会主义，做政治坚定的新闻工作者；二是要坚持正确舆论导向，深入宣传党的理论和路线方针政策，深入宣传全国各族人民为实现"两个一百年"奋斗目标、实现中华民族伟大复兴的中国梦进行的奋斗和取得的成就，弘扬主旋律，释放正能量，做引领时代的新闻工作者；三是要坚持正确新闻志向，提高业务水平，勇于改进创新，不断自我提高、自我完善，做业务精湛的新闻工作者；四是要坚持正确工作取向，以人民为中心，心系人民、讴歌人民，发扬职业精神，恪守职业道德，勤奋工作、甘于奉献，做作风优良的新闻工作者。总而言之，就是要做党和人民信赖的新闻工作者。

案例导入

　　日前，一次以无底价倒拍方式进行的减价拍卖会在北京成功举行。据统计，共有500多名竞拍者参加了此次拍卖会。这次减价式拍卖一共有60件拍品，其中包括服装、珠宝、工艺品等，多数高档拍卖品均以低于起拍价一半的价位成交。其中有一枚南非钻戒，起拍价为35 000元人民币，最终被一竞买人以15 000元人民币的价格买得。

　　资料显示：减价拍卖起源于荷兰，是由拍卖师首先报出最高价，如没人举牌，便逐渐减价，直到有竞买人举牌为止。在国外，减价式拍卖一般用于拍卖花卉、蔬菜等鲜活商品，在中国尚未有拍卖行尝试过。北京这次减价拍卖对于丰富拍卖形式，提高竞买人兴趣，促进拍卖业发展起到了相当大的作用。

（案例来源：《经济参考报》，2017 年 3 月 5 日第 2 版。）

案例思考题：

（1）这则财经消息是否使用了背景材料？如果使用了背景材料，是在该消息中的哪一部分介绍的？背景材料起到了什么作用？

（2）这是一种什么样结构的写法，这种写法有何好处？

第一节　财经信息类文书概述

一、财经信息类文书的含义

财经信息类文书是指人们对经济现象进行说明、传播、报道的一种应用文体。财经信息类文书能有效地以经济信息进行说明、传播，为经济生产带来直接效益，为消费者提供消费指南。

财经信息类文书包括财经消息、产品说明书、财经评论、财经广告等。

二、财经信息类文书的特点

1. 准确性和真实性

财经信息类文书的写作要求必须客观真实地反映产品的内容，不允许有任何夸张和虚构的成分。

2. 指导性

财经信息类文书是对消费者消费行为的指导，同时也对企业生产发展起一定的指导作用。

3. 时效性

财经信息类文书要求在内容上有针对性，是针对产品的性能、使用说明进行介绍，同时，也是对正在发生的经济现象分析评价，因此具有非常强的实效性。

4. 严密性

财经信息类文书的写作语言真实反映事物的本质特征，内涵准确，推理符合逻辑，能够简洁明了地对事物分析评价，避免使用容易产生歧义的笼统语言。

三、财经信息类文书写作的注意事项

（1）选用恰当的表述方法。财经信息类文书的不同文种有不同的表述方法，要从行文的需要选择恰当的表达方式，叙述事件，说明情况，表述问题要恰如其分、清楚简洁。

（2）结构合理规范。根据不同文体的不同功能确定不同的写作结构，通过结构的安排，使读者一目了然地了解产品信息、产品发展趋向、国家的法律法规和政策等各方面信息。

（3）主题鲜明集中。要围绕主题选择能反映事物本质的典型材料来组织文章，一文一事，重点突出。凡是引用的人名、地名、数据、资料都要查对核实，确保准确无误。

第二节 财经消息

一、财经消息的含义

财经消息是指用简洁明快的语言，迅速及时地对经济生活中新近发生的、有意义的事进行报道的一种应用文体，是在经济新闻中应用最广泛，也是最基本的一种文体，能够及时、准确地对国内外经济生活中出现的新情况、新成就进行报道，或者对经济生活中的一些工作成就、典型经验与教训进行反映，从事件中引出道理、总结经验，用于指导全局性工作。

二、财经消息的特点

1. 真实性

真实是财经消息报道的基础，是消息的生命与灵魂。财经消息使用的材料必须是真实客观的，不允许任何的夸张和虚构。所写的人物、时间、地点，事情发生、发展的经过、细节、数字、引语等必须准确无误。

2. 时效性

与其他的应用文体相比，财经消息的优势在于对事件的反映比较迅速。财经消息要及时反映经济社会各种情况，反映事件的发展和变化。

3. 新鲜性

新鲜性指对事实的报道要有新意。

4. 价值性

财经消息要报道经济事件中具有价值的事实，能够对经济现象起到正确的认识指导作用，特别是能够对读者起到积极的引导作用。

5. 简洁性

简洁性体现在消息的篇幅长短和文字处理上。它要求文章篇幅短小，在几句话或几百字以内完整、准确介绍事实；要求文字表态简练、单一，不刻意追求形象生动，不刻意点缀修饰，不重复啰嗦。

三、财经消息的种类

从内容角度来分，财经消息共包括以下四种类型。

1．财经动态消息

财经动态消息可以及时向社会传播国内外重大经济事件，或对某国、某单位的某一经济事件做概括报道，如生产动态、建设成就及有价值的经营管理方面的最新消息等。动态消息有的是对刚发生的单独事件的报道；有的是对连续性事件的持续性报道。动态消息见报量最多，时效性最强，内容丰富多彩。

2．财经短讯

财经短讯是财经动态消息的浓缩和简化，以其内容单一、文字简洁、篇幅短小、传播迅速为最大特点，一般只用几十个字或一两百个字直截了当地把一个财经新闻事实转告读者。

3．财经综合消息

财经综合消息是将若干地区、部门、单位或个人的有关财经工作的新情况、新成就、新经验、新问题等集中起来进行报道。财经动态消息报道的大多是一时一地一人一事，财经综合消息则是把若干相关信息集中在同一中心下进行报道，反映某一方面情况、成就、经验、动向、问题。它必须通过广泛采访，掌握有关的、大量的材料，叙述时既有概括的共性材料，又有具体的个别事例，并对报道的财经事实给出本质上的分析和解释。

4．财经述评消息

财经述评消息是针对国内外的经济事件或者国内某一地、某部门财经工作中的某些现象、倾向、成绩或问题进行报道和述评。述评消息介于新闻和评论之间，既要报道事实，又要对所报道事实进行必要的分析、解释，或者发表意见，谈论看法。一般采用夹叙夹议或先叙述后议论的写作手法，述事论理，分析评论，在感性认识和理性认识两个方面上指导财经工作。

四、财经消息的结构与写法

财经消息一般由标题、导语、主体、结尾、背景材料五个部分组成。

（一）标题

标题是消息写作的重要组成部分，是全文的眉目。要求用简洁的语言概括内容的精华，以此吸引读者，激发读者的阅读兴趣。

消息的标题在形式上比一般文章的标题多样。一般文章大多使用单行标题，最多加一个副标题，消息却有单行、双行或三行标题。

1．单行标题

单行标题就是只有一个标题。它是对消息内容的高度概括，简洁明了地反映消息内容的主旨。

例1　哈同哈双高速因雪全线封闭

例2　地方债正式开闸　专家说比国债"合算"

从以上两个例子可以看出单行标题的特点是鲜明、醒目，能够吸引读者阅读。

2．双行标题

双行标题就是标题由两行构成，正题是消息的主标题，反映一则消息的主要事实或中心思想，正标题可用实写的方法，即叙述新闻事实；也可用虚写的方法，即评价新闻事实，揭示其意义或隐含的观点。另一行如在正题之前则叫引题，标在正题上面，作用是交代背景，烘托气氛，引出正题，指明意义，引题一般多虚写；如在正题之后则叫副题，也叫子题，标在正题下面，一般用来补充、注释和说明、印证主题，一般多作实写。

例1　市场"发烧"　观点"打架"（引题）

　　　养生书：到底听谁的？（正题）

例2　哈市出台全国首个搬家服务规范（正题）

　　　搬家迟到损坏物品须赔偿（副题）

3．三行标题

三行标题由引题、正题和副题组成，三行标题比双行标题内容丰富，一般用于比较重要的消息，拟写时特别要注意三行之间的配合。

例1　旅游旺季来临，火车一票难求（引题）

　　　青藏游八月报价6 000元（正题）

　　　因车票极难买到，个别旅行社被迫退团费（副题）

例2　只顾自家热　不管他人寒（引题）

　　　180多户偷"热"80多万元（正题）

　　　目前整个新市区供热系统每天损失的热水达千余吨（副题）

撰写消息标题，既要做到生动新颖，又要虚实结合，具体采用哪种标题形式，需要根据消息的内容和报道的需要来设计。

（二）导语

导语即消息的开头，简要地摆出新闻中最重要、最新鲜、最吸引人的事实或反映出新闻事实中最主要的思想及意义。如果消息只有一段，那么开头一句话一般就是导语，如果消息有几段，那么第一段一般就是导语。有些有两段或两段以上的导语，则称为复合式导语。

导语的内容主要是交代与新闻事实有关的要素，即何时、何地、何人、何事、何故、何果，合称为六要素。

导语的作用是开宗明义，"立片言以居要"，让读者看了消息的开头便知道消息的主要内容和思想倾向，为下文的展开做好铺垫。

根据财经消息的写作目的和报道的内容、角度不同，导语的形式多种多样，常见的有以下几种。

1．叙述式

叙述式即用简练的文字把消息中最主要的新闻事实概括地叙述出来，这是最常用的一种形式。例如：

在 13 日上午召开的"抑制部分行业产能过剩和重复建设，引导产业持续健康发展"第二次部门联合信息发布会上，××部土地规划司司长×××表示，××部将在近期出台惩处开发商囤地行为的措施。

2．对比式

对比式即通过前后对比或者是此事此物与彼事彼物对比来揭示主题、突出新闻事实的方法。例如：

财政部昨日公布数据显示，10 月，全国财政收入 6 844.93 亿元，比去年同月增加 1 515.98 亿元，增长 28.4%，全国财政收入连续 6 个月实现正增长，前 10 个月累计，全国财政收入 58 363.8 亿元，比去年同期增加 4 087.99 亿元，增长 7.5%，离全年财政收入保八目标仅有一步之遥。

3．描写式

描写式即以形象生动的笔法把能反映消息主要内容的场面或细节简明地描写出来，给读者鲜明、深刻的印象。新闻一开头，若能先给"五要素"中的人物和地点，描述几笔，勾勒出一幅图画，使读者如临其境、如见其人、如闻其声，那么，这条新闻的可读性就一定会大大增强。例如：

《中国日报》在报道小冰人摆放在广场中，引得路人围观时写到："1 000 多尊冰雕人像放置在一个广场上，有的低头弯腰，有的双腿交叉，还有的胳膊撑着台阶，仿佛低头沉思的游客，亦或短暂歇脚的路人，直到滴滴水珠沿双腿落下，汇成一汪水迹，你才意识到，原来他们是冰做的……"

4．评论式

评论式即文章开头便对新闻事实进行评论，增强消息的指导性。例如：

中国财经评论网中一篇报道："对于国有企业改革而言，资本市场无疑是提高改革效率的重要平台。2020 年 9 月 1 日召开的中央全面深化改革委员会第十五次会议强调，要加快推进有利于提高资源配置效率的改革。"

5．提问式

在导语中，把广大读者普遍关心的、感兴趣的、新闻报道里已经解决的问题，先用疑问句式鲜明地提出来，而后用事实加以回答，更加引人注目，发人深思。例如：

乐视员工没有"996"和内卷？据乐视网回应，乐视确实没有"996"，而且以后也不会有。工作是永远做不完的，在有限的时间内完成有限的工作，这合情合理。乐视员工无内卷过于绝对，毕竟有人的地方就有江湖，但是很多岗位是"一个萝卜一个坑"，跟谁卷？

（三）主体

导语之后具体展开新闻事实叙述的部分就是主体。主体的任务，是对新闻事实进行具体的报道，在内容上要求用充足、有说服力、感染力的材料表现消息主题。有些内容在导语中没有提到，或者只是概括提到的，都应该在主体中加以详细描述，以求充分突出消息的主旨。

主体结构形式和组织材料的方法一般有两种：一种是按照时间顺序安排层次，使用这种方法叙述要精心选择典型材料，突出重点；另一种是按照逻辑顺序安排层次，主体各层次间可以体现因果关系、并列关系、主次关系或点面关系等。

另外，主体的材料不要与导语重复，导语中提到的，主体就不必再写，如确需补充说明，也要注意变换叙述的角度。

（四）结尾

结尾是消息的最后一句话或者最后一段话，是对消息主体的自然延伸或归结，并与导语相呼应。结尾的作用是结束全文，加强对主题的表达，加深读者对消息的感受。结尾的写作要避免现成的口号、空洞的议论，要根据消息的内容来决定采用何种形式。例如：

南京市公安局有关负责人介绍，2021年全年司法机关办理涉嫌拒不支付劳动报酬犯罪案件 7 件，向社会公布重大劳动保障违法行为 21 件，实现"一处违法、处处受限"。

（五）背景材料

背景，是一个新闻术语，指的是对人物、事件起作用的历史情况和现实环境的介绍等，不属于新闻事实，却有助于读者理解新闻事实。常见的背景材料有对比性背景材料、说明性背景材料、注释性背景材料。运用背景材料注意以下几点。

1. 针对主题

材料都是为主题服务的，消息写作要使用与主题直接关联，能够突出主题、说明主题的材料，否则材料再精彩、再生动也不应使用。

2. 详略得当

消息以叙述新近发生的事实为主，背景只是对新闻事实的补充和衬托，所以在运用背景材料时，一定要注意剪裁得体，不要喧宾夺主。

3. 实事求是

背景材料应该真实可信，数据准确，绝对不可随意夸大。

总之，背景材料要配置得体，合乎情理，把新闻事实与背景材料有机结合起来，使背景与事实自然衔接。

五、财经消息的常用格式

财经消息的格式，有相对固定的形式，最常见的是倒金字塔结构和金字塔结构。

1. 倒金字塔结构

倒金字塔结构是首先将最重要、最新鲜、最核心、最吸引读者的新闻点放在文章开头，其次介绍次重要的材料，再次是支持核心的材料和证据，最后是补充性材料，叙述多，议论少，时效性强。这就像一座倒置的金字塔，塔尖朝下，塔底在上面。倒金字塔结构多用于动态信息，一般用于突发报道，报纸上的消息大多采用这一结构模式，所以学习写财经消息，首先要学习使用倒金字塔结构。

2. 金字塔结构

金字塔是相对于倒金字塔结构而言的，即按事实发展的时间顺序或按事实发展的逻辑顺序来写，事件的开头就是消息的开头，事件的结尾就是消息的结尾。金字塔结构一般不需要导语。例如：

中国上市公司数量呈加速增长态势，接下来对加速增长进行具体分析。

中上协报告显示，A股上市公司数量呈现加速增长的态势，上市公司总市值稳步增长。

从上市公司数量来看，截至2021年11月30日，A股上市公司共有4 640家，较年初新增479家，月均新增43家。此前4个1 000家新增分别用时10年、10年、6年和4年。科创板设立并试点注册制以来，上市公司数量加速增长。

从区域分布看，上市公司地区群聚特征显著，广东（含深圳）、浙江（含宁波）、江苏、北京、上海共有合计2 722家公司，占全部A股上市公司总数的近六成。

除此之外，在财经消息的写作中还应注意的是：标题、导语、主体的写作都是为表现一个中心服务，三者应该浑然一体。消息强调客观报道，叙述的人称绝大多数都是第三人称，站在旁观者的立场上叙述。

六、财经消息写作的注意事项

（1）围绕经济生活选材。作者要了解经济学、管理学等相关知识，从专业的角度客观、准确地对经济领域新闻进行及时、深入的报道，才能够对经济生活起到指导性的作用。

（2）要素要齐全。财经消息不可或缺的要素是时间、地点、人物、事件、原因、结果。这六大要素缺一不可，要把这六要素交代清楚，并且每个要素都要准确真实。

（3）语言要准确通俗。财经消息的目的是为公众了解经济信息、洞察经济形势、进行经济决策提供参考，因此要用准确的语言报道真实的内容，同时其内容还要通俗易懂，便于大众接受传播信息。

第三节　产品说明书

一、产品说明书的含义

产品说明书又称使用说明，是一种向消费者介绍产品（包括服务等）的性能、特征、用途、使用和保养方法等知识的文书材料，以说明为主要表达方式，语言平易、朴实、易懂。产品说明书主要是指导消费者如何使用该产品，也是生产者对该产品质量保证的一种承诺。产品说明书一般随产品附送。

二、产品说明书的特点

1．实用性

产品说明书有着明确的实用目的，主要在于指导消费者对产品的使用，为方便消费者了解产品、正确使用产品而制作，所以产品说明书必须围绕具有实用价值的内容来写作。

2．知识性

产品说明书的写作必须将产品的结构、性能、特征、功用等向消费者交代清楚，因此具有知识性的特点。

3．条理性

产品说明书的写作要抓住产品的具体特点，抓住其内在规律性，注意表达的顺序，做到条理清晰，层次分明，以便消费者正确理解产品的内容。

4．科学性

要以客观的态度介绍产品的情况，必须实事求是，不得有虚假或欺骗行为。产品的功用和指标要符合国家质量标准，运用的数据要准确无误。

三、产品说明书的种类

（一）根据表现形式进行分类

1．条文式

条文式就是按照商品构造的规律或操作顺序等，用条文的形式来介绍说明商品的性能、构成、使用方法等，一般日用生活品中的产品说明书常用此法。

2．表格式

表格式指被说明的商品需要说明的事项较多，用文字不易说清楚，一般采用表格式的写法，如药物、食物的构成成分等。

3．图文式

图文式就是画出要说明的事物的结构图，再用文字加以指示和说明。对于构造较为复杂又必须让用户了解其各部件的功能及使用方法的产品的说明书，一般采用图文式的写法，如家用电器、大型仪器设备等的产品说明书。

4．综合式

综合式就是将条文式、表格式和图文式结合使用的说明书，适用于机器、仪表、电器等较为复杂的产品的说明书。

（二）根据传播方式进行分类

1. 包装式

包装式说明书是直接写在产品的外包装上的说明书。其说明的文字比较简短，主要适用于一些常用的普及型产品，如食品、药物等。

2. 附件式

附件式说明书指采用附件的形式，将产品说明书专门印制，有的甚至装订成册，装在产品的包装内，如机器、仪表、电器等。

3. 张贴式

为让广大消费者尽快了解新产品的用途和使用方法，商家把产品的说明书印制成适于张贴的形式，张贴在出售产品的柜台处，它适用于新推出的产品。

（三）根据写作方法进行分类

1. 概述型

有些产品，如饮料、即食食品等的说明书并不需要向消费者介绍饮用、食用方法和注意事项，也无须说明其性质和功能，只要做简单的概括性描述即可达到说明的目的。例如：

雀巢咖啡的说明书是这样写的：由精选自优良产地的上等咖啡豆制成，为咖啡中的极品。开瓶后香味馥郁纯正，冲调后口感醇厚柔和，带给您高品质咖啡享受，咖啡爱好者的最爱。

2. 描述型

有些商家为了吸引消费者注意力，介绍产品优势和特点，往往在产品说明书里采用形象生动的文字详细对产品加以介绍。例如：

新飞新鲜 3 冰箱是这样介绍的：新鲜 3 冰箱"随心控"，三独立循环制冷系统，尖端科技，可以根据季节、旅行等不同情况的使用需要，单独开启或关闭冷藏、冷冻室，灵性随心，智能更节能。钢化玻璃时尚镜面外观，人性化设计，更多舒适美妙手感。此外新鲜 3 的 BCD-269VEM 型号还具有直流变频控制的功能，可以无极变频，低噪声设计，保鲜温差波动小，保鲜更持久。

3. 说明型

日常生活中见到的产品说明书很多都是说明型的，因为产品的成分、构造、用途、保管、使用并非为消费者所熟悉。例如：

儿童食用奶粉的说明书，一般都包括"名称""配方""使用方法""功能效果""贮藏"等几个方面内容。另外，大多数药品的使用说明书也属于说明型产品说明书。

4. 释疑型

对于一些刚刚面世的新产品，由于大多数消费者对其性能、功能还存在疑虑，产品说明书就要有目的地对产品加以解释，从而消除消费者对新产品的疑虑，推动产品的销售。例如：

英特尔公司是这样介绍新推出的双核酷睿 2 处理器的：英特尔酷睿 2 双核处理器系列可提供超凡的节能高效性能，系统速度不会再受病毒扫描、多个计算密集型程序同时运行以及多媒体下载的影响，这些使台式机处理器的性能提升高达 40%，同时能效也有相应的提高。

四、产品说明书的结构与写法

不同商品，说明内容和说明方法也各有侧重。有的着重说明商品功能，有的着重说明商品用法，有的则着重说明技术指标。例如，家用电器重在说明其使用方法与保养方法，药物主要说明其主治功能与用法用量，食品则重在说明其成分与食用方法。

说明的内容项目和细节有所不同，普通生活用品说明书写得比较简单，如某感冒冲剂的说明书，少则十几个字，多则几十个字，印在产品外包装上即可；但另外一些产品诸如冰箱、彩电、电脑、手机、数码相机等则写得详尽复杂，并可能配有图表数据。

一份比较完整的说明书一般包括以下几个方面。

1. 封面

封面应该印有产品的标准名称、型号及产品使用说明书的字样，产品的实物照片，生产单位、厂址、联系方式等。

2. 标题

标题主要包括商品的名称和文种，文种是指"说明书"或"使用说明"。商品名称不但要写上商品的全称，而且还要加上商品的品牌和型号，使顾客一看就知道是关于什么商品的介绍，如"红霉素软膏说明书"。产品名称一般使用大号宋体，排在第一行中间的显著位置上。有的标题只写产品名称，如"三九胃泰"。

标题的写法有以下几种。

（1）直接用商品名称做标题，如《双料喉风散》。

（2）商品名称＋介绍两部分组成标题，如《××介绍》。

（3）商品名称＋说明内容＋说明书三部分组成标题，如《××电水壶使用说明书》。

3. 目录

目录标明各章节的名称和页码，以便消费者翻检查阅。当产品说明书较为简短时，也可以没有目录。

4. 前言

前言主要介绍生产单位的历史与现状、生产资质、技术力量、产品性能和用途。这一部分应该简明扼要，突出特色，不要平铺直叙、面面俱到。

5. 正文

产品不同，需要说明的内容也各有侧重。例如，药物重在说明基本功能和用量，以及构成成分；电器重在说明其使用和保养方法；食品重在说明其成分及食用方法；图书则重在说明其内容；机械则重在说明构造原理。

一般的产品说明书往往包括以下几方面的内容。

（1）产品的概况（如名称、产地、规格、成分、发展史、制作方法等）。

（2）产品的性能、规格、用途。

（3）安装方法和维护方法。

（4）保养方法和维修方法。

（5）附件、备件及其他需要说明的内容。

以上这些内容要素可视产品具体情况取舍。某些结构复杂，需要消费者全面了解的产品，对于其使用方法一般都写得比较详细，需要装订成册，如汽车的使用说明。

正文的写法多种多样，如说明文式、条文式、对话式、表格式、故事式、解释式等。比较常见的有说明文式和条文式，比较典型的则是两者结合，即前一部分用说明文式，主要对产品的概况和发展史作出说明；后一部分用条文式，主要对产品功能、用途、特性、使用和保养方法等作出说明。

6. 落款

说明书的最后要标明产品生产企业的名称、地址、电话号码等，有些产品还需要写清维修地址、联系电话以及定点销售单位的地址及联系方式。

五、产品说明书写作的注意事项

（1）客观真实。这是产品说明书的本质特点所要求的。主要有两方面含义：其一，作者的写作态度必须客观冷静，不带任何个人感情色彩；其二，产品说明书所介绍的知识必须符合产品实际情况，不可以为了扩大宣传而弄虚作假，蒙蔽欺骗消费者，如药品有治疗作用也有副作用，但药品说明书不可只写治疗作用而省略副作用。

（2）条理清晰。产品说明书写作应该严格按照所说明产品自身的结构和内在规律性，根据其条理性加以介绍，这样才能将其特征、性能交代清楚，便于消费者阅读理解，从而得到消费者的认同，并可能由消费者为产品进行免费宣传，起到事半功倍的作用。

（3）简明易懂。产品说明书面对的消费者多种多样，他们文化水平不一、接受能力各异，这就要求产品说明书的语言要简明易懂，能够适应各个层次消费者需求。

第四节　财　经　评　论

一、财经评论的含义

财经评论是对当前经济领域中出现的问题或现象，以及广为人们关注的经济方面的事实发表意见、看法的一种议论性的应用文体。它包括有关经济方面的社论、短评、述评、专论、纵横谈等。财经评论可以随时对当前经济活动中发生的事实加以评析，或者对一些不明朗的问题展开争论，提高人们对事物的看法、认识。

二、财经评论的特点

1．理论与政策性

财经评论的目的是指明是非，在分析评论中认识、总结规律。因此，财经评论必须以事实为依据，站在理论的高度进行评论，而且财经评论还要站在正确的立场上，以党和国家的经济政策作为评论的标准与尺度。

2．新闻性

财经评论要体现出现实的针对性和实效性，用财经新闻中最新的事实作为评论的基础，要讲究事实的新和评论的快，并且要做到有的放矢，议事、谈问题都紧扣主题。

3．群众性

财经评论面向广大消费者，告诉人们现在的经济状况，指出问题、总结经验，引起社会各界的广泛关注，同时财经评论还要吸引和鼓励广大群众关心和参与评论工作。

三、财经评论的结构与写法

1．标题

财经评论的标题要求简洁生动，有针对性，要把将所论的观点在标题中直接或间接地揭示出来，如《新职业扩大就业蓄水池》《农业"成绩单"亮眼，全年粮食丰收有基础》等。短评的标题常用单标题，也有用双标题的，如《聚焦电商法四审：监管到位与鼓励发展如何兼得？》，无论用何种形式的标题，都应力求新颖生动、简洁明了。

2．导语

导语是文章的开头，与标题相对应，承上启下，主要引出所要评论的事或问题。导语的写作要开门见山，避免公式化的套话或空话。如有一则评论的导语是"元旦一过，整个市场的目光都注视着高价股，低价股非但长期在底部徘徊无人问津，而且成为换股平仓的对象。但我却认为，低价股中存在更大的机会"。以精练的用语，让人很快明白因何事而评论。

3．正文

正文是文章的主体部分，主要是根据导语的内容，对引出的论题展开事实论据，进行评价议论。在评论中要抓住主要矛盾，一事一议，集中观点，对人民群众关心的而又有疑惑、有争议、反映强烈的问题进行分析议论，在评议中要就事论理，不能脱离事实，空发议论，要透过现象看本质，恰如其分，适可而止。

4．结尾

评论的结尾要呼应开头，作出结论，或提出呼吁，或引发思考。其写法多样，或是对全文做总结，再次强调所论的观点，给人深刻印象；或者就如何解决存在的问题提出建议，希望有关方面给予重视和采纳；或者就如何改进工作、服务态度等，提出希望和要求等；或者评论没有结尾，直接在评论末结束。如何结尾或者是否需要结尾要根据写作的需要进行安排。

四、财经评论写作的注意事项

（1）要有的放矢。财经评论的写作必须针对经济领域中最新的、能引起人们广泛关注的某些经济现象、某些服务观念、某些经济问题、某些金融政策等进行评论，不能脱离事实而空发议论、空谈道理。通过评论，揭露经济生活中存在的问题，抨击不法的经济行为，维护国家和人民的利益，扬善抑恶。只有这样，才能评有所值，更好地为国家的经济建设服务。

（2）要有条理，有深度。财经评论是议论文体，要合理安排论点、论据、论证三要素，主要观点与材料要配合、统一，要做到事实确凿、论据充分、逻辑严密可靠。要结合党和国家的方针政策、有关经济法律法规来言明道理，阐述观点。

（3）要简洁生动。选用能真正说明问题的事例作为论据，要抓住问题的实质进行评论，不要高谈阔论、言之无物。评论的语言要求严谨、通俗易懂，还应尽可能做到生动有趣，以激起读者阅读的兴趣，如在文中适当使用一些成语、俗语、歇后语等，或带有哲理的精辟语句，都能使文章起到生动有趣的效果。

💬 例文 5-1

"千元啤酒"是营销噱头吗？

2022年初，某品牌啤酒推出了一款最新高端产品，在电商平台上显示售价为 2 698 元/1.5L×2 瓶，单瓶价格直逼某高端白酒指导价。此前，其他两家啤酒企业也推出了超高端系列啤酒，价格同样让人难以置信。

近年来，我国消费市场不断升级，很多消费者追求品质消费。有需求就有供给。从这个角度看，高端啤酒、高品质啤酒的推出是符合消费升级趋势的。目前，我国超高端啤酒基本处于空白状态，啤酒企业发力超高端啤酒市场，搞差异化经营，是市场细分的具体体现，有可能在此前靠低价走量获取利润方式之外，开拓出一条盈利新路径，为行业发展打开新的空间。

近年来，我国居民收入水平不断提升，尽管如此，一瓶啤酒超千元仍显得价格"超高"。一般来说，人们喝啤酒习惯畅饮，不少人一顿饭可喝下好几瓶啤酒。这意味着，普通消费者是难以消费得起千元一瓶超高端啤酒的，其目标客户可能只是一小部分消费者。如果这部分消费者不认可千元超高端啤酒，产品卖不出去或者销量不好，自然会倒逼啤酒企业退出定价千元一瓶的超高端啤酒市场，或者探索新的定价思路。所以说，超高端啤酒的定价是否合理，是不是营销噱头，不妨由市场做选择。

应当提醒的是，千元超高端啤酒不能只是价格超高，不能只是营销套路，还需要具有高品质等附加值，应与高端定位相匹配，这样才对得起千元高价。

（资料来源:《经济日报》，2022 年 1 月 19 日。）

【评析】

本文是一篇经济短评。标题直接表明主题；正文中通过市场结构升级、消费结构调整和居民收入上升等角度说明高价啤酒存在的合理性，但同时指出防止高价成为一种营销手段。结尾再一次表明高价啤酒应该具有高品质的等附加值，不能只是营销套路。

第五节　财经广告文

一、财经广告文的含义

财经广告文是指经济广告作品中语言文字部分，它能够详细、准确、直接地传递产品信息，并能够补充和加强广告作品中非语言文字要素的表现力。

二、财经广告文的作用

1．传递信息

财经广告文能够有效地把商品信息传递给消费者，引导消费者接受企业生产的产品、提供的服务。

2．传播知识

伴随高新技术的发展，功能复杂的新产品层出不穷，广告文可以向消费者传播产品的性能、用途、使用以及保养方法等知识。

3．开拓市场

财经广告文的传播可以帮助产品在较短时间内占有一定的市场份额，并为进一步地扩展市场打下基础。

4．指导消费

广告是影响消费者消费的主要手段之一，通过对产品的性能、用途等各方面的介绍，影响消费者的消费。

三、财经广告文的特点

1．真实性

真实性是广告生存的基础。语言真实才能赢得消费者信赖，哗众取宠不仅损害了消费者的利益，也破坏了产品在人们心目中的形象。

2．独创性

独创性是广告的生命力所在，广告文的大忌是人云亦云。广告的创意表现在两个方面：一方面是发现商品独特之处与消费者心理的契合点；另一方面是有独特的表现手法。

3．简明性

用尽量简洁的语言为受众提供尽可能丰富的商品相关信息，使其在短暂的瞬间获得鲜明深刻的印象，这是广告方案的目的。

4．效益性

广告文案的效益性包括经济效益和社会效益两方面的内容。

四、财经广告文的结构与写法

财经广告文的写作由标题、正文、标语、随文几部分组成。

1. 标题

标题即广告的题目，其点明广告的主旨，为广告的"灵魂"。出色的广告标题不仅能引导消费者阅读全文，而且还起着画龙点睛的作用。

广告标题有直接标题、间接标题、复合标题。

（1）直接标题直接体现广告中心或点明广告的主题，可以直接以景点、商品、劳务的名称为标题。例如：

璀璨明珠——张家界

北京，迷人的城

（2）间接标题不直接揭示广告的主题，而是采用间接的方式宣传商品或劳务。例如：

中国人旅行　找中国旅行——中国旅行总社精品线路

想更多地了解中国，我们来帮您——招商局西安国际旅游公司

（3）复合广告标题是将直接标题和间接标题的表述方式结合起来，包括引题、正题、副题三部分。引题又叫眉题或肩题，说明信息的意义或背景，置于正题之前的位置。正题又叫主题或主标题，用来点明广告的主要内容或事实，处于正中的位置。副题又叫副标题，是对正题的补充说明，放在正标题之下。

广告标题的写作要求有以下几点。①体现主题：不论形式如何，广告标题均应体现广告的主题；②言简意赅：广告标题一般较短小，表达内容应力求丰富，一目了然；③含义确切：广告标题含义要明确，不可模棱两可，以免造成歧义或误解。

2. 正文

广告正文是广告文字的中心部分。其主要作用是说明或描述广告的信息内涵，树立商品、劳务的形象，推动促销。广告正文的写法不一，有新闻式、布告式、简介式、论说式、描写式、小说体、戏剧式、诗歌式、问答式、证书式、表格式等。

如何撰写正文，美国广告专家大卫·奥格威提出了12项原则，主要有：不要期待消费者会阅读令人心烦的散文；要直截了当地述说要点，不要有迂回的表现；避免"好像""例如"等不确定述说；最高级的词句、概括性的说法、重复的表现，都是不妥当的，会导致消费者对所述内容的印象打折扣，甚至会使消费者忘记所述主题；不要叙述商品范围外的事情，事实即事实；要写得像和人谈话，而且是热心且容易记忆的，像在宴会上对着邻座人讲话似的；不要用令人心烦的文句；要写得真实，而且要使这个真实加上魅力的色彩；利用名人推荐，名人的推荐比无名人的推荐更具有效果；讽刺的笔调不会推销东西，除了生手，卓越的撰文家不会利用这种笔调；不要怕写长的文体；照片下方，必须附加说明。

3. 标语

广告标语又称广告口号，是广告制作中根据商品的长远销售需要，在一定时期反复使用的

特定的宣传语句。它可以加深人们对某一商品或观念的理解与记忆，维持良好的印象，具有鼓动与诱导作用。广告标语以立意新颖、突出特点、朗朗上口、便于记忆为佳，其撰写方法多样，常用的有赞扬式、号召式、情感式、提示式、夸张式、含蓄式、比喻式、比较式、双关式、幽默式、标题式等。例如：

九寨沟的魅力　期待你的体验（情感式）

珠江——岭南文化的摇篮（比喻式）

冬游到大连　体验新浪漫（揭示式）

斯里兰卡——菩萨凝视的岛屿（赞扬式）

4．随文

广告随文是跟随在广告正文之后的有关文字，是对正文的必要补充和说明。一般包括注意事项、广告单位名称、地址、电话和邮政编码、银行账号、单位的负责人或联系人姓名等。

五、财经广告文写作的注意事项

（1）准确规范、点明主题。准确规范是广告文案中最基本的要求。要实现对广告主题和广告创意的有效表现和对广告信息的有效传播。

首先，广告文案中语言表达要规范完整，避免语法错误或表达残缺；其次，广告文案中所使用的语言要准确无误，避免产生歧义或误解；再次，广告文案中的语言要符合语言表达习惯，不可生搬硬套，自己创造众所不知的词语；最后，广告文案中的语言要尽量通俗化、大众化，避免使用冷僻以及过于专业化的词语。

（2）简明精练、言简意赅。广告文案在文字语言的使用上，要简明扼要、精练概括。首先，要以尽可能少的语言和文字表达出广告产品的精髓，实现有效的广告信息传播；其次，简明精练的广告文案要有助于吸引广告受众的注意力和迅速记忆广告内容；最后，要尽量使用简短的句子，以防受众因冗长语句所带来的反感。

（3）生动形象、表明创意。广告文案中的生动形象能够吸引受众的注意，激发他们的兴趣。国外研究资料表明：文字、图像能引起人们注意的百分比分别是22%和78%；能够唤起记忆的文字是35%，图像是65%。这就要求在进行文案创作时在采用生动活泼、新颖独特的语言的同时，还可以辅以一定的图像来配合。

（4）动听流畅、上口易记。广告文案是广告的整体构思，对于由其中诉之于听觉的广告语言，要注意优美、流畅和动听，使其易识别、易记忆和易传播，从而突出广告定位，很好地表现广告主题和广告创意，产生良好的广告效果。同时，也要避免过分追求语言和音韵美，而忽视广告主题，生搬硬套，牵强附会，因文害意。

中华人民共和国广告法

本章实训

实训一：

根据所提供的材料，写一则报纸广告文案。要求广告标题、口号、正文、附文格式完整；正文字数不少于 200 字。

东湖藕粉食用说明：

食用方法：撕开包装袋，把速溶藕粉倒入容器内，一次性加入 90℃ 左右的开水（藕粉与开水比例为 1 : 6），搅拌至透明糊状即可食用。

配料表：莲藕粉（藕粉纯度 100%）。

保质期：常温下 12 个月。

净含量：162 克（18 克×9 包）。

生产地址：东湖市石桥路 30 号。

实训二：

下面是一份产品说明书，试简要分析其内容以及写作格式是否有不当之处。

商品名称：保鲜膜。

产品规格：30 厘米宽，30 厘米长；该产品使用了先进的无毒无味的 PE 材料，即聚乙烯，专供仪器使用；产品具有耐高温（最高达 100℃）和耐低温（-60℃）的性能，无论是冰箱还是微波炉、铁锅都适用；该产品除了可保持食品原味和保鲜的作用外，还具有很强的吸附力，可使食物的汤汁等一点都不渗漏。

等级：合格品。

产品保质期：三年。

产品使用中需注意的事项：使用微波炉时，不可将 PE 保鲜膜与高油性仪器直接接触。

实训三：

根据下述新闻事实材料，以记者身份写一篇电讯稿。（采用倒金字塔结构，字数 450 字至 600 字）

2013 年以来，各级政府把制定、修订包括自然灾害在内的各类突发事件应急预案作为政府工作的重要工作全力推进，使国家应对各类突发事件的应急预案体系建设取得重大进展。就自然灾害而言，国务院各涉灾部门的应急预案编制工作已基本完成，全国 31 个省（区、市）、新疆生产建设兵团以及 93% 的市（地）、82% 的县（市）都已制定了灾害应急预案，全国自然灾害应急预案管理体系已规范建立，为有序应对突发自然灾害提供了操作规范，提高了各级政府应对突发事件和抗风险的能力。

全国人大常委会于 2007 年 8 月 30 日表决通过的《突发事件应对法》，自 2007 年 11 月 1 日起施行。

该法的制定是为了预防和减少突发事件的发生，控制、减轻和消除突发事件引起的严重社会危害，规范突发事件应对活动，保护人民生命财产安全，维护国家安全、公共安全、环境安全和社会秩序。

这部法律共7章70条，分总则、预防与应急准备、监测与预警、应急处置与救援、事后恢复与重建、法律责任、附则。

这部施行的法律，既赋予政府机关必要的应急处置权力，又注意最大限度地保护公民合法权益。法律特别规定，有关政府及其部门采取的应对突发事件的措施，应与突发事件可能造成的社会危害的性质、程度和范围相适应，"有多种措施可供选择的，应选择有利于最大限度地保护公民权益的措施"。

为了保障公民知情权，突发事件应对法要求，履行统一领导职责或者组织处置突发事件的人民政府，应当按照有关规定统一、准确、及时发布有关突发事件事态发展和应急处置工作的信息。与此同时，法律明确规定："任何单位和个人不得编造、传播有关突发事件事态发展或者应急处置工作的虚假信息。"

根据《突发事件应对法》的规定，国务院将建立全国统一的突发事件信息系统，县级以上地方各级人民政府应当建立或确定本地区统一的突发事件信息系统。"任何单位和个人报送、报告突发事件信息，都应做到及时、客观、真实，不得迟报、谎报、瞒报、漏报。"

据不完全统计，从1987年至今，中国红十字会共募集境内外捐助款物折合人民币42亿多元投入国内灾害救助工作，对1.6亿多受灾群众进行了救助。在中国红十字会的救灾工作中，十分强调"第一时间救助"的理念，要求救灾人员要在第一时间到达灾区考察灾情，物资要在第一时间送到灾民手中，而要做到"第一时间救助"，就必须不断增强备灾观念，做好救灾准备工作。

地震灾害具有突发性、毁灭性等特点，强度大、伤亡重、分布广。

实训四：

阅读下列材料，回答后面的问题。

昨天记者从省政府有关部门获悉，随着整体经济发展压力不断增加，上半年我省私营企业总量增长增速下降。据统计，2013年上半年全省共有私营企业50.51万户，与去年同期相比增长7.13%，增长率比去年同期下降4.66%。不过，值得欣喜的是，我省个体创业热情不减。今年1—6月全省个体工商户总量达到184万户，半年净增4万户，增量同比增长50%，每天增加近1 000户个体创业主体；从业人员404.29万人，与去年同期相比增长8.41%。社会创业形势良好。同时，第三产业发展要好于第二产业。上半年全省从事第三产业的企业总量达到33.8万户，同比增长2.7%；第二产业总数是31.8万户，同比增长1.9%，第三产业的企业总量、增速均已经超过第二产业。新兴行业也好于传统行业。上半年商业服务业、金融业、信息软件业和通信制造业的企业增长数分别达到了11.4%、6.7%、5.3%和4.8%。

而传统制造业增长数比去年同期下降 10.9%，像温州鞋革行业、嘉兴皮革业、宁波服装行业、台州缝制设备行业、温州打火机行业、金华电动工具制造业等，都不同程度地出现新设立数明显减少、吊销数大幅上升、企业利润直线下降等困难情况。

（1）该消息的导语属于什么类型？请说明。

（2）该消息有背景材料吗？在哪一段？请作分析。

（3）这则消息有何特点？请举例说明哪些方面值得借鉴。

（4）这则消息的标题和消息头缺少，请你拟出最合适的内容写在下面并加入文中恰当位置。

复习思考题

1. 财经信息类文书的特点有哪些？
2. 简述财经消息的写作结构。
3. 简述财经消息的结构及其特点。
4. 简述财经评论写作的注意事项。
5. 财经广告文的特点有哪些？
6. 广告文案的写作特点包括哪些？

第六章 财经函电类文书

知识目标

1. 了解常用的财经信函，掌握财经信函的结构与写法。
2. 了解电子邮件的含义及特点，掌握其结构与写法。

技能目标

1. 具备设计、处理、分析财经函电类文书的综合能力。
2. 能够撰写较为规范、合体的财经信函及电子邮件。

课程思政

传统德育文化是中国文化的精髓。《礼记·曲礼上》中就有"礼尚往来。往而不来，非礼也；来而不往，亦非礼也"的说法，强调礼仪要双向往来，相互尊重。商务交往中肯定会发生意见分歧，但礼貌和沟通可能化解分歧而不影响双方的良好关系。如某公司年底应收账款挂账很高，导致企业资金周转不灵。公司雇用催账公司进行催账并没有取得理想效果，反而该公司职员通过研究客户公司的现金流量等问题后，与对方诚恳沟通，说明自家公司的难处，并指出双方长期合作对欠款公司发展的优势，最终成功回收应收账款。

案例导入

××贸易公司给××进出口公司发来一份函件，请求增订××货物，但因货源紧张，无法满足客户要求，刘经理要业务员小张拟写一份回函，小张很快写完，给经理过目，经理看后很不满意，要求重写。小张的原文是这样写的：

××贸易公司：

×月×日的来信和随信来的××订单一份，我们都已经收到了。从来信中我们了解到你们向我们提出了增订××货物的要求。真对不起，我们很难答应你们的要求，至少在目前不能向你们提供。但请你们放心，以后供应情况如果有可能改善的话，我们一定会告诉你们的。

（案例来源：张瑞年、张国俊：《应用文写作大全》，商务印书馆2018年版。）

案例思考题：

（1）小张的这份函有什么错误？

（2）请试着帮助小张修改此函。

第一节　财经函电类文书概述

一、财经函电文书的含义

财经函电文书是工商企业用于联系业务、洽谈生意、磋商问题、沟通信息的重要工具，是商务活动中经常使用的文种，有明显的联络性、商洽性，作出承诺的函件还具有信用特征，因此它区别于具有个人通信性质的信件。

二、财经函电文书的种类

经贸磋商交易的程序一般为询盘、发盘、还盘、接受、签订合同五个环节。因此财经函电涉及内容广，形式多样，种类较多。

（1）财经函电文书按性质可分为财经信函、电子邮件、电报、传真等形式。

（2）财经函电文书按内容可分为建立商务关系函、询问函、报价函、答复函、交涉函、付款函、装运函、确认货物收到函、要求索赔函、接受索赔函等，归纳起来，常用的主要有以下四类：建立商务关系函，交易磋商函，确认成交函，索赔、理赔磋商函。

三、7C原则

一封完整的财经函电应该是对对方提出的问题逐一回答，而且对自己要表达的重要信息说明清楚。信函的完整性有助于建立良好的企业形象，节省双方的商务往来时间从而达到预期的效果，避免因重要信息不全而引起不必要的纠纷。为达到通过函电有效沟通的目的，有必要掌握写好财经函电的原则。一般来说，财经函电有以下七个方面的写作规则，通常被称为"7C原则"。

1．清晰（Clearness）

清晰原则包括两个方面的内容，一是写信者在拟文前知道自己要写什么；二是对方收到函电时可以完全了解写信者要表达的意思，不会产生误解。这就要求写信者头脑清楚、条理清晰、表达准确，避免使用一些含混不清、模棱两可的词汇。

2．简洁（Conciseness）

简洁是指用最少的语言表达最丰富完整的内容，并且不影响函电的礼貌性。简洁使函电更加简明有力。函电的格式要简明扼要，语言要通俗易懂，内容要精练丰富。这就要求写信者在行文过程中尽量选用简单、易懂、朴素的词汇，采用简洁、直接的句子。

3．准确（Correctness）

财经函电与买卖双方的权利、义务、利害关系、企业形象等息息相关，是制作各种商业单据的依据，以及进行商业活动往来的重要凭证。准确无误是财经函电写作中最重要的原则。准确原则不仅指用词准确，标点符号无误，语法使用、结构格式正确，还应确保函电所涉及的信息、数字、事实准确无误。因此，在进行写作中应反复审核相关信息，如收信人的职称、姓名、地址，交货时间、地点，货物品质、颜色、尺码、单价、总价、包装等。

4. 具体（Concreteness）

具体原则是指函电中涉及的内容要言之有物，信息要翔实具体、丰富生动，表达要完整，尤其是要求对方答复或者对之后的交往产生影响的函电。财经函电写作中注意避免笼统的、含混不清的表达方法。

5. 礼貌（Courtesy）

文字表达的语气上应表现出一个人的职业修养，客气而且得体。最重要的礼貌是及时回复对方，最感人的礼貌是从不怀疑甚至计较对方的坦诚。商务交往中肯定会发生意见分歧，但礼貌和沟通可化解分歧而不影响双方的良好关系。

6. 体谅（Consideration）

为对方着想，这也是拟定财经函电时一直强调的原则：站在对方立场。在起草财经函电时，始终应该以对方的观点来看问题，根据对方的思维方式来表达自己的意思，只有这样，与对方的沟通才会有成效。

7. 完整（Completeness）

财经函电应完整表达所要表达的内容和意思，何人、何时、何地、何事、何种原因、何种方式等。财经函电的完整性有助于建立良好的企业形象，节省双方的商务往来时间而达到预期的效果，避免因重要信息不全而引起不必要的纠纷。

第二节　财经信函

一、信封

（一）信封的种类

信封有横式和竖式两种。用横式信封时，将收信人地址写在信封的上方；用竖式信封时，将收信人地址写在信封的右侧，如果位置颠倒了，就会导致投递错误，发信人寄出的信又会给投递回来。

（二）信封的内容

1. 收信人地址

收信人地址包括：邮政编码，省、市（县）、城区、街道、门牌号码，以及单位全称和业务部门名称。收信人地址要写得详细具体、准确工整。注意不要只写单位名称而不写详细地址，也不要简化单位名称，以免误投。

2．收信人姓名

收信人姓名一般写在中间位置，字稍大。姓名后接写称呼等，如"同志收""先生启"。初次联系工作时，如不知对方姓名，或有时为避免因对方业务人员调动工作（或出差）而延误书信的处理，也可把具体业务部门作为收信人，如某厂"销售科收"等。

3．寄信人地址及姓名

寄信人地址及姓名在用横式信封时居下书写，用竖式信封时居左书写。根据邮政部门的规定，邮票一般贴在横式信封的右上角或贴在竖式信封的左上角。

（三）国外信封书写格式

为了便于投递，对国外商业业务信函，应按国外的习惯格式书写，国外信封的书写格式与国内不同，而寄往使用英语的国家和地区的商业信函，其信封书写格式又分美式和英式两种。

1．美式信封书写格式

美式信封一般是在信封左上角写寄信人的姓名与地址，姓名在上，地址在下；收信人的姓名和地址写在信封的居中偏右位置，包括收信人的称谓（先生、女士、经理等）和收信人的名、姓、门牌号码和路名、市名、州名、邮政编码和国名。邮票一般贴在信封右上角，航空标志或贴或写在邮票下方。

2．英式信封书写格式

英式信封一般是将寄信人的姓名和地址写在信封的左下角，航空标志或贴或印在信封的左上角；收信人的姓名与地址写在信封的居中位置，邮票也贴在信封的右上角。注意在写信封上的姓名、地址时，美国习惯一般都采用齐头式，就是每一行左面都取齐。英式写法则多采用缩进式，即每行逐次向右缩进。

为投递方便，信封上（可在信封左上角或右下角）还标注有关投递事项。例如：航空（By AirMail）；挂号（Registered/Reg；Regd. ）；快递邮件（Express）；包裹邮件（Parcel Post）；印刷品（Printed Matter）；样品（Sample）；商业文件（Commercial Papers）；密函（Confidential）；亲启、私人信（Private）；赠品（With Compliments）；如无法投递，请退某处（If undelivered, please return to... ）；保护退还邮费（Return Postage/Guaranteed）；留存（Post Restante/Care Postmaster）；无商品价值样品［Sample（s）of no commercial Value］。

二、财经信函的结构与写法

财经信函一般由信头、收函方单位名称、称呼、事由、正文、祝颂语、附件、签署等部分组成。

1．信头

信头由发函方名称、地址、电话、传真、电子邮件、邮政编码、编号等组成。一般企业的信笺多印有信头，因此商业信函均使用印有信头的公函信笺，这样就不必再写信头了，置于信函正上方。编号有两种形式：一是类似行政公文发文字号的格式；二是直接编号，如第22号。编号是为了便于收发函双方对信函的处理，便于归档备查，提高工作效率。

2．收函方单位名称

收函方单位名称要顶格书写。

3．称呼

称呼要顶格书写，后加冒号。财经信函属商洽性函件，注重称谓，应注意用法。如是写给单位的应写单位全称，如是写给个人的，要在公司名称和个人姓名后加职务或职衔表示对对方的尊重，如"××公司××经理"，或用"先生""女士"，依据外商习惯，还可在称呼后加："台鉴""台览""惠览""雅鉴"等词语，以示对对方的尊重，如"××台鉴"。

4．事由

事由是函件的标题，居中书写，要求简洁概括，一看即知函件的主要内容是什么。

写法："事由"加"："，后面简洁概括地写明磋商的内容。如"事由：建立业务关系""事由：花生""事由：寄售货确认书"，或不写"事由"两字，直接概括写明磋商内容，如"关于山楂产品业务""关于浓缩桃汁事宜""报蜂蜜实盘"。

5．正文

正文是财经信函的主体，是核心内容，分开头、主体、结尾三部分组成。

（1）开头。财经信函的开头应开门见山、直截了当、简明扼要，直接切入正题，无须寒暄客套，同时应注意要针对不同的内容，采用不同的写法。若与对方是初次联系，拟建立业务关系时，则应先作自我介绍并简洁明了地说明发函意图。例如："我们专门经营中国美术工艺品出口，愿与你们进行交易。"若与对方已有过磋商交易，开头则要直截了当表明发函意图。例如："我们新研制的……已推出上市，特此奉告""我们对贵方的新产品……甚感兴趣，希望能寄来贵公司的产品目录及价目表"。若是回复对方的来函，要引述对方来函，以说明此函是针对对方哪一封函的回复，并明确表明自己的态度。例如："贵公司××月××日来函及所寄商品目录收悉。"

（2）主体。要具体、明确地写明发函者的意见，使对方清楚明白地了解磋商内容。

（3）结尾。表示希望回函或提出有关要求。例如："若同意我方上述报价，请速来函确认""特此函达，即希函复"。

6．祝颂语

一些财经信函为联络感情，表示礼仪，常在结尾使用祝颂语，表示赞美、问候、祝愿之意，常用的有"此致、敬礼""敬祝、健康""顺致、商安""商祺""台安""台祺""顺颂台祺"等。

7．附件

附件是随函附发的有关材料，如确认书、报价单、发盘、单据等，位置在正文之后，写清名称、件数，如"附件：绣花拖鞋彩色图片一套"。

8. 签署

正文结束后在右下方签署发函方单位名称或个人姓名，另起一行书写发函日期。

三、常用财经信函

1. 询价函

询价函用于买方向卖方索要主要商品目录本、价目单、商品样品、样本等，也可以是买方向卖方就某商品交易条件以发询问单或订单的方式询问某种商品的具体情况。

💬 **例文 6-1**

事由：询价

×××先生：

从纽约的××公司处，敬悉贵公司生产各类手工制人造皮革手套。本地区对中等价格的高品质手套有稳定的需求。请惠寄贵公司的手套目录一份，详述有关价目与付款条件。希望贵公司顺带惠赐样品。

×××谨上
××××年××月××日

【评析】

发此函的目的为询价，因为是第一次询价，因此，首先说明从何处获知对方相关信息，并明确表明本公司希望了解中等价格的高品质手套的情况，简洁具体地提出希望对方寄来样品并能详细告知有关价目与付款的条件，行文规范，表述简洁，用语符合商函的语体风格。

2. 回复商业询问函

首先写明收到对方信函的日期，其次对对方信函的问题作出明确的回答，最后写上礼节性词语。

💬 **例文 6-2**

初次询问价格的回复

×××先生：

我们欣悉贵方 5 月 20 日的询价函。首先对您希望购买我方产品表示感谢。今天，一份配有有关插图的供出口的商品目录将寄往您处。我们认为，就颜色来说，必中您意，确系当前市场所流行。该货设计美观、精巧，加之精湛的制作工艺，必将受到各类买主的欢迎。我方代表，×××先生将于下周抵达纽约。他将非常愉快地携带我们手工制作的全套样品去贵处拜访。同时，我们已授权他与贵方商讨订货的付款方式，或就签订合同谈判。如蒙贵方给予协助，将不胜感激。

×××谨上

××××年××月××日

【评析】

回复对方的函，首句应先说明接到对方的来函，一般用"悉"或"收悉"。再针对来函内容表态，还可提出要求。此函行文规范，表意明确、肯定，发函事宜叙述清晰、具体，语言得体，庄重又不失热情，为双方进一步的合作提供了良好基础。

3. 磋商函

交易双方就商品的品质、规格、包装、数量、货款、保险、意外事故、索赔、仲裁等方面进行磋商时，会用到磋商函。

💬 例文6-3

事由：雨衣包装

×××：

你方6月2日上述标题订单已收悉，谢谢。我们高兴地通知你方，除了包装条款以外，订单中所列其余条款我们均能接受。你们订单中所述的包装是我们数年前采用的老式包装。此后，我们改进了包装，结果表明我们的客户对近几批货物完全满意。我们的雨衣产品现用塑料袋包装，然后装入纸盒内，十打装一箱，每箱毛重为30公斤左右。每个纸箱衬以塑料纸，全箱用铁箍加固，以防内装货物受潮及因粗暴搬运可能引起的损坏。

我们的意见是由于使用了塑料袋包装，每件雨衣完全可陈列于商店的橱窗，而且美观，这样定将有利于货物的销售。此外，改进的包装分量轻，因而容易搬运。

以上所述供你方参考，如果在本月底前我方没有收到你方的反对意见，我方将相应地完成你方订货。

顺祝商祺！

××××年××月××日

【评析】

此为磋商包装条件函，格式规范，内容具体，语言简洁，表态鲜明。

💬 例文6-4

事由：报价商谈

×××：

贵方6月10日函悉。所报手拣去壳花生成本加运费到欧洲主要港口价1 800元/吨实在太高，无法成交。

近来美国花生加运费到欧洲主要港口价仅 1 700 元/吨，供应量很大，可以随便购买。因此，要求你方将价格减至与此相接近的水平，10 月船期。至于核桃仁，我方递价为 2 500 元/吨。其他条款如贵方上次来函所述。请告知核桃仁的船期及包装情况。若同意我方上述报价，请速来函确认。

顺祝商祺！

××××年××月××日

【评析】

此文是为对报价方所报价格提出异议的磋商函，结构明晰，语气坚定，行文简洁，措辞具体，将不能接受对方报价的理由叙述得非常充分，有理有据地提出了解决问题的办法，便于对方考虑交易的条件。

4. 索赔函

索赔函指争议发生过程中或发生后索赔过程使用的函。简单叙述争议或纠纷的发生、经过、结果；陈述对方的违约事实；说明索赔的理由；陈述对方违约给自己带来的损失；提出索赔要求。

💬 例文 6-5

情景介绍：某省食品进口公司与某船舶公司合作多年，但在一次鸭梨运输业务中，因冷处理问题遭到退货，造成很大损失，该公司向对方发出了要求索赔函。

事由：关于损失索赔

××公司：

贵公司与我公司合作多年，尤其是在对美国的鸭梨冷处理运输业务上，我司本着对贵公司的信任，一直只使用贵司的船，但是，在××××年的鸭梨输美业务中，我司有四柜冷处理失败，其中三柜已退回产地，给我司造成了巨大的损失，我司已多次与贵司就赔偿问题进行了磋商，但至今未得到答复，现将我司的索赔要求提出如下：

一、海运费：5 140 美元×2 柜= 10 280 美元

二、去程路运及港杂费：6 500 元×3 = 19 500 元

三、去程路运及滞箱费：38 460 元

四、货物损失：4 500 美元×3 = 13 500 美元

以上共计 23 780 美元＋57 960 元。

上述索赔要求是我们考虑到与贵司以往和以后的合作，仅就冷处理失败给我司造成的直接损失提出的，希望贵公司认真对待，并尽快给予答复，我司将在收到贵司答复后提供有关单据和文件。

顺祝商祺！

××有限责任公司
××××年××月××日

【评析】

　　此文为索赔函,首先对以往双方的愉快合作表示肯定,"合作多年……我司本着对贵公司的信任,一直只使用贵司的船",接着具体说明造成损失的事实,明确指出是在"××××年的鸭梨输美业务中……有四柜冷处理失败,其中三柜已退回产地,给我司造成了巨大的损失",并申明在已多次交涉未果的情况下,现再次明确提出具体要求,以分条列项的方式列出索赔的项目、金额。结构完整,层次清楚,用简洁的语言表达,便于对方回复,态度坚决、果断,有理有据,但语气平缓,不卑不亢。

5.回绝函

　　回绝对方订单,要婉转地说明原因,写作时要注意把握拒绝对方的语气,为以后可能的交易留有余地。

💬 例文 6-6

事由:"飞鸽牌"轻便车

××公司:

　　谢谢你方1月20日关于100辆"飞鸽牌"轻便车的订单,然而我们遗憾地认为有必要将其暂时存档,以供将来参考,因为目前我方难以接受订单。这主要是国内外对我方生产的自行车需求甚殷,特别是由于近来的能源危机,西欧买主的订货量不断增加。

　　对于暂时不能接受你方订单,我们深表遗憾。然而,一旦供货情况好转,一定电告你方。

　　顺祝商祺!

××有限责任公司

××××年××月××日

【评析】

　　该函结构严谨,层次清楚,用语得体,拒绝理由叙述得具体充分,便于得到对方的谅解,既委婉地拒绝了对方的订单,又给自己留有余地,为继续保持业务交往留有余地,体现了很好的经营意识。

✏️ 知识链接

开头语与自我介绍实例18句

　　1.从中国国际贸易促进会获悉,你们有意采购电器用具。

　　2.驻贵地的中国领事向我们介绍,你公司是……生产……(商品)的大出口商。

　　3.从……获悉你们行名及地址并了解你们是……有经验的进口商。现向你们开报……盼能在贵地市场推销。

　　4.从……获悉你公司专门经营……,现愿与你公司建立业务关系。

5．承……的介绍，获悉你们是……有代表性的进口商之一。

6．通过贵国最近来访的贸易代表团，我们了解到你们是信誉良好的……进口商，现发信给你们，盼能不断地接到你们的订单。

7．我们欣然寄发这封自荐信，希望是互利关系的前奏。

8．我们有幸自荐，盼望能有机会与你们合作，扩展业务。

9．我们冒昧通信，以期待与贵公司建立业务关系。

10．现向贵司自我介绍，我们是国有公司，专门经营轻工业品。

11．鉴于你们是……的主要进口商之一，特此联系，盼能建立业务关系，以有助于你们满足各项需求。

12．了解到你们对……（商品）的进口和出口都感兴趣，故愿自荐，希望在我们两公司间建立互利的业务关系。

13．你公司是信誉卓著的照相机进口商，我公司极愿与你公司建立业务关系。为此，我公司现在寄去商品目录和价目单，用以向你公司毛遂自荐。

14．我们经营的商品包括本国第一流造纸厂的产品，因此，就你们提出的商品，我们有良好条件向你们的顾客提供质量最可靠的商品。

15．我们专门经营中国美术工艺品出口，愿与你们进行交易。

16．我们愿在平等互利、互通有无的基础上与你公司建立业务关系。

17．我们愿与你们建立友好业务关系，分享互利的交易。

18．盼直接洽谈，以便将你公司特种经营商品引进我地市场。

第三节　电子邮件

一、电子邮件的含义

电子邮件（E-mail）是指通过互联网传递的邮件，即用户之间通过互联网发出或收到的信息，是目前互联网上应用最广泛的一种服务。电子邮件被广泛应用于个人与个人之间的交流与沟通。人们通过电子邮件传递着信息，交流着感情。在商务活动中，电子邮件还被广泛应用于公司与公司之间的业务往来，使交易的双方更快捷地获得第一手资料。电子邮件现已成为公司内部管理手段之一，便于管理者与被管理者之间直接沟通。

二、电子邮件的特点

1．发送速度快

电子邮件通常在数秒钟内即可送达全球任意位置的收件人信箱中，其速度比电话通信更为高效快捷。如果接收者在收到电子邮件后的短时间内做回复，往往发送者仍在计算机旁工作时就可以收到回复的电子邮件，接收双方交换一系列简短的电子邮件就像一次次简短的会话。

2．信息多样化

电子邮件发送的信件内容除普通文字内容外，还可以是软件、数据，甚至是录音、动画、电视或各类多媒体信息。

3．收发方便

与电话通信或邮政信件发送不同，电子邮件采取的是异步工作方式。它在高速传输的同时允许收信人自由决定在什么时间、什么地点接收和回复，发送电子邮件时不会因"占线"或接收方不在而耽误时间。收件人无须固定守候在线路另一端，可以在用户方便的任意时间、任意地点，甚至是在旅途中收取电子邮件，从而跨越了时间和空间的限制。

4．成本低廉

电子邮件的最大的优点还在于其低廉的通信价格，用户只需花上网费即可将重要的信息发送到远在地球其他地方的用户手中。

三、电子邮件的结构与写法

电子邮件的构成主要包括收件人、主题、正文、附件、签名等部分。

1．收件人

写电子邮件，首先要写上收件人的电子邮件地址。这就像我们写信一样，收信人的地址必须正确，才能保证信件准确无误地送达。

2．主题

在"主题"栏中输入您所发出的电子邮件主题，该主题将显示在收件人收件箱的"主题"区。

（1）主题要新颖醒目。正是由于电子邮件相当方便，因此很多人可能每天要处理大量的电子邮件。如果要从众多的邮件中让您的邮件"脱颖而出"，那唯一的办法就是把主题写好，这样才会相当醒目、吸引人。

（2）主题要实事求是。标题要能真实反映文章的内容和重要性，切忌使用含义不清的标题。

（3）一封邮件尽可能只针对一个主题，不在一封邮件内谈及多宗事情，以便日后整理。

（4）主题不可出现错别字和不通顺之处，切忌只顾检查正文却忘记检查主题。

（5）不要使标题空白。

3．正文

电子邮件的正文内容简洁、美观、易懂，力求简明扼要。

（1）关于称呼与问候。恰当地称呼收件人，注意拿捏尺度。通常的结构是"称谓＋礼貌用语"。如"×××（名字）您好！""×××经理（名字＋职位），您好！""×××先生（女士），您好！"结尾通常要写"祝您顺利"之类的祝颂语。若是尊长应使用"此致、敬礼"。注意，在非常正式的场合应完全使用信件标准格式，"祝"和"此致"为紧接上一行结尾或者换行开头空两格，而"顺利"和"敬礼"为再换行顶格写。

（2）内容。电子邮件正文内容要简明扼要，行文通顺。若对方不认识你，首先应当说明自己的身份、姓名或你代表的企业名称以示对对方的尊重。点名身份应当简明扼要，最好是和本邮件以及对方有关，主要功能是收件人能够顺利地理解邮件来意。电子邮件正文应简明扼要地说清楚事情，如果具体内容确实很多，正文应只进行摘要介绍，然后单独再写份文件作为附件进行详细描述。正文行文应通顺，准确清晰地表达，不要出现晦涩难懂的语句。最好不要让收件人拉滚动条才能看完你的邮件。写作时要注意电子邮件的论述语气，要根据收件人与自己的熟络程度、等级关系，以及邮件是对内还是对外的不同性质，选择恰当的语气进行论述，以免引起对方不适。要尊重对方，"请""谢谢"之类的语气要经常出现。同时，电子邮件正文多用1、2、3、4之类的列表，以清晰明确。如果事情复杂，最好以分条列项的方式进行清晰明确的说明。保持邮件每个段落简短精练。

4. 附件

（1）如果邮件带有附件，应在正文中提示收件人查看附件。

（2）附件文件应按有意义的名称命名，最好能够概括附件的内容，方便收件人下载后管理。

（3）正文中应对附件内容做简要说明，特别是带有多个附件时。

（4）附件数目不宜超过4个，数目较多时应打包压缩成一个文件。

（5）如果附件是特殊格式文件，要在正文中说明打开方式，以免影响使用。

（6）如果附件过大（不宜超过2 MB），应分割成几个小文件分别发送。

5. 签名

签名主要包括部门（职务）、公司、地址、电话、传真、E-mail等，书写时应将内容归类，一般不超过5行，对于电话号码、手机号码等较长的数字间应有区号和停顿。

四、电子邮件的回复技巧

（1）及时回复电子邮件。收到他人的重要电子邮件后，即刻回复对方，往往是必不可少的，这是对他人的尊重，合理的回复时间是2小时内，特别是对一些重要的邮件。对每封邮件都立即处理是很占用时间的，对于一些优先级低的邮件可集中在一特定时间处理，但一般不要超过24小时。如果事情复杂，你无法及时确切回复，那至少应该及时地回复收到，说明正在处理。如果你正在出差或休假，应该设定自动回复功能，提示发件人，以免影响工作。

（2）进行针对性回复。当答复问题的时候，最好把相关的问题抄到回件中，然后附上答案。

（3）不要就同一问题多次回复讨论。如果收发双方就同一问题的交流回复超过3次，这只能说明交流不畅，说不清楚。此时应采用电话沟通等其他方式进行交流后再做判断。电子邮件有时并不是最好的交流方式。

（4）主动控制邮件的来往。为避免无谓的回复，浪费资源，可在文中指定收件人给出回复，或在文末写上"全部办妥""无须行动""仅供参考，无须回复"等语句。

💬 例文 6—7

主题：退换产品

大卫先生：

　　您好！

　　感谢你方昨天运来的我们订购的家具。我们一直很高兴与贵公司合作，并以销售贵公司的产品为荣。但是正如我昨天在发给你的电子邮件中提出的那样，我们对此批货物中的六把白色蘑菇形座椅的质量感到失望。尽管你们在昨天的邮件中已做了说明，但我们仍然不尽满意。今天我随邮件附上座椅的摄像资料，看过摄像后，你会发现座椅出现许多油漆剥落的地方，看起来这些椅面做得非常仓促。请退换这些椅子，如果贵公司不能确保白色座椅的质量，我们也可以接受自然木纹的替代品。我知道贵公司是多么在乎顾客的意见，我期待这些问题的圆满解决。

　　祝工作顺利！

豪森经理

【评析】

　　例文开头表明了自己想建立合作关系的愿望。在本段中直接提出了自己对产品的意见，提出了自己的想法，并提供了摄像，作为证据。在结尾再次表达了良好的愿望。方便快捷是电子邮件的主要特点之一。两家企业就购买座椅一事在两天中进行了反复磋商，双方及时将自己的想法告知对方。电子邮件之所以在商家之间盛行，另一个主要原因是它可以附带各种形式的资料。该篇电子邮件的买方为了演示座椅的质量问题，通过摄像向对方进行了详细说明，这比用语言描述更具有说服力。

国务院办公厅关于同意调整完善消费者权益保护工作部际联席会议制度的函

📖 **本章实训**

实训一：

指出下列函件文句中的错误并修改。

（1）关于贵司所询事宜，由于某种原因，未能及时回函。

（2）顷接贵司来函已悉。

（3）你方 31—5—83 电传悉，事由你方所提白浴巾规格我方歉难办理。

（4）以上竭诚，复希贵司从速办理洽照。

（5）顷接贵司来电，贵司甚念了。所询尚未回电事宜答复如下：……

实训二：

××粮油进出口公司接到总公司转来我国香港×××公司7月9日的函，询问小麦淀粉及液体葡萄糖价格。现需要回函告诉他们：白熊牌小麦淀粉，双层白布袋装，净重50公斤/袋，参考价人民币3 000元/吨。水清色液体葡萄糖，用BE镀锌铁桶装，净重300公斤/桶，参考价5 000元/吨，CFR吉大港。

训练内容：请代××粮油进出口公司给我国香港×××公司回函。

实训三：

你在一家外国企业工作，经理让你给公司的客户发送一封电子邮件，询问有关公司产品的相关情况。具体包括产品在使用过程中的性能与不足，公司在产品售后服务的情况，与此同时介绍公司最近开发的新产品，从而与客户建立长久的贸易关系。

实训四：

你公司已经与一家国外公司签订了一份购买合同，但公司对合同的有关条款有不同意见。请你发送一封电子邮件说明理由，表达公司就合同的一些想法。

（1）想就运费和发货时间进行进一步的磋商。

（2）对方公司提出的由本公司承担的运输费用想通过协商由国外公司承担。

（3）据我公司的实际生产需求希望对方将发货日期提前。

（4）需要邀请对方进一步面谈。

复习思考题

1. 简述财经函电类文书的分类。

2. 简述财经信函的写法及要求。

3. 电子邮件有哪些特点？

第七章 财经调研类文书

知识目标

1. 了解市场调查报告、市场预测报告的含义与特点，了解经济活动分析报告、可行性研究报告的含义、作用、种类。

2. 掌握市场调查报告、市场预测报告、经济活动分析报告、可行性研究报告结构与写法。

3. 准确把握市场调查报告与市场预测报告的异同点。

技能目标

1. 具备设计、处理、阅读分析财经调研类文书的综合能力。

2. 能够撰写较为规范、合体的市场调查报告、市场预测报告、经济活动分析报告、可行性研究报告。

课程思政

解放思想、实事求是、与时俱进，是马克思主义的灵魂，是我们适应新形势、认识新事物、完成新任务的根本思想武器。习近平总书记指出，实事求是，是马克思主义的根本观点，是中国共产党人认识世界、改造世界的根本要求，是我们党的基本思想方法、工作方法、领导方法。我们党就是靠实事求是起家和兴旺发展起来的，实践反复证明：坚持实事求是，就能兴党兴国；违背实事求是，就会误党误国。财经调研务必以事实为基础，才能得出可靠的结论。

案例导入

男人长胡子，因而要刮胡子；女人不长胡子，自然也就不必刮胡子。然而，美国的吉利公司却把"刮胡刀"推销给女人，居然大获成功。

吉利公司创建于1901年，其产品因使男人刮胡子变得方便、舒适、安全而大受欢迎。进入20世纪70年代，吉利公司的销售额已达20亿美元，成为世界著名的跨国公司。然而吉利公司的领导者并不因此满足，而是想方设法继续拓展市场，争取更多用户。就在1974年，公司提出了面向妇女的专用"刮毛刀"。

这一决策看似荒谬，却是建立在坚实可靠的市场调查的基础之上的。

吉利公司先用一年的时间进行了周密的市场调查，发现在美国30岁以上的女性中，有65%的人为保持美好形象，要定期刮除腿毛和腋毛。这些女性中，除使用电动刮胡刀和脱毛剂之外，主要靠购买各种男用刮胡刀来满足此项需要，一年在这方面的花费高达7 500万美元。相比之下，美国女性一年在眉笔和眼影上的花费仅有6 300万美元，染发剂5 500万美元。毫无疑问，这是一个极有潜力的市场。

根据市场调查结果，吉利公司精心设计了新产品，它的刀头部分和男用刮胡刀并无两样，采用一次性使用的双层刀片，但是刀架则选用了色彩鲜艳的塑料，并将握柄改为弧形以利于女性使用，握柄上还印压了一朵雏菊图案。这样一来，新产品立即凸显了女性的特点。

为了使"雏菊刮毛刀"迅速占领市场，吉利公司还拟定了几种不同的"定位观念"到消费者之中征求意见。这些定位观念包括：突出刮毛刀的"双刀刮毛"；突出其创造性的"完全适合女性需求"；强调价格的"不到50美分"；表明产品使用安全的"不伤玉腿"；等等。

最后，公司根据多数女性的意见，选择了"不伤玉腿"作为推销时突出的重点，刊登广告进行刻意宣传。结果，"雏菊刮毛刀"一炮打响，迅速畅销全球。

（案例来源：张立迎：《管理学》，电子工业出版社2016年版。）

案例思考题：
（1）市场调查报告如何行文？
（2）此案例给你的启示有哪些？

第一节　财经调研类文书概述

一、财经调研文书的含义

财经调研文书是对经济活动进行调查、研究、预测、决定的应用文章。它用于记载和反映国家、企业、个人的经济信息，是经济活动中的重要凭证，是沟通经济信息、分析经济活动状况、促进经济效益提高的管理工具。

财经调研类文书包括市场调查报告、市场预测报告、经济活动分析报告、可行性研究报告、查账和审计报告、资产评估报告、经营策划书等。

二、财经调研文书的特点

1.内容的真实性

财经调研文书是进行经济活动的指导性和参考性文书，因此要确保内容和相关数据的真实可靠性，否则就失去了其应有的价值，有时甚至会造成巨大的经济损失。

2．行文的时效性

财经调研文书反映的是某个时期或阶段的经济状况，有明确的针对性，因此有很强的时效性。

3．建议的可行性

财经调研文书一般应提出相应的意见和建议，这些意见和建议是建立在对相关问题的分析和研究基础上的，因此，一般具有很强的可行性。

4．表述的简明性

财经调研文书要如实反映社会经济问题，方便指导和规范市场经济行为和活动，因此用语要求严密和简明、语言要贴切、内涵要准确、判断恰当、推理符合逻辑，能简洁明了地表达作者的意图。

三、财经调研文书写作的注意事项

（1）深入调查研究，掌握可靠有效的材料。无论哪一种财经调研文书，都需要以切实可靠的材料为基础进行分析研究，这些材料不是凭空想象出来的，而是来自社会经济活动本身。因此，以实事求是的精神深入地进行调查研究是做好财经调研文书的前提。

（2）科学规范行文，使用简洁明确的语言。财经调研文书与其他的应用文体一样有着严格的行文规范，个别文种如审计报告要由法定部门或法定人员严格按照相关法规的要求撰写，不能按照个人喜好随意窜改。语言的使用也要尽可能简洁明确，不要拖沓冗长，也不要随意使用一些专用名词，以免造成误解。

第二节　市场调查报告

一、市场调查与市场调查报告的概述

（一）市场调查

市场调查就是指运用科学的方法，有目的地、系统地收集、记录、整理有关市场营销信息和资料，分析市场情况，了解市场的现状及其发展趋势，为市场预测和营销决策提供客观的、正确的资料。

市场调查的内容很多，有市场环境调查，包括政策环境、经济环境、社会文化环境的调查；有市场基本状况的调查，主要包括市场规范、总体需求量、市场的动向、同行业的市场分布占有率等；有销售可能性调查，包括现有和潜在用户的人数及需求量、市场需求变化趋势、本企业竞争对手的产品在市场上的占有率、扩大销售的可能性和具体途径等；还可对消费者及消费需求、企业产品、产品价格、影响销售的社会和自然因素、销售渠道等开展调查。

市场调查的步骤大致为：市场调查计划撰写—市场调查问卷设计—市场调查问卷实施—市场调查问卷收集、整理—数据分析—市场调查报告撰写。

（二）市场调查报告的含义

市场调查报告是经济调查报告的一个重要种类，它是以科学的方法对市场环境、需求、商品情况、商品流通销售方式及售后服务、竞争对手等进行深入细致的调查研究后所写成的书面报告。其作用在于帮助企业了解掌握市场的现状和趋势，增强企业在市场经济大潮中的应变能力和竞争能力，从而有效促进经营管理水平的提高。

市场调查报告是开展商业活动的基础。

（三）市场调查报告的用途

市场调查报告对市场经济提供有效的导向作用，对生产经营管理者摄取信息、分析问题、制定决策和编制计划以及控制、协调、监督等方面都起积极的作用。其用途主要有以下三点。

1. 获取经济预测的信息

市场调查报告所掌握的市场的历史、现状及其发展变化的轨迹，给企业提供进行经济预测的可靠信息。

2. 提供企业决策的依据

市场调查报告所提供的准确的市场动态信息，可直接为企业决策提供依据，从而使企业产销需求对路，规避竞争中的风险。

3. 推动企业改善经营管理

市场调查报告有助于正确认识市场，推动企业改善经营管理，遵循经济规律，提高经济计划的制订水平。

（四）市场调查报告的特点

1. 针对性

针对性主要包括两方面。

第一，调查报告必须明确调查目的。任何调查报告都具有很强的目的性，是解决某一问题，或是说明某一问题，因而撰写报告时必须做到目的明确、有的放矢，围绕主题开展论述。

第二，调查报告必须明确阅读对象。阅读对象不同，他们的要求和所关心问题的侧重点也不同。

2. 新颖性

市场调查报告应紧紧抓住市场活动的新动向、新问题，引用一些人们未知的通过调查研究得到的新发现，提出新观点，形成新结论。只有这样，调查报告才有使用价值，达到指导企业营销活动的目的。

3.时效性

调查报告必须讲究时间效益，要顺应瞬息万变的市场形势，做到及时反馈。只有及时到达使用者手中，使决策跟上市场形势的发展变化，才能发挥调查报告的作用。

二、市场调查的常用方法

（一）抽样调查法

抽样调查是指从调查总体中抽取一部分单位作为样本进行调查，并根据这部分样本所得的结果来推断总体情况的调查方法。

抽样调查的原因有以下几点。

（1）对有些社会现象，不可能进行普查，而又要了解其全面情况时，就必须采用抽样调查。

（2）对有些社会现象，没必要采用普查，利用抽样调查完全可以得到准确的结论，并且可以省时、省力、节约支出。

（3）利用抽样调查，可以检验普查资料的准确性，也可以修正普查的结果。

（二）问卷调查

问卷调查简称问卷法，是指调查者运用统一设计的问卷，由被调查者填答，向被调查者了解市场有关情况的收集资料方法。所谓"问卷"，又称调查表，是指调查者根据调查的目的与要求，设计出一系列问题、备选答案及说明向被调查者收集资料的一种工具。

（三）态度测量

1.态度的含义

在营销研究中，"态度"主要有三方面的含义：一是指对某事物的了解和认识，二是指对某事物的偏好，三是指对未来行为或状态的预期和意向。

2.态度测量的含义

态度测量就是调研人员根据被调查者的可能认识和认识态度，就某一问题列出若干答案，设计态度测量表，再根据被调查者的选择来制定其认识或认识程度。

（四）实地调查

实地调查，就是运用科学的方法，系统地在现场进行收集、记录、整理和分析，从而获得所需资料的过程。

实地调查的主要方法有询问法、观察法和实验法。

三、市场调查报告的结构与写法

市场调查报告一般由标题、前言和正文组成。

（一）标题

标题是市场调查报告的题目，一般有两种构成形式。

1．公文式标题

公文式标题即由调查对象和内容、文种名称组成，如《关于 2012 年全省农村服装销售情况的调查报告》。在实践中常将市场调查报告简化为"调查"，也是可以的。

2．文章式标题

文章式标题即用概括的语言形式直接交代调查的内容或主题，例如，《全省城镇居民潜在购买力动向》。在实践中，这种类型市场调查报告的标题多采用双题（正副题）的结构形式，更为引人注目，富有吸引力。例如，《竞争在今天，希望在明天——全国洗衣机用户问卷调查分析报告》《市场在哪里——天津地区三峰轻型客车用户调查》等。

（二）前言

前言是市场调查报告正文的前置部分，要写得简明扼要，精练概括。一般可交代出调查的目的、时间、地点、对象与范围、方法等与调查者自身相关的情况，也可概括市场调查报告的基本观点或结论，以便使读者对全文内容、意义等获得初步了解。然后用一过渡句承上启下，引出主体部分。例如，一篇题为《关于全市 2010 年电暖器市场的调查》的市场调查报告，其前言部分写为"××市北方调查策划事务所受×××委托，于 2011 年 3 月至 4 月在国内部分省市进行了一次电暖器市场调查。现将调查研究情况汇报如下："，用简要的文字交代出了调查的主体身份，调查的时间、对象和范围等要素，并用一过渡句开启下文，写得合乎规范。这部分文字务求精要，切忌啰唆；视具体情况，有时也可省略这一部分，以使行文更趋简洁。

（三）正文

正文部分是市场调查报告的核心，也是写作的重点和难点所在。它要完整、准确、具体地说明调查的基本情况，进行科学合理的分析预测，在此基础上提出有针对性的对策和建议。具体包括以下三方面内容。

1．情况介绍

市场调查报告的情况介绍，即对调查所获得的基本情况进行介绍，是全文的基础和主要内容，要用叙述和说明相结合的手法，将调查对象的历史和现实情况包括市场占有情况，生产与消费的关系，产品、产量及价格情况等表述清楚。在具体写法上，既可按问题的性质将其归结为几类，采用设立小标题或者撮要显旨的形式；也可以时间为序，或者列示数字、图表或图像等加以说明。无论如何，都要力求做到准确和具体，富有条理性，以便为下文进行分析和提出建议提供充分的依据。

2．分析预测

市场调查报告的分析预测，即在分析调查所获基本情况的基础上对市场发展趋势做预测，它直接影响到有关部门和企业领导的决策行为，因而必须着力写好。要采用议论的手法，对调查所获得的资料条分缕析，进行科学的研究和推断，并据此形成符合事物发展变化规律的结论性意见。用语要富于论断性和针对性，做到析理入微，言简意明，切忌脱离调查所获资料随意发挥。

3. 营销建议

营销建议是市场调查报告写作目的和宗旨的体现，要在上文调查情况和分析预测的基础上，提出具体的建议和措施，供决策者参考。要注意建议的针对性和可行性，能够切实解决问题。

四、市场调查报告写作的注意事项

（1）切忌将分析工作简单化即资料数据罗列堆砌，只停留在表面文章上，根据资料就事论事。简单介绍式的分析多，深入细致的分析及观点少，无结论和建议，整个调研报告的系统性很差，使分析报告的价值不大。只有重点突出、条理清晰，才能使人看后有深刻的印象。

（2）切忌面面俱到、事无巨细地进行分析。把收集来的各种资料无论是否反映主题，全都面面俱到、事无巨细地进行分析，使读者感到杂乱无章，读后不知所云。一篇调研报告自有它的重点和中心，在对情况有了全面了解之后，经过全面系统的构思，应能有详有略，抓住主题，深入分析。

（3）报告长短根据内容确定。确定调研报告的长短，要根据调研目的和调查报告的内容而定。对调研报告的篇幅，做到宜长则长，宜短则短，尽量长中求短，力求短小精悍。

💬 例文 7-1

关于全市××××年电暖器市场的调查

××市北方调查策划事务所受×××委托，于××××年3月至4月在国内部分省市进行了一次电暖器市场调查。现将调查研究情况汇报如下。

一、生产情况

据调查，国内以电暖器为主要产品的生产企业为数不多，大约30家。××××年，这些企业电暖器总产量约240.19万台。其中年产量超过10万台的主要有广东××家电厂、宁波××实业公司等八家企业。这八家企业电暖器总产量约209.53万台，占国内电暖器总产量的87.24%。具体数字见表一（略）。

以上情况表明：虽然电暖器行业目前处于起步阶段，但生产集中程度都非常高，特别是产量排行第一的广东××家电厂，其产量超过国内总产量的四分之一，在本行业中处于明显的垄断地位。

二、销售情况

据对北京、大连、沈阳、济南、杭州、武汉6个城市的27家大型商场的调查，××××年总销量约为71 000台。其中，销量超过5 000台的有大连商场、大连百货大楼等五家商场，年销售总量约44 447台，占27家销售总量的62.2%。具体数字见表二（略）。

以上情况表明：与电暖器生产的高度集中类似，电暖器销售的集中程度也非常高。一方面，这种现象反映了电暖器市场正处于开发阶段，大部分商场都把电暖器作为试销商品经营，把电暖器作为主要商品经营的为数甚少；另一方面，虽然经销电暖器获得成功的商场数量不多，但这些成功者的事实至少说明，电暖器极具市场潜力，具有良好的发展前景。

三、各种品牌的竞争（略）

四、市场分析与展望（略）

产品与建筑面积、供热面积的分析，产品生产和销售情况的分析。（略）

五、几点建议（略）

【评析】

此篇市场调查报告范文侧重于对产品的生产、销售、品牌等情况的介绍，运用数字分析、对比、排位等方法分析，尤其是对影响产品销售的建筑面积、供热面积等深层背景进行分析，并进行预测，使文章更有力度，在此基础上所提出的对策和建议，必然显得理据充实，说服力强。

第三节　市场预测报告

一、市场预测与市场预测报告概述

（一）市场预测的含义

市场预测就是运用科学的方法，对影响市场供求变化的诸因素进行调查研究，分析和预见其发展趋势，掌握市场供求变化的规律，为经营决策提供可靠的依据。预测为决策服务，是为了提高管理的科学水平，减少决策的盲目性，我们需要通过预测来把握经济发展或者未来市场变化的有关动态，减少未来的不确定性，降低决策可能遇到的风险，使决策目标得以顺利实现。

市场预测的过程大致包含以下的步骤。

1. 确定预测目标

明确预测目标，就是根据经营活动存在的问题，拟定预测的项目，制订预测工作计划，编制预算，调配力量，组织实施，以保证市场预测工作有计划、有节奏地进行。

2. 收集资料

进行市场预测必须有充分的资料。有了充分的资料，才能为市场预测提供进行分析、判断的可靠依据。在市场预测计划的指导下，调查和收集预测有关资料是进行市场预测的重要一环，也是预测的基础性工作。

3. 选择预测方法

预测方法的选用是否恰当，将直接影响到预测的精确性和可靠性。运用预测方法的核心是建立描述、概括研究对象特征和变化规律的模型，根据模型进行计算或者处理，即可得到预测结果。

4. 预测分析和修正

分析判断是对调查收集的资料进行综合分析，并通过判断、推理，使感性认识上升为理性认识，从事物的现象深入事物的本质，从而预计市场未来的发展变化趋势。在分析评判的基础上，通常还要根据最新信息对原预测结果进行评估和修正。

5. 编写市场预测报告

市场预测报告应该概括预测研究的主要活动过程，包括市场预测目标、市场预测对象及有关因素的分析结论；主要资料和数据，市场预测方法的选择和模型的建立；对市场预测结论的评估、分析和修正；等等。

（二）市场预测报告的含义

市场预测就是根据市场调查得来的材料，运用一定的经济理论和科学方法进行分析研究、测算、估计未来某一时期内市场的某一方面或某些因素的变化发展趋势，从而为生产和经营决策提供科学的依据。将这种分析研究的情况以及最后作出的估价和预测写成书面报告，即市场预测报告。

知识链接

市场调查报告与市场预测报告有何联系与区别？

市场调查报告与预测报告，都是市场调研成果的集中体现、市场信息的重要载体，又都具有新闻的成分和报告的属性。尽管市场调查报告、市场预测报告落脚点不同，但都以调查为基础，借助信息渠道，全面掌握市场动态及其发展变化趋势对完善生产经营的管理，提高企业的社会、经济效益，都有着重要的指导作用。但两者还有着明显的区别。

（1）写作目的不同。市场调查报告的写作目的，一般是了解过去、总结经验、认识现状、发现问题，指导现实的生产经营活动；而市场预测报告则是着眼于未来，在调研的基础上认识未来，以寻求企业的生存与发展之路，为经济决策提供依据，使企业赢得生产经营管理的主动权。

（2）反映对象不同。市场调查报告是反映市场的过去和现状，反映市场经济活动中的经济状况与条件；而市场预测报告则是通过大量具体现实材料的归纳、分析、推理、判断来反映市场未来的变化和趋势。这种变化和趋势又是尚未形成的经济现象。

（3）内容侧重点不同。这是二者最主要的区别，市场调查报告侧重于调查，反馈市场信息；而市场预测报告则侧重于预测，揭示市场趋向。

综上所述，二者既有联系，又有区别。有将二者并列在一起行文的市场调查预测报告，如《对移动电话市场的调查和预测》。这样的报告往往"预测"是行文的主要目的，"调查"是预测的前提和基础；依据调查结果进行定性定量的科学预测，得出的结论和提出的建议应该说比较可信，有说服力。

（三）市场预测报告的用途

1．有利于领导决策机构作出正确的决策

市场预测报告反映了市场发展情况和未来趋势，预测是为决策服务的，科学的预测分析是决策科学化的前提条件，决策者在决策时往往以预测信息作为重要的参考依据，有利于领导作出切实可行的正确决策。

2．有利于企业把握市场规律，促进企业发展生产、改善经营

市场预测报告为企业提供市场供求变化的动态信息，企业可据此调整生产结构，做到产销对路、发展生产，改善经营管理，提高经济效益，增强市场竞争能力。

3．有利于引导社会公众定向消费

人们在消费中往往有一种从众心理和追求时尚的倾向，市场预测报告对市场未来前景的预测推断能够引导人们消费的方向。

（四）市场预测报告的种类

市场预测报告使用的范围广、频率高，按照不同的分类标准，可分为不同的种类。

（1）按预测范围来划分，可分为国际市场预测报告、全国市场预测报告和地区市场预测报告。

（2）按预测期限来划分，可分为短期、近期、中期、长（远）期预测报告。

①短期经济预测报告：反映季度性市场变化趋势的预测报告。

②近期经济预测报告：反映年度市场变化趋势的预测报告。

③中期市场预测报告：反映3～5年时间内市场变化趋势的预测报告。

④长（远）期市场预测报告：反映5年以上时间内市场变化趋势的预测报告。

（3）按预测对象（内容）来划分，可分为市场需求变化预测报告、市场占有率预测报告、生产情况预测报告、经济效果预测报告和商品资源预测报告。

（4）按预测的方法来划分，可分为定性分析预测报告和定量分析预测报告。

（五）市场预测报告的特点

1．预见性

市场预测报告最显著的特点是对未来市场的发展方向及特点做事前预测。它是在广泛调查的基础上，通过全面分析研究有关的数据资料，运用相关的经济学理论和现代化方法，对未来市场商情变化发展的趋势作出科学的判断和预见。现实的经济状况，未来的发展趋势、发展前景、变化情况等都是预测的重点。

2．科学性

市场预测是在充分占有详尽的信息资料的基础上，运用科学方法对经济现象的历史和现状进行科学的分析研究，经过严密地推理和科学论证，从而得出科学的预测结论。

3. 时效性

市场预测报告记录和反映的是经济发展的最新变化和各方面的最新动态，它能为生产、管理、经营、销售者提供必要的决策信息，信息的价值与提供信息的时间往往是密切相关的，预测人员必须快速将信息传递给决策部门和管理部门。因此，时效是市场预测报告的价值所在，准确及时的市场预测报告有利于企业在竞争激烈的市场上夺得一席之地。

二、市场预测报告的结构与写法

市场预测报告由标题、前言和正文三部分构成。

（一）标题

一个完整的市场预测报告标题通常由时间、区域、对象三部分内容构成，如《××××年我国家电市场预测报告》；有时也可省略时间或区域，如《××××年国债市场投资机会》《冰箱市场预测》；还有消息式标题，标题中不出现"预测"二字，如《国内空调市场前景看好》《家用计算机市场需求持续上升》。

（二）前言

前言是市场预测报告的开头部分，它没有固定的模式。有揭示全篇主旨的，有交代写作目的和动机的，有介绍预测对象的基本情况的，也有介绍预测方法的。前言部分一般不要太长，要言简意赅。有些市场预测报告没有前言部分。

（三）正文

正文一般包括三个部分：情况、预测和建议。

1. 情况

情况部分是市场预测报告的基础和依据。主要运用资料和数据，对预测对象的历史和现状做简要的回顾和说明。这部分内容根据需要可长可短、可详可略，所反映的情况必须客观、真实、准确、典型、全面，说明历史和现状时必须选择有代表性的资料和数据，这是进行预测分析的基础。

2. 预测

预测部分是市场预测报告的重点和中心。就是根据预测对象过去和现在的情况推测其未来的市场前景。它是根据已有的资料和数据进行分析研究的过程。预测部分决定着预测报告的质量。因此，要注意方法的科学性，做到分析全面、准确，推理要合乎逻辑。既不能以偏概全，也不能主观臆断。只有如此，才能保证预测结果的准确性。

3. 建议

建议部分是市场预测报告的结尾部分。就是根据预测分析的结果，为决策者提出切实可行的、有价值的建议，以供参考。建议要从实际出发，切实可行。

三、市场预测报告写作的注意事项

（1）从实际出发，深入调查。市场预测必须是在对市场的历史、现状进行深入细致的调查基础上进行的。这也是写好预测报告的前提。调查阶段所取得的资料不准确、不全面，不仅不能全面正确地把握市场变化的趋势和规律，而且很可能作出错误的结论，给生产和决策带来损失。因此，掌握市场历史与现状资料是写好预测报告的前提。

（2）目标明确，突出重点。预测目标在市场预测报告的写作中具有重要作用。明确了目标后，材料的收集、筛选、使用，报告的结构安排才有依据。目标明确后要突出重点。一篇预测报告只能回答重点问题，不能面面俱到。

（3）掌握好有关经济政策。我国的市场营销活动主要是在党和国家的经济政策指导下进行的，不熟悉经济政策，单靠对市场现状的了解来运用预测方法，是搞不好市场预测的。同时，分析问题时更要从我国国情出发，充分考虑有关法律法规政策规定。

（4）语言要求准确、简洁。市场预测报告的价值，主要看预测的结论是否准确，建议是否切实可行。因此撰写市场预测报告必须对采用的资料、预测模型反复落实、推敲。语言的运用要准确、简洁，不必单纯追求语句的华丽和渲染。只有准确、简洁的语言，才能更好地表达准确的结论和切实可行的建议、措施。

💬 **例文 7-2**

全国小汽车需求量预测报告

由于受到国民经济持续稳定发展和 2001 年底中国加入 WTO 这两个方面因素的影响，小汽车的消费情况将会出现不同以往的变化。虽然随着汽车价格下调，销量有一定增加，但轿车市场依然面临很多困难，尤其是各大厂商之间的竞争势必日趋激烈。

一、概况

综观 2001 年各月销售轨迹，比起 2000 年没有大的增幅，销量不均，传统的销售旺季不旺，市场变化使人难以捉摸。具体来看，除了市场因素外，现有车型结构存在矛盾，车型市场需求发展不平衡，上海××××和广州××××市场看好，一汽××××和二汽×××接近或基本达到调整后的销售目标，原先市场份额较大的上海桑塔纳和天津夏利，由于相对基数大，市场扩容较难。

二、分析预测

早在 2001 年下半年起国民经济发展出现的一些积极变化，预计在 2002 年将会持续，经济发展环境总体上趋好。扩大内需、增加农民收入、国企改革作为中心环节、继续执行积极的财政政策、积极增加进出口等，成为 2002 年经济工作的指导思想和总体要求的重要组成部分。

加入世界贸易组织以后，汽车工业的压力越来越大。2002 年小汽车市场面临的困难与矛盾比较激烈：消费需求的扩张受到诸多不利因素的制约，居民收支预期不看好的态势尚未扭转；短缺经济时期把小汽车作为奢侈品而加以限制的某些政策和地方上设置的价外乱收费，至今无多大改动。现行的小汽车消费政策，正成为制约小汽车市场活跃的一个重要"瓶颈"。

根据 10 年来国产小汽车的销量，对历年数据用 3 次曲线进行拟合，进而预测 2002 年小汽车市场需求为 62 万辆。

根据有关信息，主要小汽车生产企业的预期目标为：中级小汽车 24 万辆、中高级小汽车 12.5 万辆、普通小汽车 14.6 万辆、微型小汽车 18.5 万辆，还有一些以轻客名义生产的二厢式小汽车也有上万辆之多。进口小汽车可能较 2001 年有所增加，加上 2001 年生产厂家包括厂家经销商的库存，这样市场资源的总供给不会低于 80 万辆。就我们所预测的需求而言，2002 年依然是个供过于求的买方市场年。

三、建议

尽快调整汽车消费政策，取消不合理收费及尽量减轻合理收费，降低小汽车的生产成本，达到规模经济，形成产销的合理衔接和良性循环，促使汽车价格向其实际价格调整，这些已成为推动我国小汽车产业乃至国民经济增长的切实需要。

【评析】

这是一篇典型而且结构完整、篇幅短小的市场预测报告。前言部分阐述我国小轿车发展机遇和挑战并存的状况；正文部分由三部分构成：现状描述、分析预测和建议。本文中的概况和现状分析，充分说明小轿车市场变幻莫测的具体表现，以几种市场份额较大的型号汽车作为例证加以分析。分析预测是本文的主要内容，从国内和国外两个方面来分析小轿车市场发展所面临机遇与挑战的"瓶颈"，得出 2002 年依然是"供过于求"的买方市场的结论，从而提出一些合理化建议。此市场预测报告体现了预测报告的科学性、预见性、时效性特点。

第四节　经济活动分析报告

一、经济活动分析报告概述

（一）经济活动分析报告的含义

经济活动分析包含着总结过去，指导未来的双重任务，不对过去进行认真的总结，就很难对未来作出科学的预测；在未来的生产经营活动中，就很难避免过去已经发生过的缺点和错误的再发生。因此，是否善于运用经济活动分析这个工具总结过去，指导未来，也是衡量企业领导对企业经营管理能力的标志。经济活动分析是有效管理企业的科学方法系统中重要的一环，也是企业前后两个经营循环的联结点，每通过一点，企业的经营管理水平就应当有一个提高，企业继续经营，管理水平就会循环向上，不断提高。

经济活动分析报告是以党和国家的方针政策和正确的经济理论为指导，利用会计、统计资料和计划指标以及掌握的大量真实情况，通过科学分析研究，总结经验教训，寻求改进方法，为改善经营管理和经济预测提供依据的书面报告。简称"经济活动分析"，也称"经济活动总评""××状况分析""××情况说明书"。

（二）经济活动分析报告的作用

1．评价过去的经营业绩

为了进行正确的投资决策，提高金融企业的获利能力，无论是金融企业的投资者、债权人还是管理当局，必须了解企业过去的经营情况，如利润总额多少、投资报酬率的高低、资金的营运等。分析金融企业会计报表，有助于金融企业的利害关系人和管理当局，正确评价过去的经营业绩，并与同业比较，检验其成败得失。

2．衡量目前的财务状况

由于金融企业会计报表只能概括地反映企业的财务现状，如果不将报表上所列的数据进一步加以剖析，就不能充分理解数字的含义，无法对企业的财务状况是否良好作出有事实根据的结论。只有运用会计报表分析，揭示各项数据的经济含义，了解金融企业的营运绩效、获利能力，为金融企业的管理当局、投资者和债权人正确衡量金融企业的现状提供依据。

3．预测未来的发展趋势

在市场经济环境里，金融企业在现代经营决策中必须拟定数项可供选择的未来发展方案，然后针对目前的情况，权衡未来发展的可能趋势，从中作出最佳选择，加以实施。因此，在决策之前，必须做好会计分析。只有这样，才能把金融财务方面可能出现的各种因素及其作用厘清，明确重点、要点，促进有关因素的最佳组合，帮助有关决策者作出正确的经营决策。

（三）经济活动分析报告的种类

（1）按范围的不同，经济活动分析报告可分为大型经济活动分析报告和小型经济活动分析报告。大型经济活动分析报告有地区性的、行业性的，而小型经济活动分析报告则只涉及某一单位部门或某一项产品。

（2）按时间的不同，经济活动分析报告可分为定期分析和不定期分析，而定期分析又可包括年度、季度、月度等的分析。

（3）按行业的不同，经济活动分析报告可分为工业经济活动分析报告、农业经济活动分析报告和商业经济活动分析报告。

（4）按对象的不同，经济活动分析报告可分为生产活动分析报告、销售活动分析报告和财务活动分析报告等。

（5）按内容的不同，经济活动分析报告可分为综合经济活动分析报告和专题经济活动分析报告。

二、经济活动分析报告的结构与写法

经济活动分析报告没有固定的形式，由于分析的目的、对象不同，结构也各不相同，一般是由标题、正文、结尾三部分组成。

（一）标题

（1）公文式标题：由分析单位的名称、时间、分析对象和文种四要素组成，如《××市民生百货大楼 2011 年下半年财务分析报告》。有的根据实际情况在标题中可以省去其中一项或两项要素，如《库存结构分析》《2011 年上半年库存情况分析》等。

（2）文章式标题：用分析报告提出的观点、意见、建议作标题，如《改变产品结构，提高经济效益》《关于节支增收，扭亏为盈的意见》等。

（3）双标题：以上两种标题的结合，用文章式标题作正标题，用公文式标题作副标题，如《国有经济保持健康发展，国有企业盈利水平回升——2011 年第四季度家电市场简析》。

（二）正文

正文可以分为三部分。

1．概述

概述是分析报告的开头部分，一般是概括地叙述分析对象的基本情况、分析的背景、对比差异等。这部分的主要任务是提出问题，揭示矛盾，为下面进行分析打好基础、准备材料。

2．分析

分析部分回答概述里提出的问题，是全文的主体部分，是分析报告的关键所在，要求根据实际需要选用不同的分析方法，对影响经济活动的各种因素及各种因素的影响程度，作出客观、准确的分析。分析要突出重点，有明确的目的性和鲜明的针对性。

在写法上，有的先说明情况、数据，再分析说明；有的先说明情况，再用数据证实；有的边归纳、边说明，并综合运用各种分析方法。

在结构层次上，有的用序数并归纳段旨分析，有的用小标题的方式逐项说明。

3．建议措施

建议措施是在分析的基础上作出的结论和估价，提出加强和改进工作的意见和办法，建议和对策，或预测其发展变化的趋势。建议和措施一定要切中要害，切实可行。有的分析报告没有这一部分，而是将其与对经济现象的分析糅合在一起来写。

（三）结尾

现在大多数经济活动分析报告不专门安排结尾部分，写完建议后自然作结。也有些分析报告另起一行，写几句总结式或展望式的话，作为结尾以结束全文。

最后一般是署名和日期，写在报告结尾的右下方。

三、经济活动分析报告写作的注意事项

（1）分析要深入、具体。写分析报告，重在深入细致地分析。经济现象是错综复杂的，要真正把握其演变的规律性，就必须进行深入的分析。要通过对各种经济指标的了解、对照、计算来发现问题、剖析矛盾，从而对经济活动有一个正确评价。经济活动常用的分析方法有对比分析法、因素分析法和动态分析法等。不管使用何种方法，都要做到说明问题条理清楚、分析问题切中要害、评价判断恰如其分。不可想当然人为地制造因果联系，不作似是而非、模棱两可的判定，也不作脱离实际情况的"拔高"或强扭角度。

（2）抓住主要矛盾，解决重点问题。经济活动分析涉及面很广，内容繁多，但撰写分析报告却不能面面俱到，而要从分析报告的目的出发，围绕中心，抓住主要矛盾、深入分析，解决重点问题。只有这样才能提出切实可行的建议和办法。否则，眉毛胡子一把抓，难以解决实际问题。

（3）要重视运用第一手资料。撰写经济活动分析报告离不开资料，而资料既包括计划资料、会计核算资料，又包括深入实际调查研究所获取的第一手资料。在写作过程中，要重视运用第一手资料，搞清楚经济活动的全过程，有的放矢地进行分析。

（4）叙述要简明，有说服力。撰写经济活动分析报告，叙述问题要简明扼要，观点明确，建议可行，具有较强的说服力。只有这样，才能对实际工作起指导作用。

（5）分析要有全局观念，运用多种分析方法。分析方法有很多种，常用的有：比较分析法，是通过具有内在联系，因而具有可比性的因素的比较，发现问题，判明是非，作出评价，得出结论的分析方法；因素分析法，是通过分析影响经济活动的各种因素，并测定它们对经济活动的影响程度，从而认识经济活动的特点，探明经济活动取得成果或出现问题的原因的分析方法；预测分析法，是以发展的眼光对经济活动的变化情况及其趋势进行研究，就今后的经济活动提出各种设想和措施的分析方法；综合分析法，是对各项指标的执行情况进行综合对比、计算和评价，从整体上权衡利弊得失，全面判断经济效益，然后提出综合性评议或选择建议的方法；调查分析法，是通过调查研究听取意见，收集必要的数据资料，获取大量可靠的实际情况，进行分析研究，对指标数据的分析结果加以验证、纠正或补充的方法。

第五节　可行性研究报告

一、可行性研究报告概述

（一）可行性研究报告的含义

可行性研究（Feasibility Study），是指在调查的基础上，通过市场分析、技术分析、财务分析和国民经济分析，对各种投资项目的技术可行性与经济合理性进行的综合评价。可行性研究报告是可行性研究的载体和表现形式。

可行性研究报告是有关企业、部门或专家组对拟出台的决策、拟上马的项目，经过全面调查、分析、论证，写出的实施该决策或项目的可行性、有效性的文书。可行性研究报告也称可行性论证报告。

（二）可行性研究报告的作用

1. 可行性研究报告是科学决策的有效工具

可行性研究报告是建设项目的关键材料。选址、资金、原料、设备、技术、销路、利润等都要通过科学分析计算得出结论，从而为领导的科学决策打下坚实的基础。

2. 可行性研究报告是提高效率的可靠保证

可行性研究报告经过定性和定量的分析和计算，使得每项决定都有充足的依据，因此能够确保项目的切实"可行性"，从而为企业的经济和社会效益的取得提供了可靠的保证。

3. 可行性研究报告是避免失误的重要手段

可行性研究报告是财政、金融、会计、营销、环保、税务等多个部门的专业人士在深入分析论证和对比的基础上得出的科学结论，因此在项目的建设和经营过程能够最大限度地避免失误。

（三）可行性研究报告的种类

（1）按照内容分，有机电产品出口可行性研究报告、文化产业近期规划可行性研究报告等。

（2）按照目标分，有单目标可行性研究报告、多目标可行性研究报告。

（3）按照地区分，有地区经济建设可行性研究报告、本地经济可行性研究报告、国家经济技术开发区建设可行性研究报告。

（4）按照范围分，有重点项目可行性研究报告、国民经济规划实施可行性研究报告等。

📝 知识链接

可行性研究报告应当具备以下三个条件。

第一，有设计方案。可行性研究报告的主要任务是对预先设计的方案进行论证，所以必须有一个研究对象。如果无预先设计的方案，可行与否就是无稽之谈。设计方案是必不可少的先决条件。

第二，科学的论证方法。这是可行性研究报告的关键。可行性研究报告分析和研究的对象不同，有政治、经济、技术、思想等各个领域，论证的方法也随之不同。在可行性研究报告中对项目、投资、合作等的必要性、合理性、可靠性、效益性、合法性、预见性等问题作出正确分析，必须有科学的精神，实事求是的态度和正确的论证方法。这些方法主要有如下几种。一是定量和定性相结合的分析方法。定量分析是根据数据、统计资料对事物的数量特征和数量关系所作的分析；定性分析是对事物"质"的分析。二者结合才能全面、准确、深刻地认识事物的全貌，把握事物的发展方向，得出正确的、科学的结论。二是动态分析法。就是在运动中分析事物，在发展中分析事物，既注意现实情况，也考虑历史情况，还预见未来情况；既看事物静态的量，也看动态的量，从而对事物有全面的、发展的认识。三是风险分析法。就是分析时既要注意有利因素和好的一面，也要注意不利因素和可能遇到的风险，从正、反或好、坏两个方面去分析，这样才能有正确的判断，才能有充分的精神准备，才能扬长避短。此外，还可以用对比分析法、实地调查法、观察实验法等。更多的是综合利用各种研究分析的方法。只有在论证过程中力求全、细、准，才能得出明确、恰当的结论。

第三，有专业性知识和丰富的实践经验。可行性研究是专业性很强的课题，虽然它应用面很广，但涉及某一个具体项目时，则要求研究者有专业理论知识和丰富的实践经验。只有这样，才能把握住设计方案的本质，在论证过程中迅速找到立足点和着眼点，进而在分析诸多因素的基础上得出相应的结论。

二、可行性研究报告的结构与写法

可行性研究报告结构一般分为标题、正文、落款和附件四部分。

1. 标题

一般由编写单位、项目名称和文种构成，有时还于项目名称后加上"方案"两字。例如，《新建港口方案可行性研究报告》《××市推行住房商品化改革方案的可行性研究报告》。标题正下方注明报告作者。

2. 正文

正文包括前言、主体、结尾三部分。

（1）前言，又称总论，简要地陈述项目提出的依据和背景、指导思想、基本情况和基本设想。

（2）主体，是可行性研究报告的分析论证部分。要求采用系统分析方法，以经济效益为中心，围绕影响项目的各种因素，运用大量的数据资料论证拟建项目是否可行，这部分涉及的内容比较多，一般包括以下几点。

①市场需求情况。包括国内、国际市场的现状、动向。②原材料、能源、交通情况。包括原料、辅助材料、能源、半成品、配件等的品种、规格、数量、质量、来源渠道和供应状况等。③项目地址的选择和建设条件。包括项目地址的自然条件、经济条件、社会条件和交通运输条件，土建工程要说明建筑面积、结构、实物工程量、造价，以及"三废"处理的措施。④技术、设备和生产工艺。包括技术名称、技术水平、技术引进、工艺流程和要求；设备的名称、型号、规格、数量、质量，以及配套工程、辅助设施、人员培训等情况。⑤资金方面。包括全部工程所需投资额（利用外资项目或引进外资技术项目、用外汇情况）、流动资金的需求量、各项资金的筹措方式及贷款偿付期限和方式。⑥财务分析。包括资金投入的分析论证，投产后经济效益、社会效益的预测，总成本、总利润、盈亏保本点，投资回收率和回收期限以及经济效益敏感性分析（如银行贷款利率的变化，原材料、产品的价格波动，通货膨胀等因素）。

（3）结尾，即结论与评价。从市场、技术条件、资金、效益各方面进行分析、评价和比较，明确提出该项目是否可行的结论。

3．落款

落款包括项目主办单位、负责人、主要技术负责人、经济负责人以及年、月、日。

4．附件

必要的表、图和证件等不便在报告中说明的，可作为附件补充。

上述内容根据项目情况可增可减或前后调整。

三、可行性研究报告写作的注意事项

可行性研究报告所涉及的内容广泛，专业性强，其结论在项目实施中有着极为重要的作用，在写作时必须特别注意以下几点。

（1）实事求是，讲究科学。可行性研究报告事关具体实施项目的兴废成败，确保内容的科学性是首要原则。因此，在项目实施之前，必须从研究的实际对象出发，在科学的思想和实事求是的原则指导下，通过深入细致地调查研究，认真分析，多方衡量，最终形成科学的结论。同时，还要明确项目的目的和范围，明确委托者和投资者的意图，摆脱个人见解的束缚，广泛征求意见，尊重客观事实，不回避实际问题，真正做到客观公正。

（2）论证充分，结论明确。可行性研究报告来源于客观实际，又关联着项目的具体实施，深刻的分析、充分的论证和明确的结论是撰写可行性研究报告的重要前提。如对××工程项目的论证，除了工程本身复杂的内容外，还关涉生态环境、文化传承、百万大移民等国计民生大事，其结论不能含糊，论证不容疏漏。必须做到科学规范，资料翔实，事实准确，论据充分，观点鲜明，有说服力。

（3）语言准确，范文格式规范。可行性研究报告是针对具体项目的研究和论证，写作质量的好坏直接影响到项目的结果。这就要求撰写可行性研究报告的单位和个人，除了具备一定的法律知识、政策水平，较强的专业素养以及丰富的实践经验外，还必须注重写作方法与技巧的运用，注意写作范文格式的规范化和语言表达的准确性，以确保研究报告的质量。

💬 例文 7-3

吸发式电推剪生产可行性研究报告

一、国际国内理发业目前使用的电推剪的缺点

据初步调查，国际国内理发业目前广泛使用的电推剪在进行理发作业时，存在如下缺点：第一，被剪断的发屑以及头屑会散落飞溅到人们的头上、脸上、衣服上、理发座椅及其附近地面上，同样会散落或飞溅到理发人员的脸上、双手和衣服上，不仅令人讨厌和难受，而且污染环境，不卫生，易于传播皮肤疾病；第二，理发必须由专业理发人员进行。

二、吸发式电推剪的优点

使用专利产品——吸发式电推剪进行理发作业时，它能将剪断的头发以及头屑方便地收集起来，防止其到处散落和飞溅，使被理发人员和理发人员免除不舒服之感，改善环境卫生和防止皮肤疾病传染；同时，非专业理发人员按照说明书的要求，凭借专门设计的理发模具，

就可以十分方便地进行理发作业，而且可理多种发型（这就意味着吸发式电推剪可以进入家庭），能够极大地提高人们的生活质量。

三、吸发式电推剪的适用对象

因吸发式电推剪克服了本报告第一条所列出的现在普遍使用的电推剪的缺点，具有本报告第二条所列的优点，所以，吸发式电推剪适用于以下消费对象：①家庭；②医院、疗养院、老人院；③美容美发厅；④军队；⑤一般理发店。同时还适用于出口。（具体分析从略）

四、吸发式电推剪的趋势

因吸发式电推剪具有本报告第二条所列优点，有广泛的适用性，相关的人员均表示欢迎（已做过近五年的广泛调查），而且价位适中（每台售价预计300元左右），故吸发式电推剪面市后，将逐步淘汰现在国际、国内普遍使用的旧式电推剪。

五、国内吸发式电推剪的市场前景与经济效益量化分析

1. 市场饱和量和年度需求量

（1）居住在城镇的家庭用户饱和量：3 000万台［1.5亿（居住在城市的家庭约有1.5亿个）×20%（每100个该类家庭有20个家庭采用）］。

该类家庭年度需求量：500万台［3 000万台÷6（使用6年报废）］。

（2）居住在农村的家庭用户饱和量：600万台［2亿（居住在农村的家庭约有2亿个）×3%（每100个该类家庭有3个家庭采用）］。

该类家庭年度需求量：100万台［600万台÷6（使用6年报废）］。

（3）医院、疗养院、干休所、老人院用户饱和量：60万台（根据《1998中国统计年鉴》概算）。

该类单位年度需求量：20万台［60万台÷3（使用3年报废）］。

（4）美容美发厅用户饱和量：45万台（根据抽样调查估算）。

该类单位年度需求量：15万台［45万台÷3（使用3年报废）］。

（5）军队用户饱和量：3万台（估算）。

该类用户年度需求量：1万台［3万台÷3（使用3年报废）］。

（6）一般理发店用户饱和量：280万台［按每500人拥有一个理发店概算］。

该类用户年度需求量：140万台［280万台÷2（使用2年报废）］。

以上（1）～（6）类用户的年度需求总量为776万台。

2. 目标年度销售收入和利润

（1）目标年度主机销售收入：23.28亿元［300（元/台）×776（万台）］。

（2）目标年度配件销售收入：2.328亿元（配件销售收入一般占主机销售收入的10%）。

（3）目标年度利润额：5.121 6亿元［（23.28亿元＋2.328亿元）×20%（销售收入利润率）］。

3. 可望实现的年度销售收入和利润以上目标年度销售收入和利润数即使只实现30%（这个目标通过努力是完全可以达到的），则该产品进入成熟期后，可望实现的年度销售收入为7.6824亿元（主机加配件），利润为1.53648亿元。

六、出口的市场前景和经济效益量化分析（暂未计算）

七、实施吸发式电推剪项目，投资少，风险小，组织生产容易

八、吸发式电推剪为专利产品，且设计独特，他人无机可乘，独家生产和销售有法律保障

九、吸发式电推剪出口的专利保护（略）

十、以吸发式电推剪为龙头，可以形成一个生产系列理发工具、洗发护发用品和化妆品的企业群

吸发式电推剪设计独特，为专利产品。如精心组织生产和销售，则很容易获得较高知名度。当该产品获得一定知名度后，以该产品为龙头，向该产品的两翼发展，则形成一个生产系列理发工具、洗发护发用品和化妆品的企业群，也并非难事。

十一、结论

吸发式电推剪较国际国内普遍使用的电推剪，具有明显的优点和适用性，必然深受顾客和理发员（使用人）欢迎。该产品面市后，毫无疑问将逐步淘汰现在国际国内普遍使用的电推剪，市场容量巨大。实施吸发式电推剪项目，投资少，风险小，组织生产并形成较大批量并不困难，以此为龙头形成一个企业群亦有可能，经济效益和社会效益十分可观。因是专利产品，要做好专利保护工作，独家生产并向国内国际市场销售产品，其合法权益会受到国内和国际法保护。

【评析】

本文是一篇论证产品开发的可行性研究报告。文章开篇分析了目前普遍使用的电推剪的缺陷，阐述了本项目的优点、适用范围、发展趋势、市场前景等方面的情况，比较全面地论证了本项目实施的可行性。

文章的论证部分，材料数据比较充分，虽然个别地方的分析有些理想化，但总体的分析和论证较合理，得出本项目可行的"结论"，属于水到渠成。这是对本项目诸多方面都经过认真评价论证而得出的结论。

需要指出的是：本文应补写"前言"，至少本项目的承担人或实施单位等情况应在前言交代；还应加上"附件"，至少附件中应有本产品的专利证书。

文章总体行文思路清晰，层次分明，语言明晰，是一篇写得较好的文章。

本章实训

实训一：

阅读下面的调查报告提纲，分析提纲的不妥之处。

××市××区医疗卫生保健点的现状调查

一、前言

1. 调查的目的

为进一步规划××区医疗卫生保健点的发展做好基础调研工作。

2. 调查的对象及时间地点

二、正文

1. 医疗卫生保健点的全区布局及存在的问题
2. 全区人口对医疗卫生保健的需求
3. 医疗专职工作人员的现状
4. 今后发展的几点设想

实训二：

根据下述材料撰写一篇市场调查报告。

中国饮料工业协会统计报告显示，国内果汁及果汁饮料实际产量超过百万吨，同比增长33.1%，市场渗透率达36.5%，居饮料行业第4位，但国内果汁人均年消费量仅为1千克，为世界果汁平均消费水平的1/7，西欧国家平均消费量的1/4，市场需求潜力巨大。我国水果资源丰富，其中苹果产量是世界第一，柑橘产量世界第三，梨、桃等产量居世界前列。

近日，我公司对××市果汁饮料市场进行了一次市场调查，根据统计数据我们对调查结果进行了简要的分析。追求绿色、天然、营养成为消费者和果汁饮料的主要目的。品种多、口味多是果汁饮料行业的显著特点。××市场调查显示，每家大型超市内果汁饮料的品种都在120种左右，厂家达十几家，竞争十分激烈。果汁的品质及创新成为果汁企业获利的关键因素，品牌果汁饮料的淡旺季销量无明显区分。

目标消费群：调查显示在选择果汁饮料的消费群中15～24岁年龄段的消费者占了34.3%，25～34岁年龄段的消费者占了28.4%，其中又以女性消费者居多。

影响购买因素：口味酸甜的果汁饮品销量最好，低糖营养型果汁饮品是市场需求的主流。

包装：家庭消费首选750 mL和1 L装的塑料瓶大包装，260 mL的小瓶装和利乐包为即买即饮或旅游时的首选，礼品装是家庭送礼时的选择，新颖别致的杯型果汁饮品因喝完饮料后瓶子可当茶杯用，所以也影响了部分消费者的购买决定。

饮料种类选择习惯：71.2%的消费者表示不会仅限于选择一种饮品，而是会喝多种饮料；有什么喝什么的占了20.5%；表示就喝一种的有8.3%。

品牌选择习惯：调查显示习惯于多品牌选择的消费者有54.6%，习惯性单品牌选择的有13.1%，因品牌忠诚性做单品牌选择的有14.2%，以价格为导向的有2.5%，为追求方便的有15.5%。

饮料品牌认知渠道：广告占75.4%，自己喝过才知道的占58.4%，卖饮料的地方占24.5%，亲友介绍占11.1%。

购买渠道选择：在超市购买占61.3%，随时购买占2.5%，个体商店购买占28.4%，批发市场占2.5%，大中型商场占5.4%，酒店、快餐厅等餐饮场所也具有较大的购买潜力。

一次购买量：选择喝多少就买多少的有62.4%，选择一次性批发很多的有7.6%，会多买一点存着的有29.9%。

实训三：

病文评析：下面是一则病文，试指出其存在的问题。

大学生课外阅读情况的调查

阳光下、草坪上、教室里、图书馆……到处可以看见书不离手的大学生，他们脸上洋溢着满足自信的笑容。"你课外阅读的主要目的是什么？""你最喜欢阅读哪种类型的书籍？""你平时看一本书用多长时间？"……前不久我们对大学生的阅读取向进行了一次访问式调查，目的是了解当代大学生读什么书，读多少书和怎样读书的问题。

通过调查有部分学生的课外阅读主要是为了休闲。他们认为"平时专业课程的阅读量已经很大了，课外阅读当然选择内容较轻松的课外书籍，以缓解读书的压力"，这样的学生大约占44.9%。还有部分同学的课外阅读是为了拓展知识面，这样的学生所占比例较少，只有8%。大学生不青睐具有专业知识的书籍是否合理呢？不少招聘企业都感慨现在的大学生专业能力很薄弱，学以致用的能力较差。在学校期间不注重专业知识的积累和自身专业技能的训练，不阅读、不关注相关专业课外书籍，是造成这种现象的原因之一。在回答"你最喜欢阅读哪种类型的书籍"这一问题时，大多数学生选择报纸杂志。报纸杂志始终占据大学生阅读排行榜的首位。多数学生选择此类书籍的原因大多是"阅读起来方便"和"信息量大，来源广泛，易获得"。调查中发现，学校为学生免费提供的《文汇报》成为阅读人次最多的报刊，《青年报》《环球时报》《参考消息》《电脑报》《读者》有一定的市场。在阅读内容上，阅读"新闻"占61%，领先其他三项，阅读"生活信息及收集资料"占24%，阅读"文学作品"占16%，阅读"评论文章"占18%。目前，大学生的阅读结构对大学生正确世界观、人生观的形成非常不利，急需正确引导。

实训四：

分析下面市场预测报告中存在的问题。

××市劳保市场的发展趋势

随着我国改革开放形势的深入发展和人民群众着装条件的不断改善，××市劳保市场的商品正在向着美观化、多样化、高档化方向发展。

根据××市××统计局××××年对"××市劳保市场"的统计资料，我们可归结出以下的趋势：

一、高级布料所制的劳保服装越来越受欢迎，昔日的纯棉劳保服装越来越受到冷遇。从劳保服装的色泽来看，深灰、浅灰、咖啡、湖蓝、橘红、米黄、大红等色调正在日趋取代传统的黑、蓝、黄、白"老四色"。

二、新颖的青年式、人民式、中山式、西装式劳保服装的销售形势长年不衰；而传统的夹克式、三紧式等劳动服装销售趋势却长年疲软。

三、档次较高的牛皮鞋、猪皮鞋、绝缘式球鞋、旅游鞋已成了热门货；而传统的劳保鞋，如棉大头鞋、棉胶鞋、解放鞋等却成了滞销品。

四、劳保防寒帽，如狗皮软胎棉帽、解放式棉帽等几乎无人问津。

五、高质量而美观的劳保手套，如皮布手套、全皮手套、羊皮五指手套日趋成为"抢手货"；而各种老式的布制手套、线制手套、布闷子式手套的销量日渐下落。

六、色彩艳丽的印花毛巾、提花毛巾、彩纹毛巾等，已成为毛巾类商品的主销品；而素白毛巾的销量不断减少。

实训五：

请根据提供的素材，为某商业集团制作一份建设一个大型的综合性商业大厦的可行性研究报告（拟写提纲）。

某市政府拟将长江街打造成全市第三大商业街。长江街地处老市中心，早市、夜市常在，小铺、小店多见，但就是缺少大型日用百货商场，仅有的两家超市规模较小且商品品种有限，难以满足周边居民生活需求。市内现有的两大商业街分别在城东和城南，与地处城北的长江街相距甚远，周边居民购物极为不便。长江街城区拓路改造工程已经开始，道路宽阔，交通便利。当地区政府正在大力推进招商引资工作，提出减免税收、减免工商管理费等优惠政策。长江街有一所大学拟联系商家置换搬迁到近郊，该校址除教学楼外，还有 800 米的环形操场，动迁的琐碎事件少。

复习思考题

1. 市场调查报告的特点是什么？
2. 市场调查报告的结构与正文写作包括哪些？
3. 市场调查报告写作的注意事项有哪些？
4. 市场预测报告的特点是什么？
5. 可行性研究报告的作用有哪些？
6. 可行性研究报告的结构是什么？
7. 可行性研究报告的正文包括哪些内容？

第八章　财经法律类文书

🎯 知识目标

1. 了解经济纠纷起诉状、上诉状和答辩状的含义和特点。掌握经济纠纷起诉状、上诉状和答辩状的结构与写法。

2. 了解经济仲裁书含义和特点，掌握经济仲裁书的结构与写法。

3. 了解公证书的含义、样式和特点，掌握公证书的结构与写法。

🔗 技能目标

1. 具备设计、处理、分析经济纠纷起诉状、经济仲裁书、公证书等财经法律类文书的综合能力。

2. 能够撰写较为规范、合体的财经法律类文书。

☰ 课程思政

习近平总书记指出，法治是最好的营商环境。社会主义市场经济本质上是法治经济，这体现了马克思主义关于法与经济基础的相互作用原理。要准确把握坚持依法治国、依法执政、依法行政共同推进，法治国家、法治政府、法治社会一体建设的布局，促进市场在资源配置中起决定性作用和更好发挥政府作用的有机统一，发挥法治固根本、稳预期、利长远的保障作用。要维护公平竞争、规范有序的市场体系，依法平等保护各类市场主体产权和合法权益，严惩侵犯产权犯罪，坚决纠正涉产权冤错案件。

合同一旦订立，合同双方责任人就必须承担相应的责任，履行相应的义务，遵守《中华人民共和国民法典》是每个公民应该遵守的基本原则。"人而无信，不知其可也"，君子切记一诺千金。

⚙ 案例导入

马小姐于20××年在某市购买了一处房产，产权证上写明由马小姐所有，而房款大部分则是马小姐的好朋友张先生所出。第二年，马小姐决定将该房产赠与张先生，并去公证处办理了赠与公证。但随后双方一直没有办理过户手续，而马小姐仍在该房内居住，房产证也一直在其手中。事过一年，张先生因病去世，其配偶拿着赠与公证书索要该房产，并要求马小姐办理过户手续，但此时的马小姐却因经济原因不想将该房出赠。

案例思考题：

此案例中的经济纠纷诉讼文书应该如何撰写？

第一节 财经法律类文书概述

一、财经法律文书的含义和作用

财经法律文书是指在生产、经营和经济管理活动中的行为主体，为实现其权利义务的履行，而依法制作的具有法律意义和价值的一系列文书的总称。它包括规范性文书和非规范性文书两种。这里所述的财经法律类文书则是指我国的司法机关、公证机关、仲裁机关和其他组织及当事人，为从事经济活动或规范经济活动，而依照法定程序，建立各种经济关系、处理各种经济纠纷所制作的具有法律意义和价值的文书。这类财经法律文书是针对个别的经济活动而制定的，并仅对特定经济活动当事人发生约束力。

常用财经法律文书有民商裁决文书、行政裁决文书、仲裁文书、公证文书、诉讼文书、非诉讼文书、公司管理文书、公司清算文书等。

财经法律文书是具体实施法律的重要手段，是进行法律诉讼和办理法律事务不可缺少的环节，是维护公民、法人及其他组织实现和维护自身合法权益的重要方式，同时也是保障、引导和推进社会主义市场经济健康运行的有效机制。

二、经济诉讼文书的含义、特点和种类

（一）经济诉讼文书的含义

诉讼是国家司法机关在案件当事人和其他诉讼参与人的参与下，以事实为依据，以法律为准绳，办理刑事、民事、行政案件所进行的一种活动，即人们常说的"打官司"。诉讼一般分为刑事诉讼、民事诉讼、行政诉讼三大范畴。

诉讼文书又称诉状，是指案件当事人或公民为保护和实现自身的合法权益，依照法定程序进行诉讼活动时所制作或形成的文字材料。

诉讼文书包括刑事诉讼文书、民事诉讼文书、行政诉讼文书。经济诉讼文书是民事诉讼文书的一个组成部分。它是用来处理经济事务，解决经济纠纷的诉状。

（二）经济诉讼文书的特点

1. 法律性

法律性是诉讼文书制作的基础和前提，所有诉讼文书必须依法制作。首先制作的程序要合法，不能有任何随意性；其次诉讼的内容要合法，事实、证据、理由和处理意见等不能违反法律的要求。

2. 论辩性

诉讼文书的目的是维护国家利益、维护公民的合法权益，调整矛盾，解决争议，必须具有

鲜明的立场、观点和主张，必须以法律为准绳，充分说明提出诉讼主张的因由、事实、根据与法律依据，并有针对性地批驳对方当事人的错误说法，从而表明其诉讼请求的合理性与合法性，因而具有鲜明的论辩性。

3．规范性

规范性是诉讼文书的显著特点。它首先表现为提交时间和程序的特定性。诉讼文书必须在法定的时间内提交，否则将丧失诉讼权利；必须按一定的法律程序提交，否则将无法依法执行。其次表现为结构的固定性。诉讼文书一般都有固定的结构，要按照固定的结构写作。有的法律文书制成统一格式，写作时只需加入所需的文字即可。此外还表现为文字用语的统一性。诉讼文书的文字用语要求简单、明了、准确。

4．特定性

诉讼文书的写作对象是司法机关（一般是人民法院），应根据诉讼性质、诉讼程序以及司法管辖、分工等不同，相应递交不同的司法机关。

（三）经济诉讼文书的种类

诉讼文书按案件的性质划分，可分为刑事诉讼文书、民事诉讼文书和行政诉讼文书三种；按司法制度规定的审判程序和法律赋予当事人的权利划分，则可分为起诉状、上诉状、答辩状和申诉状四种。本章重点介绍前三种。

第二节　起诉状、上诉状和答辩状

一、起诉状

（一）起诉状的含义

起诉状是公民、法人或其他组织在其民事权益受到侵害或者与他人发生争议时，为维护自身的合法民事权益，依据事实和法律，按照法定程序向人民法院提起诉讼，请求人民法院通过审判予以司法保护时所提出的书面请求。

我国法律规定，任何公民、法人和其他组织，认为自身合法的权益受到侵犯和损害时，都依法享有起诉权，请求人民法院通过审理予以保护。

《中华人民共和国民事诉讼法》（以下简称《民事诉讼法》）第一百二十二条规定，起诉必须符合下列条件：

（1）原告是与本案有直接利害关系的公民、法人和其他组织；

（2）有明确的被告；

（3）有具体的诉讼请求和事实、理由；

（4）属于人民法院受理民事诉讼的范围和受诉人民法院管辖。

起诉状的当事人，起诉的一方称为原告或原告人，被诉的一方称为被告或被告人。原告、被告只是"法言法语"，不带有任何褒贬的意思。

（二）起诉状的特点

1．起诉状属于民用性质的诉讼文书

民事起诉状与公诉机关的起诉书有本质的不同，起诉书是在刑事诉讼中检察机关代表国家对被告人提起公诉时所制作的文书。而起诉状则只代表合法权益受到侵害的公民、法人和其他组织，是一种具有民间性质的起诉文书。因此，在起诉状中不能附带刑事诉讼的请求。

2．起诉状有法定的基本内容

《民事诉讼法》第一百二十四条规定，起诉状应当记明下列事项：

（1）原告的姓名、性别、年龄、民族、职业、工作单位、住所、联系方式，法人或者其他组织的名称、住所和法定代表人或者主要负责人的姓名、职务、联系方式；

（2）被告的姓名、性别、工作单位、住所等信息，法人或者其他组织的名称、住所等信息；

（3）诉讼请求和所根据的事实与理由；

（4）证据和证据来源，证人姓名和住所。

这是法庭审理案件时必须掌握的，缺一不可。否则，或导致法庭无法立案，不予受理；或影响法庭的判断，妨碍法庭的效率。

3．起诉状有固定的格式

根据《民事诉讼法》，起诉状有固定的格式。起诉状的制作应该按照规范的格式，有秩序地展开，不得前后颠倒或相互混淆。

（三）起诉状的分类

依据案件的不同性质，起诉状分为刑事自诉状、民事起诉状和行政起诉状三类。经济纠纷起诉状属于民事起诉状。

经济纠纷起诉状，又称经济纠纷诉讼状，是指原告人用书面形式向人民法院提出自己的诉讼请求，并阐明提出请求的事实和理由，从而引起诉讼程序发生的一种诉讼文书。经济纠纷起诉状一般是书面形式。对写起诉状有困难的公民，也可以口头起诉，由人民法院作出笔录，并告之对方当事人。

人民法院依法立案受理原告的起诉，并通知双方当事人一审的时间，被告按规定递交一审答辩状。审理终结后，法院当庭作出一审判决或裁定。

（四）起诉状的结构与写法

起诉状由首部、正文、尾部三个部分组成。

1．首部

首部包括标题、当事人基本情况。

（1）标题。标题由内容加文种组成，如"民事起诉状"或"起诉状"，也可写为"经济纠纷起诉状"。

（2）诉讼当事人的基本情况。当事人的基本情况按原告、被告、第三人的顺序分别列写。

原告：如果原告是具有民事行为能力的公民，依次写明原告姓名、性别、出生时间、民族、职业、工作单位和住址、邮政编码。原告是未成年人的，应在原告下一项写明法定代理人、姓名、性别、同原告的关系。如果原告有代理人，另起一行写明委托代理人的姓名和基本情况。如果原告不止一人，按享受权利的大小分别列写，各原告的代理人要分别列写在各原告后面。

被告：如果被告是公民，写法与原告相同。如果被告是法人或其他组织，则只列写单位名称、所在地址和电话。有的案件，如财产权益纠纷案件，其被告若是公民，在写明基本情况后，还须说明与原告的关系。被告不止一人的，则依其应尽义务大小列写。

如果有第三人，则列写第三人姓名（或单位名称）和基本情况，并说明与原告、被告的关系。

2. 正文

正文包括请求事项、事实与理由、证据和证据来源三部分。

第一部分为请求事项。此处应写明原告人在有关民事权益争议中的要求，如赔偿损失、清偿债务、履行合同、归还产权等。诉讼请求事项应当写得明确、具体，切忌笼统、含糊；提出的要求要合法、合情、合理。

第二部分为事实与理由。事实与理由是民事起诉状的核心内容，一般要分开叙写。

（1）事实部分。事实是提起诉讼、实现诉讼请求的基础和依据，也是人民法院进行裁判的基础和依据。应写明原告、被告民事法律关系存在的具体事实，以及当事人双方权益争执的具体内容，包括时间、地点、涉及的人物、起因、发展过程、造成的结局以及双方争执的焦点等。原告如在争执中也有一定过错和责任，也应实事求是地写清楚。叙述事实一般以时间为顺序，突出主要情节和关键部分。在叙述事实的同时或在叙述事实以后，要提供相应的证据如物证、书证等，以及证据的来源和证人的姓名、职业、住址等。

叙写事实应注意：①必须实事求是，既不夸大，也不缩小；②应围绕诉讼请求叙写；③既要反映案件的全貌，又要突出重点。

（2）理由部分。根据民事权益争执的事实和证据，写明提出请求事项的理由和法律依据；要论证严密，说理中肯，恰当地引用法律条文。理由是对事实的概括与评说，应当依事论理，写明被告实施的侵权行为或者双方发生争议的权益的性质、已经造成的后果以及应当承担的民事责任等，然后依法论理，写明原告提起诉讼所援引的法律条款。阐述理由主要应当注意：①依事论理应当以事实为根据，抓住重点，击中要害；②依法论理应当有准确的原因并与相应法律条款相关；③理由应当与事实、诉讼请求一致，不能出现矛盾。

第三部分为证据和证据来源。证据是证明案件事实的真实性、可靠性的依据。列写证据应当注意：①证据的名称应当规范，必须符合法律规定；②不仅要写明证据的名称，还要写明证据的来源；③涉及证人证言的，应当写明证人的姓名和住址（另起一行，顶格写）。

3．尾部

尾部包括结尾和附件。此处应注意以下几点：

（1）写明"此致"及本诉状所提交的人民法院名称；

（2）具状人签名盖章，注明具状的年月日；

（3）附件应写清起诉状副本的份数及提交证据的名称和数量等。

（五）起诉状的格式样本

民事起诉状

原告：

被告：

诉讼请求：

……

事实与理由：

……

证据和证据来源：

……

此致

××人民法院

附件：

1．诉状副本××份

2．证据××件

起诉人：×××

××××年××月××日

（六）起诉状写作的注意事项

（1）诉讼事实要真实可靠。"以事实为依据，以法律为准绳"，是法院进行案件审理工作的基本原则。歪曲事实，弄虚作假，有碍审判工作的顺利进行，是要负法律责任的。

（2）诉讼证据要确凿无误。无论是物证、书证，还是其他证明材料，都要在认真查对后使用；有意提供伪证是要受到法律处罚的。

（3）诉讼理由要有法律依据。必须依照法律和政策的有关规定，而且引用法律条款和政策条文时要具体明确，不能断章取义。

（4）语言表达要得体。诉讼文书在语言的表达上有较高的要求：①遣词造句要准确，特别是专门的法律术语有固定的解释，在使用时应恰如其分；②表述要简洁，用尽可能少的文字摆清事实，讲明道理，不要啰唆拖沓；③文风要质朴庄重，言之有物，切忌故弄玄虚，卖弄辞藻，滥用文言虚词和成语。

💬 **例文 8-1**

民事起诉状

原告：张×梅，女，35 岁，汉族，××省××县××乡××村农民

被告：张×富，男，38 岁，汉族，××省××县××乡××村农民

诉讼请求：要求与被告共同等额继承父母遗产 4 间新瓦房，各得 2 间。

事实与理由：

原告张×梅与被告张×富系兄妹关系，两人自幼由父母抚养成人。兄妹二人先后于 1984 年和 1986 年成婚，婚后，被告住妻子家，原告住丈夫家，均与父母分开生活。父母靠工资维持生活，退休后靠退休金养老，而不是子女提供经济资助。原、被告家原有 4 间旧式瓦房，1990 年父母用多年积蓄的 4 万元，将 4 间旧式瓦房翻建成 4 间新瓦房，室内装修也比较讲究。新瓦房由父母居住。

2021 年 2 月，母亲病故，办理丧事所花费用全部由父亲支付，兄妹二人均未出资。2022 年 8 月，父亲突发心脏病住院治疗，兄妹轮流到医院护理，尽了子女孝敬父母的义务。数月后父亲去世，兄妹二人共同负责办理丧事，所花费用由二人平均负担。

父母去世后，被告一家突然搬回家居住，独占了父母遗留下来的 4 间新瓦房。原告得知后，对被告的行为提出批评，并要求与被告共同等额继承父母的遗产 4 间新瓦房，各得 2 间，同时原告自愿放弃继承父母家衣物的权利。被告断然拒绝了原告提出的要求，因此引起纠纷。

原告认为，被告独占父母遗产的做法是错误的，独占的理由是荒唐可笑的。《中华人民共和国继承法》第九条规定：继承权男女平等。根据第十条的规定，原、被告都是第一顺序继承人，都有权继承父母的遗产。父亲生病住院期间，原、被告都尽了照顾老人的义务，而且平均负担了办理丧事的费用，二人所尽义务大体相当。根据权利与义务一致的原则，继承的权利应当是平等的。被告辩称：我们乡下人从来都是由儿子继承父母的遗产，哪有女儿回娘家继承遗产的道理……这是几千年的老规矩，不能改变。这种说法荒唐可笑，不值一驳，是封建思想的表现，违反我国法律规定，不能成立。

证据和证据来源，证人姓名和住址。

证据材料有三份：

（1）××乡××村村民委员会主任王××的证明材料一份；

（2）××乡××村××组长张××的证明材料一份；

（3）原、被告姑母张××（××乡××村）证明一份。以上三份材料均能证明原告所述案情属实。

根据上述事实和证据、理由和法律依据，请依法判决，以实现原告的诉讼请求。

此致

××县人民法院

起诉人：张×梅

××××年××月××日

附件：本起诉状副本 1 份

【评析】

这是一篇有关遗产纠纷的民事诉讼。诉讼请求明确、具体、合理、合法，对纠纷发生的来龙去脉、纠纷的重要事实情节，如遗产、赡养等情况以及争执焦点，都交代得清楚明白，而且证据确实，理由充分，于法有据，明确地指出了被告不让原告继承父母遗产的做法所违反的有关法律规定，为实现诉讼请求奠定了基础、提供了法律和理论上的依据。

二、上诉状

（一）上诉状的含义

上诉状是指诉讼当事人，不服地方人民法院第一审的判决或裁定，在法定的上诉期限内向上一级人民法院提出上诉，请求撤销、变更原审裁判或重新审理的诉讼文书。

（二）上诉状的特点

1. 平等性

在诉讼活动中，诉讼当事人相互间、诉讼当事人与一审法院间的法律地位是完全平等的。通过上诉状提起上诉是诉讼当事人的合法权利。

2. 合法性

上诉状的提交，可以引起审判的第二审程序的发生，给诉讼当事人再次提供了保护自己合法权益的机会。

3. 限制性

上诉的时间有严格限制。《民事诉讼法》规定："当事人不服地方人民法院第一审判决的，有权在判决书送达之日起十五日内向上一级人民法院提起上诉。当事人不服地方人民法院第一审裁定的，有权在裁定书送达之日起十日内向上一级人民法院提起上诉。"

（三）上诉状的种类

根据诉讼制度，上诉状同样可分为民事上诉状、刑事上诉状、行政上诉状。

根据我国民事诉讼法的规定，有权提起上诉的主体，仅限于民事案件的当事人，即一审程序中的原告、被告、第三人、代表人诉讼等。上诉状是针对原审判决或裁定所认定事实的错误、适用法律的不当、诉讼程序的违法等而提出的，并非针对当事人。

（四）上诉状的作用

1．当事人有上诉权，体现了人民法院慎重处理民事案件的精神

使用民事上诉状，对不服第一审的原裁判提出上诉，能加强上级法院对下级法院审判工作的监督。通过上诉审查，对人民法院正确行使审判权和提高审判案件的质量，都具有重要意义。

2．使用民事上诉状，有利于保护当事人合法的民事权益

当事人只要认为第一审裁判不符合事实和法律，就可以具状向上一级人民法院上诉，这对正确、合法、及时地解决当事人之间的争议，保护正当权益，都是十分必要的。这充分体现了法律上的平等原则和民主原则，人民法院应依法保障上诉状的递交、受理和上诉权的行使。对于合法的上诉，任何人不应当限制和刁难。

3．使用民事上诉状，有利于案件的审判

可引起第二审程序的发生，使第二审人民法院对上诉案件进行全面的审查、客观的审理、正确的审判。

（五）上诉状的结构与写法

上诉状由首部、正文、尾部三部分组成。

1．首部

首部包括标题、当事人的基本情况、案由。

（1）标题。与起诉状相同，居中写明"民事上诉状"或"××上诉状"。

（2）当事人的基本情况。此处应写明上诉人和被上诉人的身份等内容，其写法与起诉状中当事人基本情况的要求相同。但在上诉人和被上诉人后面要分别用括号注明他们在原审中的地位。如上诉人（原审原告）×××、被上诉人（原审被告）×××。

（3）案由。这是由一段叙述上诉原因的固定格式文字组成的，内容包括罪名、原审人民法院名称、判决或裁定的时间、文书名称、编号以及上诉表述等。具体表述为："上诉人因××（案由）一案，××不服人民法院于××××年××月××日××法民初字第×号的判决（或裁定），现提出上诉。"

2．正文

正文包括上诉请求和上诉理由。

（1）上诉请求。上诉请求是上诉人请求上一级人民法院解决具体问题，体现了上诉人的愿望。叙写上诉请求应当明确、具体、详尽，写明上诉人请求二审人民法院依法撤销或者变更原审裁判，以及如何解决本案民事权益争议的具体要求。例如："请求撤销××人民法院于××××年××月××日（××××年）×字第×号××民事判决，宣告上诉人无罪。"附

带民事诉讼部分提出上诉的，应写明是否承担经济赔偿及其具体数额等。

（2）上诉理由。上诉理由是上诉人根据事实和法律，针对原审裁判中的不当之处进行辩解，针对上诉人的请求进行论证，这是上诉状的核心内容。一般来说，对一审判决的异议可从以下几方面进行论述：第一，针对原审认定事实的错误进行论证；第二，针对原审适用法律的错误进行论证；第三，针对原审违反法定程序进行论证。原审人民法院在案件审理过程中，如果认为一审判决裁定的事实在认定上有错误，就要用确凿的证据说明事实真相，部分或全部地否定原审裁决认定的事实；如果认为一审判决适用法律有误，就要援引具体的法律依据或用法律理论证明一审判决的错误所在；如果认为一审判决违反了法律规定的诉讼程序，造成案件处理不当，律师陈述上述理由时应当根据法律规定据实指明错误。

上诉理由应当先用概括的语言指出一审裁判的错误，然后进行反驳。原审裁判有数项错误的，可以总体指出错误，然后逐项予以反驳；也可以指出一项错误后即予以反驳。

总之，上诉理由是民事上诉状的关键，是论证上诉人的上诉请求的依据。上诉理由是否充分，关系到上诉目的能否达到。律师代书上诉状，应当根据本案导致原审裁判错误的具体原因，有针对性地予以反驳。

3．尾部

（1）写明"此致"及送达人民法院的名称。

（2）写明上诉状副本的份数，随送证据的名称和数量，证人的姓名、工作单位、职业、住址。

（3）上诉人签名或盖章，并写明年、月、日。

（六）上诉状的格式样本

民事上诉状

上诉人：

被上诉人：

上诉人因××一案，不服××人民法院 ××××年××月××日第×字号的一审民事判决或裁定，现提出上诉。

上诉请求：

上诉理由：

此致

××人民法院

上诉人：×××

××××年××月××日

附：本上诉状副本××份

（七）上诉的条件、上诉的期限、上诉权

1．上诉的条件

当事人若对一审裁判结果不满意，可以向上级人民法院提出上诉，请求上级人民法院再次审理该案。上诉是每个当事人的权利，但要行使这项权利，必须符合以下条件。第一，必须是案件的当事人，才能享有上诉权。第二，必须对法律允许上诉的裁判提出上诉，只有一审人民法院作出的判决或裁定才能够上诉。其中可以上诉的裁定只有三种：①不予受理的裁定；②驳回起诉的裁定；③管辖异议的裁定。第三，必须在法定的时限内提出上诉，一审判决后，是否上诉，需要时间考虑和准备，但时间有限，在判决书送达之日起15日内、裁定书送达之日起10日内，必须向上一级人民法院提出上诉。如果在法定期限内，双方当事人都没有提出上诉，则一审裁判随即发生法律效力。只要有一方当事人在上诉期内提出上诉，一审裁判就失去效力。

2．上诉的期限

上诉不能错过上诉期限，这个期限自判决书或裁定书送达后的第2日起算。如果各方当事人收到判决书或裁定书的日期不同，上诉期限从各自收到判决书或裁定书的次日起算。期限届满的最后一日是法定节假日的，以法定节假日后的第一个工作日为期限届满的日期。

一审人民法院收到上诉状后，依据法定上诉条件进行审查。上诉状内容如有缺陷，人民法院会要求当事人限期补正；上诉状内容如无缺陷，应当在5日内将上诉状副本送达对方当事人，对方当事人在收到上诉状副本之日起15日内提出答辩状；法院在收到答辩状之日起5日内将答辩状副本送达上诉人，对方当事人逾期不提交答辩状的，不影响人民法院对案件的审理。一审人民法院在收到答辩状之日起5日内，连同全部案卷、证据及诉讼交费凭证，报送二审人民法院。二审人民法院经过审查，如果认为上诉符合法定条件，即应予以受理。

3．上诉权

根据《民事诉讼法》第一百四十七条、第五十六条和第五十九条的规定：在经济案件中，原告和被告双方当事人都有上诉权；人民法院判决承担民事责任的第三人，也有上诉权；原告、被告或者有上诉权的第三人上诉，有特别授权的委托代理人，可代为行使上诉权。

（八）上诉状写作的注意事项

（1）反驳理由要确切。上诉状的写作一开始就应该认真对照原判与客观事实，针对原审认定事实的不实、不准、不清和不当的地方进行反驳，无论是部分还是全部否定一审判决，都要表述清晰，证据充分，观点鲜明，不可含糊其词、牵强附会。

（2）引用法律要正确。上诉状还要针对原审运用法律上的疏漏，认真对照法律，恰当地引用能证明上诉状理由的法律条文，使二审人民法院作出正确的判断。

（3）说理要充分。我国法律是两审终审制，因此上诉状事关重大，必须抓住重点，充分说理，力争达到上诉的目的。

💬 例文 8-2

民事上诉状

上诉人名称：北京××广告公司

所在地址：北京市××区××路16号

法定代表人：徐××　职务　总经理　电话×××××××

企业性质：集体

工商登记核准号：084777××

经营范围和方式：经营、代理国内和外商来华广告业务

开户银行：中国银行北京分行××支行　账号　08674-××

被上诉人名称：北京市××总公司

所在地址：北京市××区××大街301号

法定代表人：黄××　职务　总经理　电话×××××××

上诉人因广告代理合同纠纷一案，不服北京市××区人民法院2003年12月23日（×××）初字第×××号民事判决，现提出上诉。

上诉请求：

（1）依法撤销一审判决，予以改判；

（2）判决被上诉人给付因其违约所欠款项人民币4万元整；

（3）本案一、二审诉讼费用由被上诉人全部承担。

上诉理由：

1. 原审判决认定事实错误

2003年8月5日，上诉人与被上诉人签订广告代理合同。合同约定：上诉人自2003年8月28日起至10月18日止在××区××大街两侧为被上诉人粘挂印有被上诉人标识的广告吊旗，被上诉人支付广告代理费28万元。合同订立后，经上诉人报有关主管部门批准，2003年于8月28日起开始在指定路段粘挂由被上诉人总经理黄××审定认可的广告吊旗。

由于自9月7日起天气状况恶化，连日刮风下雨，使粘挂的广告吊旗破损较多，虽经上诉人一再补挂，仍不能保证持久。为此有关部门下令自9月20日停挂该广告吊旗，并摘除已挂的吊旗。

以上事实，有有关主管部门出具的证明为证。然而，原审判决却认定上诉人悬挂广告吊旗未经有关部门批准，属非法悬挂；且未能按约定的期限悬挂。这一认定违背了事实真相，是错误的。

2. 原审判决适用法律错误

原审判决在对事实认定错误的基础上，将上诉人与被上诉人之间订立的广告代理合同认定为无效合同，并适用《中华人民共和国经济合同法》中关于无效合同处理的规定

判决上诉人承担责任，返还被上诉人交付的 24 万元广告代理费。这在适用法律上亦属错误的。

而事实上，上诉人与被上诉人依据各自真实的意思表示订立的广告代理合同符合《中华人民共和国经济合同法》基本原则，属合法、有效合同，合同订立后，上诉人又依据广告代理的规定向有关部门办理了相应的手续，并实际履行了该合同确定的义务，应当适用有关法律予以保护。

根据上述事实和有关法律，特请求依法撤销原审判决，予以改判。

此致

北京市中级人民法院

上诉人：北京××广告公司

××××年××月××日

附件：本上诉状副本 1 份。

【评析】

这是一份企业间纠纷的民事上诉状。标题明确规范，当事人的基本情况交代清楚简洁，不仅依次写明上诉人和被上诉人的名称、所在地址及其法定代表人的姓名、职务、电话，而且写明作为上诉人的企业的性质、工商登记核准号、经营范围和方式、开户银行和账号等，这种写法同公民提起上诉用的民事上诉状有所不同，正文包括上诉请求和上诉理由两项内容，上诉请求简明扼要，上诉理由阐述充分，请求事项明确得体。尾部简洁地交代上诉状致送的法院名称、副本份数及落款等内容。

三、答辩状

（一）答辩状的含义

民事答辩状是指民事诉讼的被告或被上诉人根据民事起诉状或民事上诉状的内容，针对原告提出的诉讼请求或上诉人提出的上诉请求作出答复，并依据事实与理由进行辩驳的法律文书。

（二）答辩状的特点

1. 答复性

答辩状的提出是一种应诉的法律行为。诉讼程序的发生是原告人或上诉人引起的，原告人或上诉人在诉状或上诉状中对被告人进行指控，为维护自身权益，被告人或被上诉人就要对这种指控进行回答，因此，答辩状的答复性特点是很明显的。

2. 论辩性

起诉状或上诉状提出原告人或上诉人的诉讼请求，并为证明请求的合理和合法性，要陈述事实讲明理由。而如果起诉状和上诉状提出的请求，与被告人或被上诉人的切身利益相抵触，那么，被告人或被上诉人就要运用答辩状批驳对方，申诉自己的理由，以证明对方请求的荒谬性。这本身就是一种辩论，因此，答辩状具有鲜明的论辩色彩。

（三）答辩状的种类

两审终审制是我国的基本审级制度，据此，答辩状可分为两类：一类是一审程序中的答辩状，是被告针对原告的起诉状提出的；另一类是二审程序中的答辩状，是被上诉人针对上诉人的上诉状提出来的。如果从案件的性质分类，答辩状则可分为民事答辩状和刑事答辩状两种。

（四）答辩的条件、答辩的期限以及答辩状的作用

1. 答辩的条件

答辩是应诉行为，是法律赋予被告人或被上诉人的诉讼权利。被告收到人民法院转来的原告起诉状副本，应写出答辩状，也可就同一问题提起反诉。答辩状可以自己写，也可请律师或其他人代写。要围绕原告起诉的内容逐一答辩。在诉讼过程中，被告也可委托诉讼代理人代为诉讼。在开庭前，原、被告双方都应做好法庭辩论的准备工作，写好辩论提纲，了解诉讼程序和法庭纪律。在辩论时，要实事求是，以理服人，有论点，有证据。要心平气和地说理，不能无理狡辩，更不能进行人身攻击和破口大骂。在法庭调解时，应互谅互让，尽可能达成协议。如协议不成，则听候法院判决。

2. 答辩的期限

《民事诉讼法》第一百二十八条规定：人民法院应当在立案之日起五日内将起诉状副本发送被告，被告在收到之日起十五日内提出答辩状。第一百七十四条规定：原审人民法院收到上诉状，应当在五日内将上诉状副本送达对方当事人，对方当事人在收到之日起十五日内提出答辩状。可见，无论是对起诉状的答辩，还是对上诉状的答辩，都需在收到之日起十五日内提出。在答辩中，提出答辩的一方称为答辩人，另一方称为被答辩人。

3. 答辩状的作用

（1）答辩状有利于维护被告人或被上诉人的合法权益。被告人或被上诉人利用答辩状，可以对起诉状或上诉状提出的诉讼请求及事实、理由，充分地陈述自己掌握的有关事实、证据，明确地阐述自己的观点、主张和理由，进行针锋相对、有的放矢的答辩。在诉讼活动中，答辩状和起诉状、上诉状的法律地位和作用完全平等。

（2）答辩状有利于审判机关全面了解情况，保障司法公正。人民法院为了合理公正地审理案件，需要充分全面地了解同案件有关的各种情况。答辩状不仅可以对起诉状或上诉状进行辩驳，而且更可以使人民法院了解诉讼双方当事人的意见和要求，查明事实真相，正确断案，从而有效地保护诉讼当事人的合法权益，维护法律的严肃性。

（五）答辩状的结构与写法

答辩状由首部、正文和尾部三部分组成。

1. 首部

首部包括标题、答辩人的基本情况和案由等。

（1）标题。居中写明"民事答辩状"或"答辩状"。

（2）答辩人的基本情况。这部分具体写法与起诉状中的当事人基本情况的要求相同。需要注意的是，不同审级的答辩状，此栏目所写的要求不同，一审答辩状只写答辩人个人基本情况，不写被答辩人。二审答辩状，除了写明答辩人个人基本情况外，还应写明被答辩人的个人基本情况，并注明他们在原审中的诉讼地位。

（3）案由。写明"因××一案，提出答辩如下"。

2. 正文

正文是文书的核心内容，主要写明答辩理由和答辩意见。

答辩理由。应当针对原告或上诉人的诉讼请求及其所依据的事实与理由进行反驳与辩解。答辩人必须针对原告或上诉人的指控，就事实、证据、理由、请求等一方面或多方面作出明确的答复和辩驳，同时阐明自己对案件的主张和理由。

一般来说，叙写答辩理由可从以下几方面提出。

第一，针对所写事实不实进行反驳。事实是判断是非的基础，人民法院审理案件必须以事实为依据。起诉状、上诉状叙述的事实可以分为三种情况：①全部事实都是真实的；②全部事实都是虚假的；③部分事实真实、部分事实虚假。叙写答辩状应当针对上述三种情况，有所侧重地摘引对方的原话，据实答复，用事实进行反驳。

第二，针对适用法律不当进行反驳。无理的诉讼请求难免在说理过程中出现语言逻辑混乱、观点与材料相矛盾、违背人情常理等问题。答辩状只要能够准确地指出这些问题，就可以反驳对方的主张，使对方陷入被动。

第三，针对对方违反法定程序进行反驳。如已超过诉讼时效或不具备起诉（上诉）条件等，就依据法律证明原告人（或上诉人）不具备起诉（或上诉）的条件。

3. 尾部

尾部包括结尾和附项。结尾部分应写明"此致"及人民法院的名称，答辩人签名或盖章，并注明文书制作的年月日；附项部分应写明答辩状副本的份数及有关证据的情况。

（六）答辩状的格式

民事答辩状

答辩人：姓名、性别、年龄、民族、籍贯、职业、单位、住址、联系电话

因××案提出答辩如下：

_____

_____

答辩的案由和理由：

_____

_____

_____

此致

××人民法院

答辩人：×××

××××年××月××日

附：本答辩状副本××份。

（七）答辩状写作的注意事项

（1）要有针对性。答辩状一定要有针对性，针对对方提出的事实和理由进行辨析和反驳，切不可抛开对方提出的问题另作文章。

（2）要尊重事实。答辩状最有力的反驳，就是揭示事实真相，列举有力证据。原告有时会采用避重就轻、为我所用的办法陈述事实，对此答辩状要准确揭露，突出不利于对方的事实部分。当然答辩人在答辩时，一定要以事实和法律为依据，实事求是、以理服人，切不可歪曲事实、强词夺理。

（3）要熟悉法律。法院判决和裁定，均以法律为准绳。撰写答辩状应当熟练掌握并运用有关法律条文，把答辩的理由和意见建立在合法的基础之上。答辩状要善于发现并揭露起诉状或上诉状中援引法律上的谬误，指出其行为的不合法性。"打官司"就是在弄清事实的基础上，让法院判断谁的行为合法，谁的行为违法。

（4）要抓住关键。一个案件常常涉及许多人和事，时间跨度可能很大，但无论多么烦冗复杂，总有一个或几个关键部分。答辩状是针对起诉状或上诉状的诉讼请求而进行的答复和反驳，应当避开枝节，抓住案件中双方争执的焦点，在关系到胜诉和败诉的关键问题上下功夫，争取主动。因此撰写答辩状之前，应充分研究事实，掌握证据，分清主次，一语破的。

（5）要尖锐犀利。要打赢"官司"，除了有理合法外，还要讲究语言的尖锐犀利。当然尖锐犀利不等于挖苦骂人，而是深刻准确地揭露对方，理直气壮地陈述己见，语言精练简洁，富有说服力和战斗性。

第三节　经济仲裁书和经济公证书

一、经济仲裁书

（一）经济仲裁书的含义

经济仲裁书是仲裁机关根据当事人的一方或双方提出的仲裁申请，在自己的职权范围内，依照仲裁程序，处理经济纠纷等权益纠纷所制作的具有法律效力和法律意义的文书。经济仲裁书属于仲裁文书的一种。

经济仲裁机关一般是由国家工商管理局和地方工商行政管理局设立的经济合同仲裁委员会。仲裁委员会由主任 1 人、副主任 1 ~ 2 人和文员若干人组成。

（二）经济仲裁书的特点

1．内容的法律性

仲裁书是仲裁机关行使职责的一种形式，是实施国家法律的工具。仲裁书的内容，必须充分体现国家的法律、政策，叙述案件、阐明理由、作出裁定，都必须以事实为根据，以法律为准绳，严格依法办事。

2．执行的强制性

仲裁书一旦发生法律效力后，当事人应依照规定的期限自动履行。如一方逾期不履行，另一方可向有管辖权的人民法院申请强制执行。

3．制作的合法性

仲裁书只能由国家仲裁机关制作，其他任何组织和个人都无权制作。非经法定程序，不能变更或撤销。

4．格式的规范性

仲裁书必须按照一定的格式和要求制作，把应具备的内容和统一的项目，准确、扼要地反映出来。这一方面有利于仲裁书的制作、审阅、处理和执行，使人看了一目了然；另一方面是为了保证仲裁文书的完整性、正确性和有效性。

（三）经济仲裁书的种类

仲裁书一般有以下几种分类方法。

（1）按不同地域，可分为国内仲裁文书和涉外仲裁文书。

（2）按不同作用，可分为仲裁协议书、仲裁申请书、仲裁答辩书、仲裁决定书、仲裁调解书、仲裁财产保全申请书、仲裁授权委托书等。

（3）按不同制作主体，可分为当事人制作的仲裁文书和仲裁机关制作的仲裁文书。仲裁协议书、仲裁申请书、仲裁答辩书等属于当事人制作的仲裁文书；仲裁裁决书、仲裁调解书等属于仲裁机关制作的仲裁文书。

（四）经济仲裁书的结构与写法

仲裁书的结构一般都由首部、正文和尾部三部分组成。

1．首部

主要包括以下内容。①标题。标题要求写明仲裁书的名称，如"仲裁协议书""仲裁申请书"等。如果是属于仲裁机构制作的"仲裁裁决书""仲裁调解书"等仲裁文书，还应在文书名称上一行写明制作机构的名称，如"××仲裁委员会"。②编号。在标题右下方另起一行写明年、月、日和字、号，如"（2005）××仲裁字第×号""（2004）××仲调字第×号"。当事人向仲裁机构提出的"仲裁协议书""仲裁申请书"等，是没有编号的。③当事人的基本情况。当事人为自然人的，应写明其姓名、性别、出生地址、出生年月、民族、职业、职务、住址等；当事人是非自然人的，要写明其名称、地址、法定代表人或代理人职务及与当事人的关系。涉外当事人还应注明其国籍。委托代理人是律师的，要写明其姓名和所在律师事务所及职务。

2．正文

不同类型的仲裁文书，其具体写法不一样。

仲裁协议书应写明请求仲裁的意思表示、仲裁事项和选定的仲裁机构；仲裁申请书应写明仲裁请求、事实与理由、证据；仲裁答辩书应写明答辩意见和反诉要求；仲裁裁决书应写明本案案情、仲裁庭意见和裁决结果；仲裁调解书应写明申请人的仲裁请求、协议经过、协议内容和协议结果。

3．尾部

仲裁书的种类不同，其结尾也不完全一样。

仲裁协议书的尾部包括当事人各方的签名盖章、订立仲裁协议的日期；仲裁申请书的尾部包括所提交的仲裁机构名称、申请人签名盖章、提出仲裁的日期和附项；答辩仲裁书的尾部包括所提交的仲裁机构名称、答辩人签名盖章、仲裁答辩的日期和附项；仲裁裁决书的尾部包括首席仲裁员签名、制作裁决的时间和地点及仲裁机构印章；仲裁调解书的尾部包括仲裁员或仲裁庭组成人员署名、制作调解书日期并加盖仲裁机构印章、书记员署名。

（五）仲裁协议书和仲裁申请书的格式

1．仲裁协议书的格式

仲裁协议书

甲方：×××（姓名或者名称、住址）

乙方：×××（姓名或者名称、住址）

甲乙双方就××（写明仲裁的事由）达成仲裁协议如下：

_____

_____。

如果双方在履行××合同过程中发生纠纷，双方自愿将此纠纷提交××仲裁委员会仲裁，其仲裁裁决对双方有约束力。

本协议一式三份，甲乙双方各执一份，××仲裁委员会一份。

本协议自双方签字之日起生效。

甲方：×××（签字、盖章）　　　　　　　乙方：×××（签字、盖章）

　　　　　　　　　　　　　　　　　　　　××××年××月××日

2．仲裁申请书的格式

仲裁申请书

申请人：＿＿＿＿＿＿＿＿＿＿＿＿＿＿＿＿

地址：＿＿＿＿＿＿＿＿＿＿＿＿＿＿＿＿＿

法定代表人：＿＿＿＿＿＿＿＿＿＿　职务：＿＿＿＿＿＿＿＿　电话：＿＿＿＿＿＿＿

委托代理人：＿＿＿＿＿＿＿＿　工作单位：＿＿＿＿＿＿＿＿　性别：＿＿＿＿＿　年龄：＿＿＿＿＿

职务：＿＿＿＿＿＿　电话：＿＿＿＿＿＿＿＿

被申请人：＿＿＿＿＿＿＿＿＿

地址：＿＿＿＿＿＿＿＿＿＿＿＿＿＿＿＿＿

法定代表人：＿＿＿＿＿＿＿＿＿＿　职务：＿＿＿＿＿＿＿　电话：＿＿＿＿＿＿＿

委托代理人：＿＿＿＿＿＿＿＿　工作单位：＿＿＿＿＿＿＿＿　性别：＿＿＿＿＿　年龄：＿＿＿＿＿

职务：＿＿＿＿＿＿　电话：＿＿＿＿＿＿＿＿

仲裁请求：

（1）裁决被申请人因其违约行为向申请人支付＿＿＿＿＿元和经济损失＿＿＿＿＿元；

（2）仲裁费用由被申请人负担。

事实和理由：＿＿＿＿＿＿＿＿＿＿＿＿＿＿＿＿＿＿＿＿＿＿＿＿＿＿＿＿＿＿＿＿＿

＿＿＿＿＿＿＿＿＿＿＿＿＿＿＿＿＿＿＿＿＿＿＿＿＿＿＿＿＿＿＿＿＿＿＿＿＿＿＿

此致

××仲裁委员会

申请人：×××（盖章）　　　　　　　　　法定代表人：×××（盖章）

　　　　　　　　　　　　　　　　　　　　　××××年××月××日

附：1.＿＿＿＿＿＿＿　2.＿＿＿＿＿＿＿

二、经济公证书

（一）经济公证书的含义

公证是指国家公证机关根据当事人的申请，对法律行为、有法律意义的文书和事实的真实性及合法性进行证明的活动。这种证明活动，是国家为保证法律的正确实施，预防纠纷，保护公民和法人的合法权益而设立的一项预防性的司法证明制度。公证书是公证机关代表国家进行的证明活动所形成的法律文书。

经济公证书是指公证机关根据规定和当事人的申请，对公民、法人和其他组织的经济法律行为以及与经济有关的法律文书、事实的真实性、合法性予以证明的公证法律文书。

经济公证书又分为国内经济公证书和涉外经济公证书两大类。国内经济公证文书是指在域内使用的经济公证文书；涉外经济公证文书是指在域外使用的经济公证文书。

（二）经济公证书的特点

1. 经济公证书是公证机关的专用文书

经济公证书是遵照国家法律规定对公民、法人身份、财产的权利或合法权益的一种特殊保护方法。只有代表国家的公证机关在公证活动中，才能使用这种特殊效力的法律文书，其他机关、组织的证明书不能代替公证书。

2. 经济公证书的权威性比其他证明书要大

一般的证明书只能在特定范围起作用，而经济公证书的可靠性及其证明能力要比一般的证明书大得多。

3. 经济公证书的使用范围比一般证明书广泛

经济公证书具有通用性、广泛性的特点。它公证的事项广泛，其效力不受国籍、地域、行政级别、行业范围的限制，在国内外都通用。

（三）经济公证书的种类

经济公证书包括的范围较广，如经济合同公证书、商标权公证书、招标公证书、企业法人资格公证书、购销合同公证书、借款及金融公证书、租赁合同公证书、技术合同公证书、房地产公证书等。

经济公证书适用于经济组织的资格、法定代表人身份、经济合同、招标、商标等的证明。

（四）经济公证书的结构与写法

经济公证书由首部、正文（证词）、尾部三部分组成。

1. 首部

①文书名称。在文书的上部正中写"公证书"。②文书编号。在"公证书"的右下方用阿拉伯数字写年度的全称，接着写公证机关简称和编号，如（××××）××公证字第×号。

2. 正文

正文也称证词，是公证书的核心部分和主要内容。证词应根据证明事项来写，当事人申请公证的事项不同，因而其证词的写法也不尽相同。但无论公证何种事项，都应写得清楚、准确、真实、合法。

公证证明事项的具体内容，有些全部体现在公证书的证词里，如购销、借款、租赁、招标等。至于法律行为公证，公证书的公证词文字只是寥寥数语。

3. 尾部

①制作文书的机关名称，如写"中华人民共和国××省××市（县）公证处"，是哪个公证机关出具的公证书便落款该公证机关，但必须冠以"中华人民共和国"字样，因为它是代表国家公证。②文书签署人的职务和签名。先写"公证员"然后由公证员签名或盖章。③文书签发的年、月、日，并加盖公章。

（五）经济公证书的格式

1. 经济合同公证书的格式

经济合同公证书

（××××）××字第××号

　　兹证明××（单位全称）的法定代表人（或法定代表人的代理人）×××与××（单位全称）的法定代表人（或法定代表人的代理人）×××与××××年××月××日，在××（签约地点或本公证处），在我的面前，签订了前面的《××合同》。

　　经查，上述双方当事人的签约行为符合《中华人民共和国民法通则》第五十五条的规定；合同上双方当事人的签字、印章属实；合同内容符合《中华人民共和国××法》的规定。

中华人民共和国××省××市（县）公证处

公证员：×××（签名）

××××年××月××日

2. 商标权公证书的格式

商标权公证书

（××××）××字第××号

　　兹证明××（单位全称）生产的××（商品名称）上的××商标，已于××××年××月××日经国家工商行政管理局商标局核准注册，取得第××号《商标注册证》。该商标的专有权属于我国×××（单位全称），该商标的有效期为××年。

　　商标图案附后。

中华人民共和国××省××市（县）公证处

公证员：×××（签名）

××××年××月××日

3. 招标公证书的格式

招标公证书

[××××]××字第××号

　　兹证明××（招标单位全称）于××××年××月××日在××（地点）对×××（招标项目名称）举行了公开招标，×××、×××、×××（投标单位全称）参加了投标，×××（中标单位全称）中标（或全部投标单位均未中标）。

经审查和现场监督，招标项目与招标活动已获主管部门批准。招标方与投标方×××、×××、×××（投标单位全称）均具有合法的招标、投标资格［或增加：×××（投标单位全称）因××（原因），不具有投标资格］，招标文件合法，投标方×××、×××、×××（投标单位全称）所投标书均符合招标文件的规定，为有效标书［或增加：×××（投标单位全称）所投标书，因××（原因）无效］，整个过程的招标、投标、开标、评标、定标活动均符合《×××××××》（相应的法律、法规、规章）和招标文件的规定，招标结果合法、有效。

中华人民共和国××省××市（县）公证处

公证员：×××（签名）

××××年××月××日

4. 企业法人资格公证书

企业法人资格公证书

［××××］××字第××号

　　兹证明××（单位全称）于××××年××月××日经××工商行政管理局核准登记，取得工商××字第××号《企业法人营业执照》，具有法人资格。其法定代表人是××（职务）×××（姓名），注册资金××元，法人住所在×××，其经营范围是＿＿＿＿＿＿。经营方式是××。

　　本公证书有效期至××××年××月××日止。

中华人民共和国××省××市（县）公证处

公证员：×××（签名）

××××年××月××日

（六）公证书写作的注意事项

（1）公证书一般应一事一证，其好处是既方便申请人使用，又方便公证员制作，同时，也避免了因公证事项过多而引起歧义。如果申请人申请公证证明的事项出于同一使用目的，则可几事一证。

（2）当事人的姓名要写准确，对曾用名、又名、别名等，根据需要可用括号注明。对于当事人的亲属关系的称谓，在公证书上应采用全国统一的称谓即父、母、夫、妻、儿、女等。

（3）机关、团体、企事业单位的名称，在公证书上第一次出现时，应写全称，其后则可写简称。在公证书中，当事人的出生地一般只写省（自治区、直辖市）、县（市）的名称。如名称有变化，则应写出生时的名称。当事人的年龄，一律以出生年月日代替，出生日期一般采用公历，必要时可用括号注明农历日期。

（4）公证书均需编号。应当注意的是：一宗公证事务需办几种公证书的，应按顺序每件编一个号；如果几件内容办成一份公证书的，应按件计，编一个号。

（5）公证书分原本、正本、副本三种。签发稿是原本。填空式的无签发稿即无原本，只有正本和副本两种。无论有无原本，均需制作一份正本存卷，以作备查。发给当事人的是正本，发给有关单位或个人存执的是副本。原本、正本、副本的内容必须完全一致。正本与副本在形式上也应一致。副本的份数，应根据当事人的需要制作。公证书的封面右上方，要加盖"原本""正本""副本"的戳记，无封面的盖在首页。"原本"也可不盖戳记。

（6）公证书按顺序装订好后，应当将除封面、封底以外的各项页装订在一起，然后在左下角加盖钢印。

中华人民共和国
民法典

本章实训

实训一：

仔细阅读下文，根据经济纠纷起诉状的格式，指出其缺项并用"×"符号（或具体文字）补全。

起 诉 状

原告名称：北京××锅炉厂

所在地址：北京市海淀区××号（邮政编码：1000××）

法定代表人：刘×× 职务：厂长（电话：2177××）

企业性质：全民所有制

经营范围和方式：压力锅炉制造安装，批发兼零售

开户银行：中国××银行北京分行海淀办事处××分理处 账号：04771××

被告名称：北京市××区××锅炉水电安装队

所在地址：北京市××区高丽营镇×××号（邮政编码：1011××）

法定代表人：王×× 职务：队长（电话：49788××）

诉讼请求：

（1）给付货款81 015元。

（2）支付违约金17 073.62元。

事实及理由：

××××年6月26日，我厂与被告北京市××区××锅炉水电安装队签订了一份锅炉购销合同。合同规定，被告向我厂订购SZW240-7-95-70型号锅炉一台及附属配件，价款总计96 015元，款到发货。同年8月16日，被告将所订锅炉主体及附属配件全部提走，但未付款。经催要，被告于同年8月26日将一张××县五中的15 000元转账支票交给我厂，尚欠的81 015元，被告以锅炉是××县五中委托代购，但××县五中尚未付款为由拒不偿还。被告作为购货方，在我方按时提供锅炉后应履行合同规定的付款义务，其拒绝付款的行为是违约行为。被告除应支付尚欠的货款81 015元外，还应向我厂支付逾期付款违约金

17 073.62 元。请人民法院依法作出判决。

证据和证据来源，证人姓名和住址：

（1）北京市××锅炉厂产品订货合同 1 份。

（2）××锅炉水电安装队还款计划 1 份。

（3）北京市××锅炉厂产品发货清单 2 份。

起诉人：北京市××锅炉厂（盖章）

××××年××月××日

实训二：

下面是一篇产生上诉的背景材料和上诉状，请仔细阅读并思考，上诉状的针对性如何？是否上诉有理，令对方难以反驳？

背景材料：

某市铁山镇经贸公司委托非本公司人员江××去黑龙江省采购木材。江受委托后，与黑龙江省××林场订立了一份木材购销合同，并于××××年 7 月将 50 多立方米板材发给铁山经贸公司，货款尚欠 10 万余元。××××年 11 月，黑龙江省某林场以江××为被告，向法院起诉，请求偿还木材款。法院受理后，在审理时，将江××个人经营的登宝木器加工厂作为被告，并作出判决如下：①由被告偿还原告板材欠款 10 万元；②被告于××××年 12 月底前将欠款全部付清；③诉讼费由被告江××承担。

江××不服上述判决，提起上诉。

上 诉 状

上诉人（原审被告）：××区登宝木器加工厂

法定代表人：江××，系该厂厂长

被上诉人（原审原告）：黑龙江省××林场

法定代表人：王××，黑龙江省××林场场长

上诉请求：上诉人因不服（2003）法经字第××号判决，请求依法改判。

事实和理由如下：

（1）上诉人根本不欠被上诉人货款。原审在判决书中，将××区登宝木器加工厂列为被告，这是毫无道理的。被上诉人在原审中所追索的货款，是被上诉人在××××年 7 月间同铁山镇经贸公司之间发生的业务，而登宝木器加工厂当时还没有成立（××××年 5 月才成立），从未与××林场发生业务。

（2）江××没有付款义务。因为江××是受铁山镇经贸公司的委托作为代理人为其购买木材，货是直接发给铁山镇经贸公司的，该经贸公司验收使用，理所当然要付货款。我国《民法典》第 162 条规定："代理人在代理权限内，以被代理人名义实施的民事法律行为，对被代理人发生效力。"所以，以江××为被告也是错误的。

　　根据以上两点，上诉人认为，本案被告应是铁山镇经贸公司，请人民法院秉公而断，以维护上诉人的利益不受侵犯。

此致

××地区中级人民法院

上诉人：××区登宝木器加工厂

××××年××月××日

附：上诉状一式两份。

实训三：

病文评析：

　　答辩状要适当交代清楚事实，抓住对方所陈述的错误事实或所引用法律上的错误，针锋相对地辩驳。下面是一则病文，试分析其存在的毛病。

经济纠纷答辩状

答辩人：永耀灯饰有限公司，地址：××市人民路48号，邮政编码：×××××

法定代表人：李××，经理

委托代理人：张××，天平律师事务所律师

　　答辩人因华天灯饰制造厂（以下简称"华天"）诉新颖灯饰有限公司（以下简称"新颖公司"）还款一案，现提出答辩如下：

　　华天与新颖公司曾签订3万元灯饰的购销合同，由答辩人对有关的款项进行担保，答辩人也在合同上确认了这一点。但是，这种担保只是一般担保，而不是连带担保，按照我国《担保法》的规定，被告新颖公司是有还款能力的，不应由答辩人承担担保责任。而且原、被告曾就还款事项修改过合同内容，又没有通知答辩人，因此答辩人不应承担担保责任。请法院考虑上述原因，作出公正的判决。

此致

××区人民法院

答辩人：永耀灯饰有限公司

法定代表人：李××

××××年××月××日

复习思考题

1. 起诉状与上诉状有什么区别？

2. 起诉状的正文一般要写哪些内容？

3. 答辩状正文包括哪些内容？

4. 经济仲裁书的特点是什么？

第九章 财经专业类文书

1.了解财务分析报告的含义和种类，掌握其写作要求与技巧。

2.了解审计报告的含义、种类、作用，掌握其结构与写法。

3.了解资产评估报告的含义、特点、种类，掌握其结构与写法。

技能目标

1.具备设计、处理、阅读分析财务分析报告、审计报告、资产评估报告等财经专业文书的综合能力。

2.能够撰写较为规范、合体的财务分析报告、审计报告、资产评估报告。

课程思政

注册会计师是资本市场的"守门人"。做好"守门人"，首先要做到独立、客观、公正地做好专业服务，遵守职业道德。加强注册会计师行业诚信建设，强化独立、客观、公正的职业特性，保障市场经济秩序的稳定规范，促进社会公平正义，是注册会计师担当社会责任的重要体现。

案例导入

××厂××××年财务情况说明书

××××年，该厂领导与群众上下齐心，奋力拼搏，积极投入生产与经营，出色完成了各项生产销售指标，实现了利润比上年有所增长的目标。

一、稳定性分析

1.收益能力分析

2.支付能力分析

二、利润分析

三、生产效益分析

四、成本分析

××厂

××××年××月××日

案例思考题：

（1）这是一份财务分析报告的大纲，开头部分和正文的结构你认为写得如何？

（2）如认为不妥，你认为应怎样写，还需写些什么？请提出意见。

（3）学习本章后，请重新规范撰写本文。

第一节　财经专业类文书概述

一、财经专业类文书的含义

财经专业类文书概括地讲，即指在财经工作中，为直接地体现党和国家的方针、政策，解决工作中的突出问题，以事实为依据，以科学理论为指导，直接阐明作者或作者所代表的主体的目的、主张、观点、意见或对某一事物和现象予以说明、分析、议论等的文书。

财经专业类文书是一种实用性很强的应用文。它是在经济活动中形成的，作为交流信息、开拓业务、处理问题而使用的，具有特定惯用格式的应用文。在经济活动中，它既是一种重要凭证，也是一种管理工具，因而被广泛应用。在古代，如曹操的《收田租令》、欧阳修的《通商茶法诏》、王安石的《乞制置三司条例》等，就是古代著名的财经专业类文书，对国家的经济管理起着巨大的作用。今天，随着经济建设事业的迅速发展，经济交往活动的日益频繁，经济行业分工的不断细密，财经专业类文书的使用频率也越来越高，其价值也就越来越被人们所重视。

二、财经专业类文书的特点

财经专业类文书的写作除了有一般应用文的广泛性、实用性、规范性等基本特征外，同时还有其自身特点：

1．内容的真实性和专业性

财经专业类文书不仅使用的案例、数据等资料必须真实可靠，而且分析的态度和方法也必须科学。财经专业类文书作为经济实践工作的组成部分和经济理论研究的有效手段，涉及国家的经济政策、法律法规，经济科学理论和有关的专业知识，具有明显的专业性。从表达上看，财经专业类文书写作中经常大量运用数据和专业术语。因为财经专业类文书写作在反映财经实践活动的过程中，需要运用大量的数据做定量分析，人们往往要从数据中发现问题，并运用数据来分析、解决问题。从语言上看，财经专业类文书离不开专业术语，经常出现如资金、费用、成本、利润、预算、贷款、税收、经济效益等名词。

2．形式的合法性和程式性

财经专业类文书在长期使用过程中，逐渐形成了各自比较固定的格式和习惯用语。就其外部形式而论，可分为法定格式和非法定格式两类。法定格式是由国家或者有关部门制定的法律法规文件规定的。例如，合同等文种的格式都有明确的规定。这类法定的格式，具有合法性，必须依法行文。有些财经专业类文书如经济活动分析报告是非法定格式，但是长期以来形成了约定俗成的惯用格式，写作时也要共同遵守。

3．语言的准确性和简明性

语言的准确性和简明性是由财经专业类文书的实用性所决定的。绝大多数的财经专业类文书都是为解决实际问题提出意见、措施、办法、对策的。表现在语言表达方面，要求概念准确，判断恰当，推理符合逻辑，使读者在理解方面不产生歧义。简明性，是现代社会对应用文的要求。应用文只有篇幅短小、语言简洁，才能适应现代经济生活节奏快、讲效率的需要。简明性要求既要选用内涵丰富的词语，又要通俗易懂。

三、财经专业类文书的种类

财经专业类文书使用范围广，其写作内容、格式也有较大差异，按不同的标准可以划分成不同的种类。目前经常使用的财经专业类文书有财务分析报告、审计报告、资产评估报告等。

四、财经专业类文书的作用

财经专业类文书写作在不同历史时期有着不同的作用。最早的财经专业类文书是人们处理社会经济关系的工具。随着社会经济的不断发展，财经专业类文书的种类日益繁多，作用也越来越大。

首先，财经专业类文书写作是财经工作人员管理能力的体现。现代财经管理主要包括四个方面的内容，一是科学地制订经济计划，二是有效地进行经济控制，三是切实地进行经济分析，四是及时、准确、全面地进行经济信息服务。这些内容，都要通过财经文书来体现。财经专业类文书的制作、传播与生效，反映了财经管理工作的过程和成果。因此，财经专业类文书写作是财经工作人员的一种重要管理手段，学好财经专业类文书写作，对于提高个人的工作效率和单位的经济效益都将起到重要的作用。

其次，财经专业类文书写作是财经信息传播的基础。现代的财经管理主要是现代化的财经信息管理。获取、处理和传播信息，是财经工作人员不可缺少的能力。现代财经管理，需要财经工作人员掌握各种传播经济信息的手段，现代科技的发展，给传播手段的改革带来了辉煌的前景。但在财经管理中，无论是用哪种传播手段，要传播财经信息，都必须用语言文字把科学的思维成果表达出来。因此，财经专业类文书写作是财经信息传播的基础。

最后，财经专业类文书写作是一种复杂的脑力劳动，其过程包括获取、运思、表述三个步骤，包括调查、采集、思考、修改等步骤。

五、财经专业类文书的写作要求

第一，认真学习财经政策，熟悉实际财经业务。财经专业类文书是集中表现财经工作实际情况的专门文书，所以，首先，写作前作者一定要学习和领会国家有关财政经济政策；其次，作者要全面了解和掌握此项工作各个方面的实际情况，做到懂政策、熟底细，这样写起来才不会脱离要求和实际工作情况，写出来的文章才显得具有针对性和指导性。

第二，加强各种财经专业类文书基础知识的学习，掌握写作要求，培养写作能力，提高写作水平。财经专业类文书虽然也属于应用文书的范畴，但是作为一种专门的业务文书，有其自己独特的书写格式和要求。因此，写作之前一定要学习和掌握有关财经专业类文书的基础知识，掌握不同文体的要求，不断练习，提高写作能力。

第三，书写财经专业类文书特别要注意数字和专业术语的正确使用。数字是财经专业类文书中不可缺少的一个基本要素，可以说，没有数字就没有真正的财经专业类文书；专业术语是体现专业特色的重要标志，因此，必须全面了解和熟悉各个财经专业术语的准确含义，并且在使用中认真辨析其不同的含义，做到表达准确无误。

第四，联系实际，勤写多练，养成良好的写作习惯。作者只有通过学习和训练，在了解各种文体写作知识，准确理解和掌握各种文体的写作要求的基础上，才能培养出优秀的写作能力。

第二节 财务分析报告

一、财务分析报告的含义

财务分析报告又叫财务情况说明书，是财务独立的企事业单位定期或不定期地对财务收支情况进行总结、分析后而撰写的书面报告。

财务分析报告是财务部门在检查、分析各项财务计划指标完成情况的基础上经过梳理、概括、加工、提炼而编写的说明性和结论性的文书。

二、财务分析报告的种类

（一）按内容范围分类

财务分析报告按其内容、范围不同，可分为综合分析报告、专题分析报告和简要分析报告。

1. 综合分析报告

综合分析报告又称全面分析报告，是企业依据资产负债表、损益表、现金流量表、会计报表附表、会计报表附注及财务情况说明书、财务和经济活动所提供的丰富、重要的信息及其内在联系，运用一定的科学分析方法，对企业的经营特征，利润实现及其分配情况，资金增减变动和周转利用情况，税金缴纳情况，存货、固定资产等主要财产物资的盘盈、盘亏、毁损等变动情况及对本期或下期财务状况将发生重大影响的事项作出客观、全面、系统的分析和评价，并进行必要的科学预测而形成的书面报告。它内容丰富、涉及面广，对财务报告使用者作出各项决策具有深远影响。它还具有以下两方面的作用。

第一，为企业的重大财务决策提供科学依据。由于综合分析报告几乎涵盖了对企业财务计划各项指标的对比、分析和评价，能使企业经营活动的成果和财务状况一目了然，及时反映出存在的问题，这就为企业的经营管理者今后的财务决策提供了科学依据。

第二，全面、系统的综合分析报告，可以作为企业财务管理进行动态分析的重要历史参考资料。

综合分析报告主要在进行半年度、年度财务分析时撰写。撰写时必须对分析的各项具体内容的轻重缓急做合理安排，既要全面，又要抓住重点。

2. 专题分析报告

专题分析报告又称单项分析报告，是指针对某一时期企业经营管理中的某些关键问题、重大经济措施或薄弱环节等进行专门分析后形成的书面报告。它具有不受时间限制、一事一议、易被经营管理者接受、收效快的特点。因此，专题分析报告能总结经验，引起领导和业务部门重视所分析的问题，从而提高管理水平。

专题分析的内容很多，如关于企业清理积压库存、处理逾期应收账款的经验，对资金、成本、费用、利润等方面的预测分析，处理母子公司各方面的关系等问题均可进行专题分析，从而为各级领导做决策提供现实的依据。

3. 简要分析报告

简要分析报告是对主要经济指标在一定时期内存在的问题或比较突出的问题，进行概要的分析而形成的书面报告。

简要分析报告具有简明扼要、切中要害的特点。通过分析，能反映和说明企业在分析期内业务经营的基本情况，企业累计完成各项经济指标的情况并预测今后发展趋势。主要适用于定期分析，可按月、按季进行编制。

（二）按时间分类

财务分析报告按其分析的时间不同，可分为定期分析报告与不定期分析报告。

1. 定期分析报告

定期分析报告一般是由上级主管部门或企业内部规定的每隔一段相等的时间应予编制和上报的财务分析报告，如每半年、年末编制的综合财务分析报告就属定期分析报告。

2. 不定期分析报告

不定期分析报告，是从企业财务管理和业务经营的实际需要出发，不做时间规定而编制的财务分析报告。如上述的专题分析报告就属于不定期分析报告。

三、财务分析的方法

一般来说，财务分析的方法主要有以下四种。

1. 比较分析

比较分析是为了说明财务信息之间的数量关系与数量差异，为进一步的分析指明方向。这种比较可以是将实际与计划相比，可以是本期与上期相比，也可以是与同行业的其他企业相比。

2．趋势分析

趋势分析是为了揭示财务状况和经营成果的变化及其原因、性质，帮助预测未来。用于进行趋势分析的数据既可以是绝对值，也可以是比率或百分比数据。

3．因素分析

因素分析是为了分析几个相关因素对某一财务指标的影响程度，一般要借助于差异分析的方法。

4．比率分析

比率分析是通过对财务比率的分析，了解企业的财务状况和经营成果，往往要借助比较分析和趋势分析方法。

上述各方法有一定程度的重合。在实际工作当中，比率分析方法应用最广。

四、财务分析报告的结构与写法

财务分析报告通常由标题、正文、落款三部分组成。

（一）标题

标题是对财务分析报告最精练的概括。它不仅要确切地体现分析报告的主题思想，而且要用语简洁、醒目。由于财务分析报告的内容不同，因此其标题也就没有统一标准和固定模式，应根据具体的分析内容而定，如《××公司××××年度财务分析报告》；也有的不写单位名称，在报告全文结束后署名，如《××××年×季度流动资金占用情况分析》；还可以用报告中提出的建议和意见作标题，如《关于迅速整顿成品奖金的建议》等。财务分析报告一旦拟定了标题，就应围绕它利用所收集的资料进行分析并撰写。

（二）正文

财务分析报告的正文一般包括前言、主体、尾部三个部分。

1．前言

前言部分主要概述分析对象的基本情况和财务活动情况，取得的主要成绩和存在的问题，对分析期间财务状况的基本评价等。这部分既要有文字概述，又要有数据和指标的说明。

2．主体

主体部分主要包括以下层次。

（1）说明段。说明段是对公司运营及财务现状的介绍。该部分要求文字表述恰当、数据引用准确。对经济指标进行说明时可适当运用绝对数、比较数及复合指标数。特别要关注公司当前运作上的重心，对重要事项要单独反映。公司在不同阶段、不同月份的工作重点有所不同，所需要的财务分析重点也不同。如公司正进行新产品的投产、市场开发，则公司各阶层需要对新产品的成本、回款、利润数据进行分析。

（2）分析段。分析段是对公司的经营情况进行分析研究。在说明问题的同时还要分析问题，寻找问题的原因和症结，以达到解决问题的目的。财务分析一定要有理有据，要细化分解各项指标，因为有些报表的数据是比较含糊和笼统的，要善于运用表格、图示，突出表达分析的内容。分析问题一定要善于抓住当前要点，多反映公司经营焦点和易于忽视的问题。

（3）评价段。评价段是在作出财务说明和分析后，对于经营情况、财务状况、盈利业绩，应该从财务角度给予公正、客观的评价和预测。财务评价不能运用似是而非的语言，评价要从正面和负面两方面进行，评价既可以单独分段进行，也可以将评价内容穿插在说明部分和分析部分。

3. 尾部

尾部即财务人员在对经营运作、投资决策进行分析后形成的意见和看法，特别是对运作过程中存在的问题所提出的改进建议。值得注意的是，财务分析报告中提出的建议不能太抽象，而是要具体化，最好有一套切实可行的方案。

（三）落款

落款需署上撰写财务分析报告的单位名称和年月日，有的还附上财务分析的有关表格和有关材料。

⊙ 例文 9-1

关于加工大米成本高的原因

稻谷加工出米率的高低，是影响大米进价成本和销售毛利高低的主要因素。我们在检查××××年上半年财务成果时，对大米加工成本进行了重点分析。××××年1—6月加工稻谷3 770万公斤，百公斤稻谷出米率为66%～67%，百公斤大米加工成本达34.88元，与同品质的统购价相比高出1.48元，上半年内销外调大米1 400万公斤，这项差价就毛损20万元，问题非常突出，经过深入分析，主要原因如下。

1. 收购稻谷质量差，作价偏高

自××××年颁布六种粮食国家标准后，稻谷按出糙率确定等级，对杂质、水分等单个项目实行增减价，在执行中由于种种原因，作价产生偏差，与原价不符，较普遍的是质次价高。据××粮管所检查一仓早稻，抽样检验，出糙率为74.54%，含杂1.9%，含稗363粒，黄变粒达2.1%，按标准符合四等，百公斤42.40元，杂质超过标准扣价0.18元，应该作价42.22元，而实际的收购价为42.56元，百公斤偏高0.34元。全县收购的早稻中经过检验鉴定的1 780万公斤，含杂高达2.16%，超过标准含杂量的达20多万公斤。万埠加工厂对收购的晚稻进行检测，含杂达3.05%，加上水分、爆腰等损耗推算出糙率有68.7%。由于稻谷质量次而出米率低，影响大米成本，再加上作价的偏差，成本就更高了。

2. 加工质量次，价格受损失

由于加工生产工艺上的问题，大米的合格率仅及66.5%。××××年上半年外调大米因质量问题而发生降价，损失2万多元。大米中谷粒含量超过标准，含碎米多，是影响大米质量的主要问题。而含碎米多的原因除了加工过程中的问题外，稻谷登场脱粒时，由于农村

大多采用滚禾脱粒而使谷粒受损，据检测，稻谷爆腰率一般在 10% 以上，高的达 26%。

3. 原料、成品检斤不准确

稻谷进厂，大米出厂，没有认真执行检斤计量的制度，有的虽经过磅，但无专人监磅，往往由搬运工人自报，以少报多；有的按箩计数，非少即多；有的按成品推算原料，出米率失真。这样造成库存大量溢耗，混淆了加工的实际情况。

我们认为，抓好粮食加工，是粮食企业增产增收的重要途径，它同粮食收购和保管工作又是密切相关的。因此必须加强全面质量管理的工作，从收购环节抓起，切实贯彻依质论价政策，正确掌握作价标准，提高检验技术水平，做到质价相符，保证加工出品率的提高和成本的降低。收购入库注意分等保管，既关系到加工质量，也关系到成本的准确真实。这两方面做好了，同时在委托加工时认真签订合同，明确经济责任，根据原料检测，定出率、定质量，严格检斤，按批结算，确定奖罚，就一定能够取得较好的经济效果。

××财务科

××××年××月××日

【评析】

这是一篇专题财务分析报告，作者首先分析了加工大米成本高的三个主要原因以及这些原因的成因所在，并在结尾部分针对这些原因提出了相应的改进意见。文章虽然只有几百字，但分析透彻，意见中肯。

五、财务分析报告的写作技巧与要求

（一）撰写财务分析报告的写作技巧

1. 建立台账和数据库

通过会计核算形成了会计凭证、会计账簿和会计报表。但是编写财务分析报告仅靠这些凭证、账簿、报表的数据往往是不够的。比如，在分析经营费用与营业收入比率增长的原因时，往往需要分析不同区域、不同商品、不同责任人实现的收入与费用的关系，但这些数据不能从账簿中直接得到。这就要求分析人员平时就需要做大量的数据统计工作，对分析的项目按性质、用途、类别、区域、责任人，按月度、季度、年度进行统计，建立台账，以便在编写财务分析报告时有据可查。

2. 关注重要事项

财务人员对经营运行、财务状况中的重大变动事项要勤于做笔录，记载事项发生的时间、计划、预算、责任人及发生变化的各影响因素。必要时马上作出分析判断，并将各类各部门的文件归类归档。

3. 关注经营运行

财务人员应尽可能争取多参加相关会议，了解生产、质量、市场、行政、投资、融资等各类情况。参加会议，听取各方面意见，有利于财务分析和评价。

4．定期收集报表

财务人员除收集会计核算方面的部分数据之外，还应要求公司各相关部门（生产、采购、市场等）及时提交可利用的其他报表，并认真审阅、及时发现问题、总结问题，养成多思考、多研究的习惯。

5．注重岗位分析

大多数企业财务分析工作往往由财务经理来完成，但报告素材要靠每个岗位的财务人员提供。因此，应要求所有财务人员养成分析的习惯，这样既可以提升个人素质，也有利于各岗位之间相互借鉴经验。只有每个岗位都发现问题、分析问题，才能编写出内容全面的、有深度的财务分析报告。

（二）财务分析报告的写作要求

1．要有精确的数据

没有数据就没有分析，数据不精确，分析的结果就不正确；数据残缺不全，分析的结果就不可靠。数据有死的，也有活的，二者不可偏废。"死的数据"来自计划、报表凭证、账表及其他书面材料，"活的数据"来自调查研究的第一手资料和对实物的清查。

2．要深入具体地进行分析

通过现象和数据，进行客观的、实事求是的分析，旨在找出创造成绩或存在问题的主客观原因。财务分析报告的价值主要在于能否分析得中肯、深刻、正确。不能用数据代替分析，变成"文字数据化"。

3．要抓住关键性问题

撰写财务分析报告，是为了了解单位的整个经济运转状况和经营管理情况，分析获得成绩和存在问题的原因。一定要抓住主要矛盾，抓住并解决关键性的问题。

（三）财务分析报告写作的注意事项

1．要清楚明白地知道报告阅读的对象（内部管理报告的阅读对象主要是公司管理者尤其是领导）及报告分析的范围

报告阅读对象不同，报告的写作应因人而异。比如，提供给财务部领导的报告可以专业化一些，而提供给其他部门领导尤其对本专业比较陌生的领导的报告则要力求通俗一些；同时，提供给不同层次阅读对象的分析报告，则要求分析人员在写作时准确把握好报告的框架结构和分析层次，以满足不同阅读者的需要。

2．了解读者对信息的需求，充分领会领导所需要的信息是什么

写好财务分析报告的前提是财务分析人员要尽可能地多和领导沟通，领会他们"真正想了解的信息"。

3．报告写作前，一定要有一个清晰的框架和分析思路

财务分析报告的框架具体如下：报告目录—重要提示—报告摘要—具体分析—问题重点综述及相应的改进措施。"报告目录"告诉阅读者本报告所分析的内容及所在页码；"重要提示"主要是针对本期报告新增的内容或须加以重点关注的问题事先作出说明，旨在引起领导的高度重视；"报告摘要"是对本期报告内容的高度浓缩，一定要言简意赅，点到为止；"具体分析"指无论是"重要提示"，还是"报告摘要"，都应在其后标明具体分析所在页码，以便领导及时查阅相应分析内容；"问题重点综述及相应的改进措施"一方面是对上期报告中问题执行情况的跟踪汇报，另一方面是对本期报告"具体分析"部分中揭示出的重点问题进行集中阐述，旨在将零散的分析集中化，再次给领导留下深刻印象。

4．财务分析报告一定要和公司经营业务紧密结合，深刻领会财务数据背后的业务背景，切实揭示业务过程中存在的问题

财务人员在做分析报告时，由于不了解业务，往往闭门造车，因此陷入就数据论数据的被动局面，得出来的分析结论常常令人啼笑皆非。有必要强调的一点是：各种财务数据并不仅仅是通常意义上对数字的简单拼凑和加总。每个财务数据背后都寓示着资金增减、费用的发生、负债的偿还等。财务分析人员通过对业务的了解和明察，并具备对财务数据敏感性的职业判断，即可判断经济业务发生的合理性、合规性，由此写出来的分析报告才能真正为业务部门提供有用的决策信息。

第三节 审 计 报 告

一、审计报告的含义

审计报告是注册会计师根据审计准则的要求，在实施审计工作的基础上对被审计单位财务报表发表审计意见的书面文件。

审计报告是注册会计师在完成审计工作后向委托人提交的最终产品。

二、审计报告的种类

审计报告依据审计范围、对象、组织等不同可以划分不同的种类。一般有以下几种划分方法。

（1）按照审计范围的不同，可将其分为综合审计报告和专项审计报告。

（2）按照审计内容的不同，可将其分为财务审计报告、经济效益审计报告和财经法纪审计报告。

（3）按照审计组织的不同，可将其分为内部审计报告和外部审计报告。

三、审计报告的性质

1. 审计报告是审计工作情况的全面总结汇报，说明审计工作的结果

注册会计师审计目标的实现途径是实施审计程序，而审计目标的实现结果是通过审计报告来反映的。审计报告反映委托方的最终要求，也反映审计方完成任务的工作质量，同时是对被审事项的评价和结论的集中体现。

2. 审计报告是一份具有法律效力的证明性文件

注册会计师的审计行为是依法进行的，审计结果按照法律的规定既要对委托人负责，还要对其他相关的关系人负责。审计报告本身要对被审会计报表的合法性、公允性和会计处理方法的一致性表示意见，各方面关系人以这种具有鉴证作用的意见为基础，使用会计报表进行决策。因此，审计报告中的审计意见必须具有信服力、公正性和严肃性，具备法律效力，否则，委托人和各方面的关系人就无须使用审计报告。审计报告的法定效力体现在各方面关系人使用审计报告的过程中。

3. 审计报告是一种公开的信息报告

作为信息报告的一种，审计报告不仅可以由被审计委托人和被审计单位管理当局按规定范围使用，而且相关的债权人、银行等金融机构、财政部门、工商部门、税务部门和社会公众等都可以使用审计报告，并从中获得对有关项目公允反映程度的公正信息。

四、审计报告的特点

1. 政策性

审计报告一般是由审计部门、上级财务主管部门撰写，是党和国家经济政策、财务规章的监督执行者，其查账必须体现党和国家的方针政策，具有明显的政策性。

2. 求实性

审计报告的内容，必须客观地反映审计情况和结果，必须是全面充分的第一手可靠材料，必须以事实为依据，以法律为准绳、客观、公正、实事求是。不允许隐瞒真相、歪曲事实、虚报浮夸。

3. 结论性

审计报告是对有关单位的经济情况检查后的结论性总结。它要判明被查单位的经济活动情况是否真实、正确、合理、合法，充分地揭露错误和弊端，还要提出处理意见和改进措施，帮助被查单位总结经验教训，改进工作。

4. 公正性

根据国家规定，有权施行审计工作的审计事务所、会计师事务所的审计人员，在接受交办或委办的审计任务后，对被审计单位的会计记录及有关工作、财务、纪律等活动情况，经过认真核查写出审计报告。这种报告不受被审计单位的领导人和会计人员的影响，是以第三者的身

份进行客观、公正的审计，因而审计报告的内容具有公正性。

五、审计报告的作用

1．督促作用

审计报告可以督促审计机关和有关部门制止违纪行为，国家审计机关和被审计单位主管部门可以根据审计报告的意见，对被审计单位的经济活动实施改进，提出改进措施和处理办法，从而促进被审计单位纠正错误，改进管理，作出决策，提高效益。

2．鉴证作用

审计报告是审计机关以充分的证据和公正的立场，履行审计监督职能所形成的文件。审计报告可以证明被审计单位的财务状况、经营成果、偿债能力、投资效益及厂长经理履行责任情况，也可以被审计单位的上级主管部门据以判断其经济效益情况，司法机关可据以办理经济案件。

3．决策参考作用

审计报告还可以起到很好的决策参考作用。被审计单位的上级主管部门、投资者、债权人等，可依据审计报告的内容，作出正确的决策，如财政部门可以了解财政拨款的作用，税收部门可以了解企业的纳税情况，银行可以了解企业对贷款的使用和整个资金流动情况，经济立法机关可以监督了解企业对国家政策法规的执行情况。

六、审计报告的结构与写法

审计报告通常由标题、主送单位、正文、落款和附件等部分组成。

1．标题

审计报告的标题一般由三部分构成，即审计对象、报告主题、文种名称。例如：《××关于大学财务决算的审计报告》。另一种形式是直接以"审计报告"作为标题。

2．主送单位

标题下一行的顶格处写明呈递单位名称。

3．正文

依据《审计署关于在全国实行统一审计文书格式的通知》精神，审计报告主要包括下列内容：审计的内容、范围和时间，被审计单位的有关情况，与审计事项有关的事实，对审计事项的评价，引证有关的法律、法规、规章和具有普遍约束力的决定、命令的条款以及据此作出的处理、处罚意见。与此相应，审计报告的正文由如下部分组成。

（1）引言。简要说明审计内容、范围、依据和时间，以及审计人员的工作情况。

（2）基本情况。简要说明被审计单位的有关情况，如生产规模、经营状态、内部管理组织、账务设置等情况。

（3）审计事实。交代与审计有关的事实，要逐一列出并归类。

（4）审计评价及其处理意见和建议。主要交代依照法律等作出的综合评价，以及提出的科学建议、办法。这部分针对性一定要强，措施要切实可行。

4. 落款

审计单位或主要负责人签名、盖章，并签上发文年月日。

5. 附件

审计过程中发现问题的证明材料，附在正文之后，作为审计报告结论的辅助材料，可在正文落款位置左侧先注明附件共几件、多少页等。

例文 9-2

关于××市××公司××××年度财务收支情况的审计报告

××市审计局：

根据审通〔××××〕09号通知书，自××××年3月1日至××××年3月10日对××公司××××年度财务收支情况进行了审计，现将审计情况报告如下。

××××年度，该公司在坚持社会主义经济方向、锐意改革、增产增收、建章建制和完成财政上交任务等方面做了大量的工作，取得了一定的成绩。但是严格地对照现行财经法律法规和政策，该公司在财务收支方面还存在如下主要问题。

（1）清产核资之际虚报原材料盘亏，冲减资本公积，侵吞国有资产。（略）

（2）弄虚作假，未经批准，擅自购买专控轿车一辆。（略）

（3）用销货款抵顶奖券利息收入7.1万元建立"小金库"。（略）

（4）原材料消耗前后计价方法不一致，致使虚增销售成本42.5万元。（略）

根据上述情况，现提出下列意见和建议。

1. 审计意见

（1）关于在清产核资中，虚报原材料煤炭盘亏，冲减资本公积56.4万元的问题，违反了财政部《××××年清产核资办法》和财政部《××××年清产核资有关资金核实工作的具体规定》中的有关"必须坚持实事求是，如实反映"的原则和要求，属于化大公为小公，侵害国家利益的严重违纪行为。根据财政部《××××年清产核资办法》第四十二条第三款第五十条的规定，应将此项违纪款收归国有，上缴财政，并应对公司主要负责人和直接责任人给予必要的行政和经济处罚。

（2）关于未经批准向市机电公司购买"奥迪"轿车一辆，计价26.8万元，严重违反了国家有关严格控制社会集团购买力，单位购买专控商品应申报专控商品购买计划，并办理控购手续的规定，按照相关规定，应将公司擅自购买的"奥迪"轿车一辆予以没收，变价款上缴市财政局。

（3）关于隐瞒购买奖券的利息获奖收入7.1万元，形成账外资金建立"小金库"的问题，公司在自查中未能主动清理并纠正，根据财政部、审计署、中国人民银行于××××年联合发出的《关于清理检查"小金库"的意见》中"对清查出的'小金库'资金，按照自查从宽，被查从严的原则进行处理"和"凡重点清查出的资金除金额上缴财政外，还要按'小金库'资金发生数处以一至二倍的罚款"的规定，应将公司购买奖券的利息及获奖收入 7.1 万元没收上交市财政。鉴于公司对此认识态度较好，免于罚款。

（4）关于原材料消耗计价方法前后不一致导致××××年度多记销售成本、少记利润42.5 万元的问题，违反了《企业会计准则》中"会计处理方法前后各期应当一致，不得随意变更"的规定。鉴于公司经审计人员提出问题后，已及时作出上年利润调整的会计处理，可免于处罚，但今后不允许再发生此类的问题。

2. 审计建议

（1）公司应在进一步完善规章制度的基础上，认真组织公司各级干部（含公司主要负责人）和企业财会人员学习有关的财政会计法规及企业制定的规章制度，以增强法制观念，提高守法的自觉性，以保证国家财政、会计法规和企业规章制度的贯彻执行。

（2）加强企业财会人员的业务培训，提高财会人员的业务水平，增加工作责任心和原则性，更好地发挥会计监督的作用。

审计组组长：×××

××××年××月××日

【评析】

这是一篇是关于××市××公司××××年度财务收支情况的审计报告。标题——"关于××市××公司××××年度财务收支情况的审计报告"，它由审计对象"××市××公司"、报告主题"××××年度财务收支情况"和文种名称"审计报告"三部分组成。报告正文分为基本概况、审计情况、审计结果三部分，是一篇典型的财务审计报告。前言简明地交代了审计的对象、审计的时间和审计的结果，文中清晰地说明了在审计中发现的主要问题和处理意见，态度鲜明，事实确凿，方法有效，对实际工作有很强的指导作用。

七、审计报告写作的注意事项

（1）实事求是，证据确凿。审计报告的撰写是建立在对审计材料整理分析的基础上的，因此对审计材料的收集审核一定要秉承实事求是的态度，以确保材料翔实、证据充分确凿。

（2）依法办事，观点正确。审计要依据政府的有关方针、政策、法律法规进行。法律法规是衡量一个单位或当事人的经济行为是否符合财经法纪的唯一标准，因此只有严格依法办事才能提出正确的观点。

（3）科学分析，结论正确。审计报告不是单纯的审核材料的堆砌，而是通过对列入报告事件和数据进行科学的分析，准确判断被审计单位出现的财务问题的原因，然后得出结论并提出有针对性的意见或建议。

（4）语言简明，表达清晰。审计报告所采用的数据要精确，语言要简明扼要，措辞要准确得体，不能滥用术语或专用名词，以免引起误解。

第四节　资产评估报告

一、资产评估报告的含义

资产评估报告指注册资产评估师遵循相关法律、法规和资产评估的准则，在实施必要的评估程序对特定对象价值进行估算后，编制并由其所在机构向委托方提交的反映其专业意见的书面文件。

二、资产评估报告的特点

1. 真实性

资产评估报告反映企业资产的价值，被确认后的资产评估报告是国有资产管理部门作出处理决定的重要依据，因此必须确保其中所涉及数据的真实性。

2. 程式性

资产评估工作必须由专门的会计师事务所或资产评估事务所依据法定的标准和程序进行，不能随意更改。资产评估也只能由会计师事务所或资产评估事务所的有关人员按照财评字〔1999〕91号文件颁发的《关于印发〈资产评估报告基本内容与格式的暂行规定〉的通知》进行撰写，具有严格的程序性。

3. 证明性

资产评估报告是一种证明性文书，其作用在于为委托评估单位对被评估资产所具有的实际价值提供证明。

三、资产评估报告的种类

（1）按资产评估的范围划分，可分为整体资产评估报告书和单项资产评估报告书。

（2）按评估对象不同划分，可分为资产评估报告书、房地产评估报告书、土地估价报告书等。

（3）按评估报告书所提供信息资料的内容详细程度划分，可分为完整评估报告和简明评估报告。

四、资产评估报告的结构与写法

资产评估报告一般由标题、主送单位、正文、附件和落款几部分组成。

1. 标题

资产评估报告的标题由评估机构名称、评估对象和文种组成，如《××资产评估报告》，标题下面要写评估报告目录。

2．主送单位

委托单位或主送单位，指委托评估机构进行资产评估的单位，也是报告书的主送单位。

3．正文

（1）引言。资产评估报告的开头，是评估报告中的概括说明部分，是评估报告的提要，可称为报告的"导语"，应说明评估的目的，被评估单位的名称，评估完成的基准日期，评估的范围，评估所依据的法律、法规名称以及会计核算的原则，资产占有者提出的评估申请获准立项情况，评估标的的名称（分类），等等，开头应简洁概括。

（2）主体。这部分是资产评估报告的重点，主要说明对各种资产进行评估的意见和结果，其内容包括被评估企业概括、企业环境条件评价、财务分析评价、存在的问题等。主要写明各类资产的分布、实有情况、原有账面净值，评估后的各项价值，增值额或减值额，增值或减值的百分比，增值或减值的原因，评估后资产负债情况，评估使用的方法、计算公式等内容。

（3）结尾。结尾应对全篇做"画龙点睛"式的总结，紧扣评估报告的主题，归纳概括出结论，以及对于资产的使用、现存问题的处理、工作的进一步开展等有关方面的问题提出意见或建议。

4．附件

为使报告的正文简练、紧凑，对需要说明的一些问题，可采用附件、附表、附图、清单等方式作为正文的补充，附件接在正文之后，应写明附件全称，并说明数量。

5．落款

落款包括评估机构名称、评估人员组成、评估日期等。评估机构和人员组成，应写明全称，加盖公章。评估机构负责人、评估项目负责人、注册会计师和其他评估人员均应签名并注明技术职称。日期即评估报告书的写作时间，落款在附件右下方。

五、资产评估报告写作的注意事项

（1）评估过程要合法。评估机构及人员只能是会计师事务所或资产评估事务所的相关人员，评估过程要严格按照相关的法律法规进行，以确保评估的公平性和真实性。

（2）评估方法要科学。评估方法有现行市价法、重置成本法、效益现值法、清算价值法等，应依据标的物的不同而选择合适的评估方法。

（3）报告内容要全面、具体。评估过程中应全面考查资产的分布、数量、现有价值等各方面内容，撰写报告时都应进行全面具体的反映。

（4）报告行文要有逻辑性。资产评估报告要严格按照财评字〔1999〕91号文件颁发的《关于印发〈资产评估报告基本内容与格式的暂行规定〉的通知》进行撰写，行文要逻辑严密，详略得当。

（5）言语表述要准确。资产评估报告用语具有法律用语的严密性和规范性，不得随意擅用专有名词，以免因措辞不当造成误解。

💬 例文 9-3

对××市第二毛纺织厂资产评估的报告

××××：

我们资产评估小组，受××市产权交易所的委托，于××××年××月××日至××月××日，对××市第二毛纺织厂的全部资产进行了实事求是的评估。

一、评估说明

这次评估，是××市××工业公司对××市第二毛纺织厂资产核实审计的基础上进行的。评估的主要目的是弄清××市第二毛纺织厂的全部资产及其价值，以及生产、经营等方面的利弊，为××毛纺织厂兼并××市第二毛纺织厂时提供可靠资料。（以下评估的指导思想、依据、范围、方法和过程等省略）

二、企业概况

××市第二毛纺织厂是集体企业，隶属××市纺织工业公司领导。该厂建于××××年，××××年××月与××市织毯厂合并，定名为××市织毯厂，××××年改名为××市第二毛纺织厂。××××年××月又与××市织毯厂分厂，至今仍名为××市第二毛纺织厂。

该厂现有职工 204 人［职工名单、年龄、职务、职称、级别、详情与素质等说明，以及科、室、车间机构设置附后（略）］。主要生产人造毛提花毛毯，产品单一，厂房陈旧，设备利用率低，经营管理不善，产品质量不佳，市场销路不畅，竞争能力很差，仅××××年××月至××月就亏损 6.6 万元，总计已资不抵债 10.3 万元。

三、企业资产评估

（一）固定资产评估

××市第二毛纺织厂现有固定资产 70.3 万元，比纺织工业公司核查审计结果减少了 18.7 万元，主要是三项。（略）

（二）流动资产评估

全厂现有流动资产 92.4 万元，比市××工业公司核查审计结果减少了 27.1 万元，主要是四项。

（1）机配件原净值为 15.4 万元，因库房潮湿，无保护措施，造成齿轮生锈、轴承生锈、弹簧生锈、花纸返潮长一层白毛。按 70% 折价，评估为 4.6 万元。

（2）原材料原净值 10.1 万元，因库房漏雨返潮，减 20%，评估 8 万元。

（3）产成品原净值为 39.9 万元，因产品库进水，包装箱潮湿，上无苫盖，下无垫脚，成品潮湿，有的毯子边斑痕多，需重修补，减 30%，评估为 27.9 万元。

（4）在产品原净值为 11.2 万元，机台织成率差，半成品毯子有的断档，有的雨迹斑痕，起绒整理滴水，在制品返潮，减 20%，评估为 9 万元。

（三）专项资产评估该厂现有专项资产实为 13 万元，原 32.7 万元一笔转到固定资产内，属于重复计算，应予提出；××××年××月与××市织毯厂分厂时的 5.3 万元已不存在。根据上述评估结果，××市第二毛纺织厂总资产应为 175.7 万元。负债 186 万元（银行借款 82.2 万元，信托借款 7 万元，应付购货款 37.5 万元，应付税金 7.8 万元，应交管理费 0.4 万元，其他应付 4.5 万元，专项应付款 3.7 万元，专项借款 40 万元，药费未支 3.5 万元，应付工资、调后半年未补 1 万元）。这样，资产和负债相抵后，资不抵债 10.3 万元。

（四）无形资产评估（略）

四、企业财务分析评价（略）

五、企业环境条件评价（略）

六、存在的问题

（一）有争议的汽车和羊毛价值问题。经过反复商议评估，汽车两辆（日野达拉），按国家定价扣除折旧后，进行增值；羊毛两吨多，自行采购，按现行市场价扣除水分杂质 20% 后，进行增值。

（二）其他问题。（略）

七、总评估（略）

八、几点建议

据了解，××毛纺织厂是全国较大的国营毛纺织企业。生产规模大，生产条件好，实力雄厚，尤其在近几年的改革、开放的招标承包中，各项工作都发展很快，仅今年前 8 个月，就实现利润 263.6 万元，上缴利润比去年同期增长 56%。

××毛纺织厂和××市第二毛纺织厂是同一行业，一个精纺，一个是粗纺，有利于互助，符合行业结构优化组合。××毛纺织厂将××市第二毛纺织厂兼并后，××毛纺厂可以发挥自身技术优势，转移产品，扩散工艺，试制粗纺毛呢新产品。这种优势企业兼并劣势企业，有利于扶植××市第二毛纺织厂进行技术改造，救活一个面临破产的企业。因此，我们建议××毛纺织厂兼并××市第二毛纺织厂。

（其他建议，略）

九、参加××市第二毛纺织厂资产评估人员名单

××市经委	张××	副科长	经济师
××市体制改革办公室	王××	调研员	经济师
××市财政局	刘××	科　员	会计师
××市税务局	田××	副主任	会计师
××集体企业办公室	王××	科　员	工程师
××市纺织工业公司	杨××	主　任	工程师

十、附件

（一）××市第二毛纺织厂资产评估表

（二）其他附件（略）

××××年××月××日

【评析】

本文反映的是对××市第二毛纺织厂的全部资产进行评估的结论。首先，"评估说明"部分，简洁概括地介绍了进行评估的指导思想、依据、范围、方法和过程；其次，第二部分"企业概况"说明了被评估企业的基本情况，第三部分到第七部分用分条列项的方法就企业资产、企业财务、企业环境条件、存在的问题等进行分析；最后提出建议。本文符合资产评估报告客观公正、逻辑严密、表达准确的要求。

本章实训

实训一：

阅读下面的文章，思考并回答文后的问题。

市商业局企业年度财务分析报告

省商业厅：

××××年，我局所属企业在改革开放力度加大，全市经济持续稳步发展的形势下，坚持以提高效益为中心，以搞活经济、强化管理为重点，深化企业内部改革，深入挖潜，调整经营结构，扩大经营规模，进一步完善了企业内部经营机制，努力开拓，奋力竞争。销售收入实现×××万元，比去年增加30%以上，并在取得较好经济效益的同时，也取得了较好的社会效益。

（一）主要经济指标完成情况

本年度商品销售收入为××万元，比上年增加××万元。其中，商品流通企业销售实现××万元，比上年增加5.5%，商办工业产品销售××万元，比上年减少10%，其他企业营业收入实现××万元，比上年增加43%。全年毛利率达到14.82%，比上年提高0.52%。费用水平本年实际为7.7%，比上年升高0.63%。全年实现利润××万元，比上年增长4.68%。其中，商业企业利润××万元，比上年增长12.5%，商办工业利润××万元，比上年下降28.87%。销售利润率本年为4.83%，比上年下降0.05%。其中，商业企业为4.81%，比上年上升0.3%。全部流动资金周转天数为128天，比上年的110天增加18天。其中，商业企业周转天数为60天，比上年的53天增加7天。

（二）主要财务情况分析

1. 销售收入情况

通过强化竞争意识，调整经营结构，增设经营网点，扩大销售范围，促进了销售收入的提高。如××百货商店销售收入比去年增加296.4万元，××××公司销售收入比上年增加396.2万元。

2. 费用水平情况

全局商业的流通费用总额比上年增加144.8万元，费用水平上升0.82%。其中：①运杂费增加13.1万元；②保管费增加4.5万元；③工资总额增加3.1万元；④福利费增加6.7万元；

⑤房屋租赁费增加50.2万元；⑥低值易耗品摊销增加5.2万元。

从变化因素看，主要是由于政策因素影响：①调整了"三资""一金"比例，使费用绝对值增加了12.8万元；②调整了房屋租赁价格，使费用增加了50.2万元；③企业普调工资，使费用相对增加80.9万元。去除这三种因素影响，本期费用绝对额为905.6万元，比上年相对减少10.2万元。费用水平为6.7%，比上年下降0.4%。

3.资金运用情况

年末，全部资金占用额为××万元，比上年增加28.7%。其中，商业资金占用额××万元，占全部流动资金的55%，比上年下降6.87%。结算资金占用额为××万元，占31.8%，比上年上升了8.65%。其中，应收贷款和其他应收款比上年增加548.1万元。从资金占用情况分析，各项资金占用比例严重不合理，应继续加强"三角债"的清理工作。

4.利润情况

企业利润比上年增加××万元，主要因素有以下几点。

（1）增加因素：①由于销售收入比上年增加804.3万元，利润增加了41.8万元；②由于毛利率比上年增加0.52%，使利润增加80万元；③由于其他各项收入比同期多收43万元，使利润增加42.7万元；④由于支出额比上年少支出6.1万元，使利润增加6.1万元。

（2）减少因素：①由于费用水平比上年提高0.82%，使利润减少105.6万元；②由于税率比上年上浮0.04%，使利润少实现5万元；③由于财产损失比上年多16.8万元，使利润减少16.8万元。以上两种因素相抵，本年度利润额实现××万元。

（三）存在的问题和建议

（1）资金占用增长过快，结算资金占用比重较大，比例失调。特别是其他应收款和销货应收款大幅度上升，如不及时清理，对企业经济效益将产生很大影响。因此，建议各企业领导要引起重视，应收款较多的单位，要领导带头，抽出专人，成立清收小组，积极回收。也可将奖金、工资同回收贷款挂钩，调动回收人员积极性。同时，要求企业经理要严格控制赊销商品管理，严防新的三角债产生。

（2）经营性亏损单位有增无减，亏损额不断增加。全局企业未弥补亏损额高达××万元，比同期大幅度上升。建议各企业领导要加强对亏损企业的整顿、管理，做好扭亏转盈工作。

（3）各企业程度不同地存在潜亏行为。全局待摊费用高达××万元，待处理流动资金损失为××万元。建议各企业领导要真实反映企业经营成果，该处理的处理，该核销的核销，以便真实地反映企业经营成果。

××市商业局财会处

××××年××月××日

（1）本文在结构安排上有何特点？

（2）试评析此财务分析报告。

实训二：

阅读下面的文章，思考并回答文后的问题。

审计报告

××市审计局：

根据（××××）审代字第 10 号"审计任务书"，我们于××××年××月××日至××月××日对国有××百货商场××××年的财务收支情况进行了审计。此次审计活动审查了该商场××××年度资金表、经营情况表、有关财务收支的账簿，抽查了年度内的有关记账凭证和原始凭证，盘点了库存现金，按照审计计划如期完成了审计任务。

经审计查明：该商场××××年度尽管经营业务有所发展，较好地完成了商业任务，但由于财经法纪观念不强，财会工作薄弱，仍存在内部控制制度执行不严、会计处理不及时、财务收支不真实等作弊行为。发现并落实的有如下问题：隐匿各项收入 16 152 元，扩大各项开支 40 321 元，人为加大销售成本 25 625 元，造成偷漏营业税 826.5 元，偷漏所得税 36 265 元。审计报告具体内容如下。

（一）被审计单位概况

国有××百货商场系××市百货公司所属的中型百货企业，以零售为主，兼营少量批发业务。××××年××月开业，经营大小百货、文化用品、针纺织品、五金交电、服装、鞋帽、家具、家用电器等各类商品 17 000 多种。商场设党支部，××××年实有干部职工 225 人，除支部书记 1 人、经理 1 人、副经理 2 人等党政管理干部合计 18 人外，直接从事营业的人员有 207 人，占全体人员的 92%，财会专职人员有 6 人，占全体人员的 2.67%，商场按商品大类设 15 个商品柜组，每个柜组的副组长为不脱产核算员。近年来，在商业经济体制改革中，商场的经营业务有所发展，较好地完成了商业任务。该商场××××年的流动资金平均占用额为 145 万元（其中商品资金占 82.7%），年销售总额为 1 387 万元，实现毛利 176 万元，毛利率为 12.73%（比××××年增长 12%），实现利润总额 85 万元，利润率为 6.13%（比××××年增长 13.33%），开支商品流通费 41 万元，费用水平为 2.95%，比上年下降 3.06%，全年全员劳动效率为 61 664 元，人均利润为 3 778 元，总的看来，各项主要经济指标完成情况较好。但是，据有关部门介绍并从审计结果证实，商场的管理工作、财会工作处于中间状态，需采取措施，进一步加强。

（二）发现的问题和处理意见

除内部控制制度不严存在漏洞，以及账务处理不及时、长期挂账，致使会计材料不实等问题已分别指出纠正外，查实的属于财务收支的其他错弊问题和处理意见如下。

1. 加大销售成本，压低销售利润

（1）经查，该商场经营的两种电扇，××××年××月进货的价格每台已调低 30 元，而月末计算销售成本时仍按当月初成本计算，而未按先进先出法计算，使当月售出的 780 台电扇，每台多计成本 30 元，共计加大成本 23 400 元，压低了销售利润，造成偷漏所得税 12 870 元。商场财计股长×××承认有弄虚作假的错误行为并做了书面检查。

（2）该商场的小百货、文化用品和粮果烟酒 3 个商品柜组的库存商品分别实行售价金额核算，分柜组计算已销商品的进销差价。经审核计算发现，这 3 个商品柜组 12 月的已销商品进销差价并未按实际计算，而是按 11 月的进销差价率计算的，致使 12 月实际实现的进销差价少计 2 225 元，造成少计利润，漏交所得税 1 223.75 元。商场财计股长×××承认错误，并称这是当时因年终财会业务繁忙图省事而造成的，并非故意作弊，经查证，×××所述属实。以上两项人为地扩大销售成本、压低利润的行为，造成偷漏所得税 14 039.75 元。虽责任人已作出检查，但情节较为严重，除应立即调整账项、补缴所得税外，对××××年××月所售电扇 780 台有意多计成本偷漏所得税 12 870 元，已征得税务局同意，处以一倍的罚金。

2. 隐匿收入，偷漏所得税

（1）该商场自××××年××月起将 6 个临街门面橱窗租借给本市 6 家工厂作为商品宣传广告栏用。商场每月收取租金 1 200 元（每个橱窗 200 元），全年合计 14 400 元，计入"应付款——其他应付款"的有关明细账户下，长期悬挂，不作清结。商场承认此项收入准备用作"意外"支出，但尚未动用，以致偷漏营业税 744 元和所得税 7 510 元。

（2）该商场××××年××月为"家用电器厂代销"33 台滞销收录机，每台代销手续费 50 元，共得手续费 1 650 元，采用以上手段，计偷营业税 82.5 元和所得税 862.13 元。以上两项均属营业外收入，应计入企业"其他收入"账户，并应照章缴纳营业税，计算经营成果。长期悬挂，备作"意外"开支，属隐匿收入行为，虽均未动用，但已造成严重后果，应立即补交所漏营业税 826.5 元，余额转入××××年××月"其他收入"账户计算损益。

3. 扩大商品流通费开支

（1）××××年××月××日支付"购蒸笼 9 只"费用一笔，单价 35 元，计 315 元，支付炊事用具款 307 元，两项合计 622 元，列入"费用——其他费用"。该项开支均属商场集体食堂，按商业财务制度规定应由企业福利基金列支，此项违反规定制度的行为造成漏缴所得税 342.10 元。

（2）××××年××月××日支付"购消防运动会奖品"费用一笔，计 493 元，列入"费用——其他费用"。根据财务制度规定，职工运动会奖品属于福利基金开支范围，此项乱计费用的行为造成漏交所得税 271.15 元。

（3）××××年××月××日支付"修仓库围墙"款 20 503 元，以"费用——修理费"列支；××月××日支付"打水井"款 6 052 元，以"费用——保管费"列支。经查两项工程的有关文件，证实该两项工程均系批准的自筹资金更新改造项目，应由企业"更新改造基金"列支，此项乱计费用的行为造成偷漏所得税 14 605 元。

以上几项合计扩大费用开支 27 670 元，应立即进行账项调整，应由专项存款支出，偷漏的所得税 15 218 元应补缴入库。

4. 乱列其他支出

（1）××××年财税大检查中，该商场因乱计费用偷漏所得税受到罚款 11 000 元的处理。按现行会计制度规定，支付罚款应由"企业留利基金"承担，但该商场将此项罚款于××月××日支付时，以"待转罚款"为名先在"应收款——其他应收款"账户列账，后于××月××

日和××月××日分别由"其他支出"列支，造成财务成果不实，又偷漏所得税 6 050 元。

（2）××××年××月××日在商场经理×××的同意下，该商场将截至××月的医药费超支费用 1 642 元由"其他支出"列账，违反了现行财务制度，并漏缴所得税 903.10 元。

以上两笔乱列其他支出 12 642 元，均属有意违反制度的弄虚作假行为，特别是将罚款列支"其他支出"更是错上加错，情节更为严重，理应受到严肃处理。对上述乱列其他支出的行为应立即纠正，由企业留利基金承担，转由企业专项存款支付。为维护财经纪律，除将偷漏所得税 6 953.10 元补缴入库外，对其罚款乱列支出偷漏所得税 6 050 元的行为，已征得税务局同意处以偷漏所得税数额一倍罚金的处罚。

（三）评价和建议

从这次审计中发现的以上问题可以看出，国有××百货商场财会工作质量较低，主要负责人法制观念淡薄，且并未从历次财务检查所发现的作弊行为中吸取教训，以致仍发生有意、无意隐匿收入，扩大开支，财务收支严重不实。偷漏国家税收等一系列违反国家财经纪律和财会制度的行为。为了维护国家利益，严肃财经法纪，促进其改善管理工作，我们建议如下。

（1）除对上列问题分别按各项处理意见进行纠正、调整、补缴营业税 826.50 元及所得税 36 265 元并缴纳罚款 18 920 元外，还应为转作企业留利基金的部分补缴相应的能源交通建设费。

（2）责成市百货公司对该商场的财会工作进行整顿，从此次审计所发现的问题中吸取教训，并采取措施予以改进。

（3）该商场经理×××和财计股长×××对上述舞弊行为负有直接责任，应向市百货公司作出检讨。

对于本报告各项内容及建议，该商场已出具书面材料表示完全同意。以上报告妥否，请审核。

审计组组长×××（印）

审计员×××（印）

×××（印）

××××年××月××日

（1）本文在结构安排上有何特点？

（2）试评析此审计报告。

📝 复习思考题

1. 财务分析报告的结构包括哪几部分？

2. 财务分析报告的正文包括哪些内容？

3. 财务分析报告写作的注意事项有哪些？

4. 审计报告的特点有哪些？

第十章 财经论文

◎ 知识目标

1. 了解财经论文的含义、特点、作用。
2. 了解财经毕业论文开题报告的内容与写作要求。
3. 理解财经毕业论文的选题原则和选题方法。
4. 掌握财经毕业论文的结构与写法。

◎ 技能目标

1. 能够撰写财经毕业论文开题报告。
2. 能够撰写论点鲜明、论据充分、逻辑严密、格式规范的财经毕业论文。

◎ 课程思政

习近平总书记强调，以推动高质量发展为主题，必须坚定不移贯彻新发展理念，以深化供给侧结构性改革为主线，坚持质量第一、效益优先，切实转变发展方式，推动质量变革、效率变革、动力变革，使发展成果更好惠及全体人民，不断实现人民对美好生活的向往。《中共中央关于制定国民经济和社会发展第十四个五年规划和二〇三五年远景目标的建议》（以下简称《规划》）确定的今后五年经济社会发展主要目标之一是，社会主义市场经济体制更加完善，高标准市场体系基本建成，市场主体更加充满活力，产权制度改革和要素市场化配置改革取得重大进展，公平竞争制度更加健全，更高水平开放型经济新体制基本形成。竞争性发展作为体现新发展理念、实现高质量发展的新的发展方式，需要高质量的法治予以保障。

财经论文的写作应该把握时代脉搏，研究《规划》中的热点问题，通过提出问题、分析问题、解决问题，为推动社会主义市场经济的发展添砖加瓦。

◎ 案例导入

某财经专业本科毕业生，即将撰写1万～1.5万字的毕业论文，正在选题。以下是他列出的十个论文题目，请指导教师审阅并确定题目。

（1）中国会计准则问题研究。

（2）企业存货ABC管理方法研究。

（3）债转股问题研究。

（4）会计准则国际接轨问题研究。

（5）指数调整事件股价与成交量效应研究。

（6）企业集团财务管理案例分析及模式研究。

（7）论华润集团多元化经营策略。

（8）浅谈企业会计政策选择。

（9）我国企业财务战略问题研究。

（10）试论会计法律责任。

指导教师看后，认为这些题目都不合适，或过大，或过小，或过于陈旧，或过难，或主题不够清晰，或不符合专业方向，或题目用词不当，要求该学生将现有题目认真地做适当修改或重新选题。

案例思考题：

（1）仔细研究题目，你是否认同指导教师的看法？

（2）如这些题目存在不妥之处，请逐一指出。

（3）谈谈你对毕业论文选题的认识。

第一节 财经论文概述

一、财经论文的含义

财经论文是研究经济现象，揭示经济规律的学术论文。它是对经济科学研究成果的表述，是研讨经济理论、推广研究成果、开展学术交流的工具。

二、财经论文的特点

（一）共性特点

财经论文具有一般经济文章的共性特点：一是必须符合客观经济规律的要求，正确表述经济活动的一般规律和特殊规律；二是必须与党和国家的路线、方针、政策、法规相一致；三是必须能够指导经济工作实践，提高经济效益；四是语言文字力求简洁明了。

（二）个性特点

1. 现实性

财经论文的现实性体现在它直接为现实的经济工作服务，为提高生产力水平、提高经济效益服务。

2．学术性

财经论文的学术性，首先表现在其对经济学科的发展具有理论和实践上的价值。此外还表现在提示了经济发展的客观规律，既有严密的逻辑思维，又有科学严谨的结论。

3．独创性

财经论文的生命力在于创新，独创性也是衡量其学术价值的基本尺度。经济研究者必须在前人的基础上，进行更深入、更高层次的探索，在实践的基础上进行更全面、更科学的研究，从而产生新的观点、思想和结论，这就是独创性的表现。

4．效益性

财经论文要讲究学术性，更要讲求社会效益和经济效益。它要为经济学科的丰富和发展作出贡献，对社会发展和经济发展发挥促进作用，对生产活动、交换活动、物资利益分配和消费活动有指导意义。

三、财经论文的作用

财经论文的作用主要有三点。

1．具有宣传党的经济工作方针、政策的作用

一般来说，财经论文分为宏观、微观和经济评论三种。宏观财经论文和微观财经论文论述经济问题，既要符合客观经济规律，又要体现党的方针政策，特别是微观财经论文，要具体贯彻党的方针政策。因此，宏观财经论文和微观财经论文在论述经济问题、揭示经济规律的同时，对党的方针政策起到了宣传作用，而经济评论基本上是用党的方针政策来评论经济现象和经济问题，可以直接宣传党的方针政策。

2．对经济工作、生产经营起到指导作用

因为财经论文针对经济工作、生产经营中的具体问题提出和阐述符合客观经济规律，符合党的方针、政策的见解和主张，所以它们在实践中具有指导作用。宏观财经论文对整个国民经济的发展具有指导作用，微观财经论文对个别企业和生产单位的生产经营具有指导作用。

3．对经济工作者学习和研究经济理论具有帮助作用

经济工作者通过阅读和撰写财经论文，可以熟悉经济理论的概念，学习和钻研经济理论知识，理解和把握客观经济规律，从而准确地分析和认识现实生活中的各种经济问题。作为经济管理工作者，我们可以自觉地运用经济理论，搞好决策和管理工作；作为一般经济工作者和企业职工，我们可以提高自觉性，减少盲目性，搞好工作。

四、财经论文的种类

财经论文从不同的角度可以分为不同的种类，主要有以下几种类型。

（1）按写作目的分，可分为学术论文和学位论文。

（2）按研究对象分，可分为宏观财经论文、微观财经论文和经济评论。

（3）按写作方法分，可分为战略对策型财经论文和理论探索型财经论文。

（4）按立论方式分，可分为立论文和驳论文。

第二节 财经毕业论文开题报告

一、开题报告的含义及作用

开题报告是毕业论文写作开始前的一项准备工作，是毕业论文工作中一个重要的环节。开题报告是指为阐述、审核和确定毕业论文题目而做的专题书面报告。它是学生实施毕业论文课题研究的前瞻性计划和依据，是监督和保证论文质量的重要措施，同时也是培养和训练学生科研能力与学术作品撰写能力的有效实践活动。

二、开题报告的内容与写作要求

开题报告有特殊的格式要求和撰写要求。一般来说，开题报告应包括：论文题目，课题研究的目的和意义，国内外文献综述，研究内容、思路、技术路线及创新点，研究方法，拟解决的关键问题，条件分析，时间进度安排，参考文献，指导教师及院系部门意见等内容。以下对其中几项进行具体说明。

1. 课题研究的目的和意义

毕业论文的选题目的与意义，即回答为什么要研究，交代研究的价值及背景。一般先谈现实需要，由存在的问题导出研究的实际意义，然后再谈理论及学术价值，要求具体、客观，且具有针对性，注重资料分析，注重时代、地区或单位发展的需要，切忌堆砌空洞无物的口号。一篇好的论文应具有较高的理论指导意义和实践指导意义。

2. 国内外文献综述

国内外文献综述即对有关国内外研究现状的综述，主要是简要介绍别人已有的研究成果，并作出合理的评价。要以查阅文献为前提，所查阅的文献应与研究问题相关，但又不能过于局限。要综合某一学科领域在一定时期内的研究概况进而加以评述，要有自己的独特见解。要注重分析研究，善于发现问题，突出选题在当前研究中的位置、优势及突破点。综述的对象，除观点外，还可以是材料与方法等。此外，文献综述所引用的主要参考文献应予著录，一方面可以反映作者立论的真实依据，另一方面是对原著者创造性劳动的尊重。

3. 研究内容、思路、技术路线及创新点

提出自己的研究方向和观点，初步提出整篇论文的写作大纲或内容结构。但需注意"论文拟研究解决的问题"不同于论文主要内容，而是论文的目的与核心。在具体的研究方向中还要突出重点，提出有创新价值的观点，突出所选课题与同类其他研究的不同之处。

4．研究方法

选题确立后，最重要的莫过于确定科学的方法。一般有文献综述法、调研法、实证法、定性定量分析法等。具体的方法需要根据研究内容而定。

5．拟解决的关键问题

对可能遇到的最主要的、最根本的关键性困难与问题，要有准确、科学的估计和判断，并采取可行的解决方法和措施。

6．条件分析

条件分析包括课题研究需要的仪器设备、协作单位及分工、人员配置等内容。

7．时间进度安排

时间进度安排指整个研究在时间及内容上的安排，要分阶段进行，对每一阶段的起止时间、相应的研究内容及成果均要有明确的规定，阶段之间不能间断，以保证研究进程的连续性。

8．参考文献

论文写作前需要阅读大量的参考文献，在第二步的文献综述里，也会涉及参考文献的引用。在此列出所有的参考文献，按照特定的格式整理。

9．指导教师及院系部门意见

指导教师根据学生开题报告撰写的情况，提出论文是否可以开题的意见，同时要得到院系部门的同意。

在以上各项内容中，前两项提出了论文立论的依据，后面各项则是确定论文研究的方案。通常撰写开题报告后，学生还要通过开题答辩，以此标志论文进入撰写阶段。

三、开题报告写作的注意事项

（1）要充分重视论文的开题，为下一阶段论文的写作打下基础。

（2）开题报告不是前人研究成果的堆砌罗列，需简要介绍他人的研究成果，重点突出论文的研究内容和创新点。

（3）开题报告的写作要结合论文的具体研究来写，不能太偏理论化，要把论文拟采用的方法具体到点上。

第三节　财经毕业论文

一、财经毕业论文的结构与写法

经过长期的写作实践，财经毕业论文已形成了比较稳定的基本结构，主要包括标题、作者署名、摘要、绪论、本论、结论、参考文献等。

1. 标题

财经论文的标题是论文课题或论点的简明概括。揭示课题的标题，如《混合经济初探》《试论当代世界市场的基本特征》《关贸总协定在当今世界的地位及其影响》；揭示论点的标题，如《应当重视非国有经济的发展》《入关有利于发展我国外向型经济》。也有的论文采用双标题，一般正标题点明主旨，副标题交代论点，如《交通先行，一通百通——论公路建设与经济发展的关系》。无论采用哪种标题，都要准确简练，具有吸引力。财经论文的标题是研究目录、索引等二次文献的重要著录内容，是供读者检索论文的主要标识，因此论文标题必须提供必要的信息量，能概括全文的中心内容。在实际写作中，有的论文标题过长，很难使人一目了然；有的标题又比较空洞，难以突出最重要的信息，大而无当，这些都是应当避免的。

2. 作者署名

作者署名的位置在财经论文的标题之下。如系合作研究撰写的论文，可按所承担任务和贡献的大小、先后具名。署名表明作者身份，也表示文责自负，即对论文的全部内容负责，一般要求用真实姓名。

3. 摘要

摘要位于财经论文正文之前，是论文的梗概，是对论文内容不加诠释和评论的概括性陈述。摘要是财经论文的窗口，具有节省读者的时间，引导读者迅速了解全文内容的作用。同时又可以满足二次文献工作的需要，使文献索引杂志不做修改或稍做修改就可转载，避免由他人摘要所产生的误解和缺漏。摘要是财经论文全文内容的高度浓缩，一定要经过反复推敲，简洁概括地表达出论文的要点，包括论点和主要论据、研究的目的和方法、对象和范围、成果的价值和意义等。写作时要忠实于原文、突出重点、文字精练、语言连贯。长短一般为 150～300 字。

4. 绪论

绪论也叫前言、导论。其主要内容包括：研究本课题的缘起、目的、要求，研究所涉及的界限、规模或范围，研究的背景和现实情况，指导思想、原则或有关的政策，对以往研究情况及相关论著的回顾，研究中所采用的方法，运用资料的来源及可靠性说明，有关术语概念的界定，等等。这些内容在实际写作中无须面面俱到，也无须详细铺开，而是要有所侧重、有所选择，有的只需点到为止。绪论部分在内容上要注重客观、准确，对涉及课题的学术价值和研究结论的意义等问题要做到既不拔高夸大，也不过分谦虚，在表达上要做到简洁明快，开门见山。

5. 本论

本论是财经论文描述研究成果、具体展开论证的核心部分，是作者学术水平和创造才能的集中体现，直接决定着论文质量的优劣高低。

本论部分根据写作意图，或正面立论，或破除谬误，或争鸣探讨，或解决疑难。不管哪种情况，都需提炼出明确的中心论点，并以中心论点为轴心贯穿全文。对中心论点的阐释与论证应当严密，做到层层深入、节节展开，使事物内部的联系及本质呈现出来，从而使文章具有无懈可击的逻辑力量。为了使材料与观点相统一，还需要对掌握到的材料进行去芜存菁、去伪存真的筛选，使之准确可靠，能够支撑证明论点。论述要条理清楚，由表及里地开掘，自浅而深地推进，体现思维的论辩性、顺序性、逻辑性。

本论部分最困难的往往是分析问题。分析是使充足的材料转化为独自性的结论的思维中介，需要对材料进行周密而透彻的分解、组合、推演，使之上升为新概念、新理论。财经论文的分析要坚持定性分析与定量分析相结合，以求得最佳的数量界限。随着研究对象的日益复杂化，对事物仅做定性分析是不够的，还必须运用数学、统计学、运筹学、计量经济学等做定量分析，使研究成果更加科学化。在财经论文中展开学术争鸣，要注意有利、有理、有节，观点的表述要中肯，态度要诚挚，语言要平和。对不同观点不要轻率简单地予以否定，而要以理服人；对分歧要实事求是地加以辨析，不要乱扣大帽子，说过头话；对是非的评价既要旗帜鲜明，也要注意留有余地，多用商讨的口吻；要正视自己研究中尚未解决的问题，并给予客观说明，绝不抬高自己。

6. 结论

结论是财经论文的结束语。结论起着归纳总结全文的作用，完整揭示研究成果或财经论文的结论是理论分析的逻辑发展的自然归宿。它可以是中心论点的重申，或是主要结论的概括，也可以是对本课题研究前景的展望，或是在研究结果基础上进行的预测。此外，研究中遗留的问题，或尚待进一步探索的问题，也可以在这一部分提出来。从表达上看，结论部分必须逻辑严密、措辞考究、观点明确、文字简洁，要避免含糊其词、模棱两可。

7. 参考文献

财经论文中凡是引用了有关资料、文章，必须在后边注明参考文献的出处。这样做既是表示对前人研究成果的尊重，也是方便读者查阅原文出处，以便全面深入地了解有关内容。参考文献的著录项目一般包括著者、文献篇名、发表期刊名称及期号、卷页，或出版社及版次、年月、页码等。常见的参考文献的标注方法有以下几种：①夹文注。直接在引文后用括号注明作者、篇名和出版发表事项。这种方法用于引文出现次数不多的财经论文，否则会不便于阅读正文。②页下注。也叫脚注。将同一页引用的文献按顺序编号，然后集中在本页下端依序号注明。这种方法最便于阅读，是目前在学术专著中常用的方法。③尾注。将全文引用的文献统一按顺序编号，然后在文末依次注明。这是一般财经论文常用的方法。

二、财经毕业论文的选题原则

选题是经济论文写作的第一步，也是决定论文价值高低和成败的关键。显然，从写作角度来看，财经论文的写作不外乎是"写什么"和"怎样写"两个方面，而"写什么"则是首先面对的问题。因此，论文写作必须首先把握好选题这一环节。

1. 合理性原则

合理性原则是在论题的学术价值的基础上提出的，有价值的必合理。马克思说，价值就是客体对于主体的有用性，是客体满足主体需要的一种属性。经济论文的价值也就是它能满足某种社会需要的属性。只要是对社会经济发展有利的课题，都应当视为是合理的，理所应当受到社会的认可与赞同。

2．必要性原则

有些课题是影响国计民生的重大课题，或学科发展中的关键问题，这类课题引人注目，亟待解决，就有优先考虑的必要。如果能选择这类课题从理论上加以透彻的阐述，将是极有社会价值和深远意义的。反之，有些课题或前人已有定论，近期又无开拓性发现，或现阶段研究条件尚不成熟，其必要性就不大，不宜盲目选择。

3．建设性原则

建设性原则指选题要有新意，要力求开拓新的领域，涉猎新的问题，揭示新的规律，从而对推动学科的发展具有建设性的作用。许多能够填补学科空白的课题即有这方面的价值。

4．可行性原则

可行性原则指从主观条件和客观条件两方面考虑选题的可能性。主观条件包括研究者本人的文化素养、科研能力、爱好兴趣、研究方向等。选题要考虑有浓厚兴趣、能充分发挥自己的专业特长、难易程度和自己的科研能力相适应，以及自己能够完成的课题。客观条件包括科研经费、科研的时间、考虑实验的条件、必要的仪器设备、充足的文献资料、导师的指点等，若这些条件欠缺，选题再好，也难以展开研究。

三、财经毕业论文的选题方法

选题不单纯是写作目标、写作方向的问题，还包含着丰富复杂的"选"的原则和"择"的方法，这些方法大体归类如下。

1．怀疑法

怀疑法即对已有的研究成果大胆质疑，否定和纠正其中的谬误。孔子曾经说过"疑思问"，问题的提出，首先在于发现问题，而发现问题的关键，又往往在于怀疑。怀疑是问题形成的决定性因素之一，也是探寻真理的开端。马克思说他的座右铭是"怀疑一切"，其道理正在这里。如果应疑不疑，那么问题就往往无从提起，真理即使走到我们面前，也会失之交臂。在科学研究中，运用怀疑法，常常能够纠正通说。通说，就是在社会上或某一学术领域普遍流行、被多数人所认可的观点，由于受某种形势的影响或条件的限制，这些观点的错误一时还难以被人辨别，以至于形成一种流行趋势。对通说大胆质疑，纠正失误，自然就有科学价值。

2．寻隙法

寻隙法即通过寻求学科中的空白区来发现研究课题的方法。空白区是科学发展不平衡的结果。从学科建设上来看，由于某一时期侧重于某些方面的研究而忽视了另外一些方面的建设，就出现了学科上的短缺、空白。空白，意味着许多尚待解决或尚未认识的问题，填补空白，探求解决问题的有效方法，就成了十分必要的研究课题了。填补空白，属于开拓性研究，其难度是比较大的，但其价值之高也是一般研究无法比拟的。

3．交叉法

交叉法即从学科之间的交叉点上发现问题。信息时代的到来，使得人类的知识体系呈现出大分化又大融合的状态。传统学科的鸿沟分界逐渐模糊，从而出现了大量的分支学科及边缘性学科。各种学科之间建立起共同的研究对象并形成综合研究的新形式，出现了许多交叉的新课题，开拓了广阔的研究领域。这样，把自己熟练掌握的不同学科中相对独立的知识或问题结合起来，使之构成一个新的课题进行研究，是很容易引发全新的观点的，而且还有可能创立一门新的学科。恩格斯说，科学在两门学科的交界处是最有前途的。这是因为任何知识之间都存在着联系，而相对独立的知识系统之间的联系并不明显，一般鲜为人知，成为"无人区"或"边远区带"，因而也就成为科学研究领域中的薄弱环节。在这种情况下，如果我们涉足这些交叉地带，就是发现其中的内在联系，进行综合研究，自然易于明显突破，自成一家之言。

4．拓展法

在选择论题的过程中，要发现一个前人未曾涉足的领域是不大容易的，更为常见的情况是，在前人研究的基础上加以发展和深化，从而开拓出补充性的课题。这是因为学术领域的探究、认识不可能穷尽绝对真理，而只能逐步接近绝对真理，一种理论必须经过不断的验证、补充、丰富、发展，才能逐步成为比较完整、成熟的理论观点。在前人成果的基础上努力拓展、深化，同样会有"柳暗花明又一村"的发现。

四、财经毕业论文写作的注意事项

（1）选题合理。选题切忌研究范围过宽，尽可能"小题大做"而不是"大题小作"。选题尽可能做到时代话题、现实问题、学术问题的有机结合。

（2）正文结构清晰。本论按提出问题、分析问题、解决问题的整体逻辑思路设计，提出问题要清晰明确，分析问题要深入本质，解决问题要切实有效。内容递进具有逻辑关系，脉络清晰。

（3）结论明确。研究结论可以是高屋建瓴的概括，也可以是自己研究问题条分缕析的描述。

（4）行文规范。无论是哪个专业的毕业论文，都应该使用规范的学术语言，在规范的研究体系内，形成规范的论文成果。如格式、标点、参考文献等。

📖 本章实训

实训：

根据所给论文的内容，为其拟写摘要和关键词。

论金融风险的会计防范措施

金融是现代经济的核心，金融市场是市场经济体系的动脉，是市场配置关系的主要形式。金融在社会经济发展中处于特别重要的地位，有着不可替代的作用。金融体系的安全、高效、稳健运行，对经济全局的稳定和发展至关重要。由于金融业渗透到社会生活的各个领域，又是一个特殊的高风险行业，一旦金融机构出现危机很容易在整个金融体系中引起连锁反应，引发全局性、系统性的金融风波，从而导致经济秩序的混乱，甚至引发严重的政治经济危机。所以，如何化解和防范金融风险已成为银行管理活动中一个十分迫切而又重要的内容，文章拟从会计角度探讨这一问题。

1. 金融会计风险的表现

风险是指遭受损失的可能性。银行经营活动的运作过程，与银行会计十分密切，几乎每一笔业务都需要银行会计的核算与操作。所以，银行风险也可以理解为银行会计的风险。其主要表现在：

（1）会计核算风险。银行会计的基础性工作，在于真实、完整、及时地对银行业务进行核算，是银行生存和发展的重要因素之一。如果会计核算方法不佳、核算程序不规范、核算质量不高，就容易发生风险。因为，会计核算工作的环节非常多，在资产、负债及中介业务中，每日都要进行大量的现金收付、凭证受理审查、科目运用、账户登录等，都直接或间接地与风险发生联系，很多银行风险就是与某个会计核算环节的失控有关。

（2）票据结算风险。结算业务是银行一项重要的中介业务，是通过银行提供各种支付结算的手段与工具，为客户实现经济活动中的货币给付转移。随着经济活动的日益频繁，支付数量的日趋上升，以票据为主要支付手段的结算业务也给银行带来了诸多的风险，主要表现在：第一，从票据当事人看，有其本身票据填写不清带来的风险；第二，从结算中介人看，有操作失误或任意违规而造成的风险；第三，从结算环境看，有票据犯罪日益增多给银行带来的风险，也有银行、企业以及司法部门对处理票据纠纷依据的法律、规定理解不统一而带来的风险。

（3）结算编制风险。从会计工作的程序看，结算编制是最后的环节。在银行业中，结算风险最主要的表现是结算数据的不真实，其中尤其是利润反映不真实。当然，这种情况的存在，有技术或制度上的原因，也有人为的因素。从人为的因素来看，不可忽略的问题是虚假性。如有的金融机构为了本单位或其他某种需要，要求会计部门在结算报表上做数字游戏，或虚增利润，或虚减利润。另外，搞账外账，想以此取得业绩考核名次或达到暗留盈利的目的。结算利润是反映经营者最终经营成果的重要指标，其数据不实，不仅会影响单位，也会对上一级部门（如总行一级法人），乃至对国家隐藏风险。从技术或制度的原因来看，主要是合理性问题，如呆账、坏账、准备金的提取比例是否合理，应收利息计提的标准是否合理等。

（4）会计监督风险。会计工作的一项重要的职能是实施会计监督。会计监督就是对单位经营活动的合理性、合法性进行监督，但是目前金融会计监督职能相对软弱，如商业银行转轨后，效益成本观念得到很大增强，但也有一些银行或其分支机构在这方面做得不好，只求存款数量，不讲存款结构，变相提高存款利率；盲目互相攀比，豪华装潢营业办公用房，费用开支增加。对于这些不合理或不合法的经营，会计部门一般无法起到有力的监督作用，而这种经营的亏损风险正在进一步加剧，发展严重将会影响到我国商业银行的前途。

（5）人员管理风险。主要表现在以下几个方面：一是一部分银行会计人员素质不高，在工作中表现出服务态度不佳，操作行为不规范，从而容易发生会计差错。二是有个别银行会计人员品质恶劣，他们内外勾结，肆意侵害银行利益，从而发生经济案件。三是会计岗位设置缺乏应有的互相制约和牵制。目前，有些金融机构会计岗位的设置面临两难局面，因业务量上不去，人员配备就不足，这样会计岗位的设置就无法达到科学合理，混岗、兼岗、业务处理"一手清"现象时有发生。有些金融机构从本身的经营成本角度考虑，导致会计人员配备不足。四是金融机构在会计核算方面的漏洞，规章制度、操作规程制定的不完善，制度不完善会影响会计人员经办业务的质量，同时会影响各部门之间的协调与配合。

2. 风险产生的原因分析

（1）竞争激烈的市场经济环境。我国的经济环境已由过去的计划经济模式逐步走向市场经济模式。在市场化的进程中，市场经济所常见的缺陷也逐渐暴露出来。如市场存在着不公平的竞争，市场的约束机制缺乏，等等。目前，从我国的情况看，社会平均利润率尚未形成，而金融机构的账面投资回报率又吸引了大量的社会资源涌入。在缺乏健全的市场准入标准情况下，再加上地方政府的本位主义色彩，各地金融机构剧增。大量增加的金融机构，虽然有利于市场效率的提高和社会性平均利润率的形成，但也增加了违规经营、从事非法活动的可能性，从而造成银行风险日趋增大。

（2）不完善的金融管理模式。严格地说，即使在激烈竞争的市场经济环境下，如果有比较完善的金融管理模式，仍可以将银行风险控制在较低水平。但我国现阶段的金融管理模式，仍有一些欠缺。其一，在宏观监管方面，还需强化各银行按市场规则公平竞争。因为，地方政府的保护措施，可以使某些银行享有更多的"政策"优势。另外，对于有的银行以不遵守金融法规和制度为前提的竞争行为，宏观监管也缺乏有效性，表现为仅停留在事后管理的状态，从而难以达到防范风险的目的。其二，在微观管理方面，银行的内部控制薄弱，表现在制度建设滞后、内控体制不顺、权力制约失衡、会计信息失真等，较易发生银行风险。

（3）相对落后的会计运作手段。现代银行的发展，要求应具备配套的现代会计手段。现代会计手段一方面表现在会计电算化的形式上，另一方面表现在会计核算监督制度优化的内容上。会计电算化既可以简化会计人员的手工劳动量，加快会计信息的传递，也可以严格会计操作手段，规范会计核算程序。而后一方面对于防范银行在会计核算方面的风险尤其重要。会计核算监督制度的优化，则可以从根本上促进会计核算监督工作的完善。但在目前我国银行业，会计电算化仍较落后，应用程度不高，覆盖面不广，会计软件的开发跟不上实践的需要。在会计核算监督制度上，也需要进一步完善，不能仅停留在满足事中、事后算账的水平上，而应该具备事中控制和事后控制的能力。这样才能有效减少银行风险的发生。

（4）有待提高的会计素质。从总体上看，银行会计工作人员的学识水平、专业技术和职业道德等仍需加强和提高。从银行风险产生的原因看，人员素质因素不可忽视。实际上，许多风险的发生在一定程度上与会计人员的工作有关联。

3. 银行风险的会计防范措施

（1）强化会计业务制度体系。会计业务的制度体系是银行内部控制机制的组成部分之一。会计制度的完善，有利于内控制约机制的充分发挥。在加强会计业务制度体系建设时，要注意其全面性、规范性、适用性和协调性，即这一制度体系在会计业务中覆盖要宽广，操作要规范，不能脱离实际，并能有效与其他部门工作配合。一套完善的会计业务制度将有利于填堵漏洞，化解风险。

（2）重视会计核算监督职能。会计核算与监督是会计的两大职能，在建立了全面的会计制度体系后，接下来的具体工作是严格执行。我们认为，在会计核算中要强调真实、准确、完整、合法；而在会计监督中要强调独立、严格、及时、有效，尤其是重视会计业务的事前和事中监督，因为事后发现问题往往无济于事。而严格会计业务事前和事中监督，可以力求把风险消除在日常工作处理中，从而减少损失。

（3）发展现代会计运作手段。现代会计手段既表现在形式上，也表现在内容上。内容上指强调会计核算监督制度的完善，形式上则是指会计电算化方法。银行业应大力推广业务处理电算化，这样对改善服务、增强竞争力有很大帮助，更重要的是它的推广运用可以规范会计操作程序，减少人工处理业务的随意性和灵活性，减少差错和违规。同时也应清醒地认识到，有了会计电算化不等于万无一失，因为电脑处理系统本身有一个是否完善的问题，另外还有一个操作管理问题。如果对此掉以轻心，仍会潜伏较大的风险。

（4）加强银行会计队伍建设。加强会计队伍建设是一个多层次的任务。我们认为，首先是银行各级领导和管理人员在思想上统一认识，重视会计工作在防范银行风险中的重要作用，在岗位设置，人员配置上给予支持。其次要加强对会计人员的法纪政纪和职业道德等方面的思想教育，增强会计人员自我约束的意识和能力，使他们能够自觉遵守财经制度和执行有关的规章制度。最后是以多种形式的培训和学习，提高会计人员的业务能力，使他们能够在工作中及时发现问题，防范风险。

（5）建立有效风险预警机制。当我们强调要将单纯的事后监督变为事前、事中、事后全方位控制时，风险预警机制就是必不可少的。另外，在会计工作中，要设置一系列有效的指标体系，通过日常核算，反映出可能发生的问题，以便银行决策部门能够及时采取针对性的措施，从而实现规避风险的目的。

（案例来源：钱明夫：《论金融风险的会计防范措施》，《中国经贸》2017年第6期。）

复习思考题

1. 财经毕业论文的特点有哪些？
2. 财经毕业论文选题的要求和方法有哪些？
3. 财经毕业论文的结构与写法是什么？

参 考 文 献

［1］ 周如美、李利斌:《财经应用文写作》,电子工业出版社 2016 年版。

［2］ 付家柏:《财经应用文写作》,清华大学出版社 2019 年版。

［3］ 陈文渊、黄绮冰、周颖丽:《财经应用文写作》,电子工业出版社 2017 年版。

［4］ 吕秋薇:《财经应用文写作》,电子工业出版社 2019 年版。

［5］ 王晓红:《财经应用文写作》,电子工业出版社 2015 年版。

［6］ 韦志国:《财经应用文写作》,中国劳动社会保障出版社 2016 年版。

［7］ 钟新:《新编财经应用文写作》,中国人民大学出版社 2019 年版。

［8］ 邵龙青:《财经应用写作》,东北财经大学出版社 2010 年版。

［9］ 范瑞雪、刘召明:《财经应用文写作》,经济科学出版社 2011 年版。

［10］ 刘家枢、汪溢:《财经应用写作》,电子工业出版社 2008 年版。

［11］ 王敏杰、徐静:《财经应用文写作》,科学出版社 2010 年版。

［12］ 李敏:《财经应用文》,立信会计出版社 2004 年版。

［13］ 刘葆金:《经济应用文写作》,东南大学出版社 2003 年版。

［14］ 杨柳明、梅柳:《财经应用文写作教程》,中南大学出版社 2004 年版。

［15］ 郭心炆、邢维:《实用经济写作》,中山大学出版社 2006 年版。

［16］ 彭祝斌、刘社瑞:《现代财经写作》,湖南科学技术出版社 2001 年版。

［17］ 胡明扬:《财经专业写作》,中国人民大学出版社 2003 年版。